À GERMAINE ET JACQUES
FERVENTS VOYAGEURS,
ET GRANDS AMIS
QUE LA LECTURE DE CE
BOUQUIN NE SOIT PAS
COMPARÉE À LA PRISE
DE 2 mgns D'ATIVAN H.S. !

BONNE LECTURE

NOV. 06

À JACQUES, EN PARTICULIER...
CE GRAND SPÉCIALISTE DES
BARRAGES HYDRO-ÉLECTRIQUES
DU GRAND NORD, QUE CETTE
LECTURE TE RAPPELLE DE
BEAUX SOUVENIRS.

Jean-Louis

Jean-Louis Boivin M.D.

Vécu d'un
endormeur

propos d'un anesthésiste

La Plume d'Oie
ÉDITION

Catalogage avant publication de Bibliothèque et Archives Canada

Boivin, Jean-Louis, 1927-
    Vécu d'un endormeur : propos d'anesthésiste : autobiographie
    ISBN 2-89539-115-7
    1. Boivin, Jean-Louis, 1927- . 2. Anesthésie - Anecdotes. 3. Anesthésistes
- Québec (Province) - Biographies. I. Titre.

RD80.62.B64A3 2006   617.9'6092   C2006-941571-4

Jean-Louis Boivin
© Tous droits de reproduction réservés pour tous les pays.
ISBN 13 : 978-2-89539-115-9
ISBN 10 : 2-89539-115-7
Dépôt légal – Bibliothèque nationale du Québec, 2006
Dépôt légal – Bibliothèque nationale du Canada, 2006
Fabrication de la poupée anesthésiste : Jocelyne Bujold, i.l.
Révision linguistique : Sandra Guimont
Conception de la page couverture : Nadia Lessard
Conception et mise en pages : Micheline Pelletier

Cette publication est dirigée par :

La Plume d'Oie

ÉDITION – CONCEPT

155, des Pionniers Ouest
Cap-Saint-Ignace (Québec) G0R 1H0
Téléphone et télécopieur : **418.246.3643**
Courriel : info@laplumedoie.com
Site Internet : www.laplumedoie.com

Poupée anesthésiste

ℒors d'un souper d'adieu, organisé par garde Francine Mastriani et son équipe du bloc opératoire pour souligner le départ du docteur Boivin du Centre hospitalier Sainte-Marie le 27 juillet 1993, on lui a présenté cette poupée-pastiche.

À remarquer le port du bonnet, pantalon, sarrau, couvre-souliers et cache-nez, portés par le personnel du bloc opératoire.

À noter surtout les multiples seringues que le docteur Boivin se plaisait à exhiber de sa main droite avant l'induction, le crayon toujours accroché au cou et la seringue « à poil »... rappelant une de ses techniques d'induction..., alors qu'il frôle le menton de son patient avec son avant-bras velu, pendant qu'il procède de l'autre main à l'induction intra-veineuse !

Dédicace

À Jeanine, mon épouse, décédée en 1992 après avoir participé à mon « vécu d'endormeur » pendant 40 ans,

À José, ma compagne, qui m'a épaulé comme médecin itinérant en anesthésie et qui m'a fait la suggestion d'écrire les divers événements de mon « vécu d'endormeur »,

À mes enfants : Pierre, Sylvie, Marc, Marie et Bernard, que j'ai entraînés, je crois, au bonheur et à la joie de vivre.

Préface

Que reste-t-il des 40 ou 80 années d'une vie humaine ? Quelques souvenirs vite évaporés. Seul un petit nombre de sportifs, d'artistes, de politiques survivent, un moment, dans la mémoire collective. Quant aux autres, quels que soient leur valeur personnelle et leurs bons coups, ils glissent aussitôt dans l'oubli. Pourtant, tout être humain est tiré à un seul exemplaire et le destin de chacun est sans précédent.

La vie est souvent comparée à un grand voyage. S'il fut beau, on sent le besoin d'en partager les temps forts avec les amis. Voilà le propos de ce livre dont le titre donne le ton : « Vécu d'un endormeur ». Jean-Louis Boivin a vécu intensément une vie riche d'expériences diverses. Sans jouer le héros, il nous parle de sa belle aventure personnelle.

S'agit-il d'une autobiographie, d'un récit, d'une chronique ? Un peu de tout. Aussi le livre présente des intérêts divers. Il se prête à des lectures différentes. Les intimes de Jean-Louis le retrouveront au naturel, tel qu'en lui-même : un « endormeur » ni endormi, ni endormant ! Ni l'âge, ni les lourdes responsabilités n'auront réussi à le changer. Cette joie de vivre si communicative, le goût des bons tours, le recours au rire spontané dans les situations tendues, le contact chaleureux avec les gens de tout acabit, voilà le

Jean-Louis que l'on rencontre à toutes les étapes de sa vie : élève au Séminaire de Québec, étudiant à Laval, jeune docteur (Fellow) impressionnant, grand patron. Toujours joyeux et sérieux, jamais ennuyeux !

En plagiant Baudelaire : « Derrière les ennuis et les vastes chagrins qui chargent de leur poids l'existence brumeuse », il fait bon de rencontrer un être serein et lumineux qui rassérène le climat souvent déprimant.

La majorité des pages de *Vécu d'un endormeur* évoquent la carrière du docteur Boivin, anesthésiste. Il y relate de nombreuses expériences professionnelles d'une façon vivante, parfois pittoresque. Le profane, sans tout saisir le caractère scientifique des actes médicaux, n'en savourera pas moins le vocabulaire technique qui chante à l'oreille : prostigmine, endartériectomie carotidienne, fibrinogène, sphygmomanomètre, etc.

Quoi qu'il en soit, l'intérêt de ces pages, même pour les non-initiés, est double. D'abord elles nous ramènent à l'époque où, dans la salle d'opération, le rôle de l'anesthésiste était peu considéré. Le maître, seul maître après Dieu, c'était le chirurgien. L'anesthésiste, lui, tout nécessaire qu'il fût, était maintenu au rang de précieux technicien aux yeux de certains grands patrons. Le docteur Boivin, avec quelques collègues, grâce à sa culture médicale et à sa compétence, entre autres, à l'Hôpital Sainte-Marie, fit beaucoup pour conférer à sa spécialité ses lettres de noblesse. Souvent, fort de ses lectures et de ses rapports avec les grands anesthésistes de son temps, il recourut à des méthodes nouvelles, malgré les réticences de certains chirurgiens chevronnés plus traditionnels. Ces pages nous font comprendre le bien-fondé de la solide réputation de notre anesthésiste. Quand, au bloc opératoire, un patient sentait la présence du docteur Boivin, il s'endormait du sommeil du juste, tout doucement !

Ces pages dépassent l'anecdote personnelle. Elles appartiennent à l'histoire médicale. D'une façon concrète et vivante, elles relatent, dans notre milieu, les étapes de la promotion de l'anesthésie. En raison de ses participations à des congrès canadiens et européens, par ses articles scientifiques dans des revues spécialisées, ses présidences au Bureau médical de l'Hôpital Sainte-Marie, ses démarches auprès du ministère de la Santé, sans oublier les bonnes relations humaines dont il avait le don, reconnaissons que le docteur Boivin, par delà les seuls actes médicaux posés, a fait beaucoup pour que sa spécialité occupe la place qui lui revient.

Homme de paix, il évita d'alimenter la concurrence entre les deux hôpitaux trifluviens. Il s'efforça plutôt, avec d'autres, de favoriser le projet, aujourd'hui réalisé, de la fusion des deux institutions en une seule unité administrative, un hôpital unique.

Soulignons sa participation à l'aventure du *Mauricien Médical*. De 1960 à 1970, il joue un rôle très actif, comme secrétaire, au milieu de l'équipe formée au début par les docteurs André Panneton, Rosaire St-Pierre, Maurice Duhaime, Roger Lachance et Pierre Grondin.

Vécu d'un endormeur ne réduit pas Jean-Louis qu'à l'anesthésie. Homme bien vivant, rien d'humain ne le laisse indifférent. Depuis toujours, il côtoie le « Grand Fleuve », ses lunettes d'ornithologue tout près de lui.

Il a eu deux femmes dans sa vie. Sa très chère épouse et mère de ses cinq enfants est décédée en 1992. Veuf, il rencontre José Hotte, sa compagne d'aujourd'hui.

Pour bien camper un personnage, rien de mieux que de la rapprocher de son contraire. Pensons au grand patron sévère, austère et guindé, ce type de docteur que le cinéma nous présente souvent. Voilà un type à l'antipode du docteur Jean-Louis Boivin ! Lui, il est aussi compétent, tout en étant jovial, chaleureux et passé maître dans l'art de la taquinerie amicale.

Concluons : tant qu'à se faire endormir, mieux vaut s'abandonner à un « endormeur » qui nous donnera le goût de nous réveiller !

Jean Panneton, prêtre
Supérieur du Séminaire Saint-Joseph
de Trois-Rivières

Introduction

Un jour, je dis au docteur Jean Albert, mon associé d'alors : « Je te trouve non compréhensif de ne pas accepter la présence des maris en salle d'obstétrique. Quant à moi, cela ne me dérange pas. Même il me plaît de voir les maris prendre des photographies de ma technique d'anesthésie péridurale... »

Lorsque Jean me répond : « C'est pas pareil, toi, tu aimes cela faire le show ! », je trouve qu'il en met un peu trop. Mais après mûre réflexion, je trouve qu'il n'est pas si loin de la vérité.

Quand le docteur Colette St-Yves, au salon du bloc opératoire, me dit : « Ce ne doit pas être plus dur pour vous, Docteur Boivin, de donner une conférence à Paris plutôt qu'à Trois-Rivières, vous aimez tellement l'enseignement... », je suis un peu surpris.

Toutefois, je comprends par la suite qu'il plaît à mon *ego* de me sentir apprécié et de communiquer mes connaissances.

C'est avec le même sentiment de fierté et le même désir de me donner en pâture que j'ai décidé d'écrire mon vécu anesthésique, pour employer une expression psychotechnocratique !

Pour parodier Edmond Rostand, même si de lettres je crois en avoir plus que les trois qui forment le mot sot et même si de poète, j'aimerais avoir les trois premières lettres pour être parent avec Edgar, d'écrivain, je n'ai que les deux dernières lettres !

Je n'ai donc aucune prétention de littéraire !

Par ailleurs, lorsque je raconte un des nombreux événements survenus au cours de ma vie d'anesthésiste, on me demande régulièrement : « Pourquoi n'écris-tu pas cela ? C'est très intéressant ! » José, ma compagne, rit à gorge déployée lorsque je lui raconte certaines de mes incartades. Je ne me crois pas si drôle que cela et je me dis qu'elle exagère le talent de son amoureux. Elle insiste et me suggère de me mettre à ma table de travail avec mon stylo et mon ordinateur.

Je m'exécute donc, tout en sachant bien qu'il est toujours plus facile de fermer un livre que d'arrêter un enthousiaste qui raconte sa vie.

En conclusion de cette introduction, j'aimerais avertir le lecteur qu'il aurait avantage, pour l'avoir expérimenté moi-même, à lire ce livre avec un verre de vin à la main ! Je paraîtrai sûrement encore plus comique...

 Prologue

En parodiant le proverbe connu et déjà mis en musique :

« Avant d'être capitaine, il faut être matelot... »,

disons :

« Avant d'être anesthésiste, il faut être médecin... »

Je souris en pensant que le vrai capitaine de la salle d'opération, c'est l'anesthésiste !

Oui ! à la médecine, j'y pense depuis ma tendre enfance. Dès mon jeune âge, quand nous jouons à la « Madame », c'est-à-dire quand nous voulons faire comme les grands en jouant des rôles d'adultes, *ipso facto*, je deviens le médecin du village. Louise Baribeau, ma cousine germaine, est toujours mon infirmière préférée et les autres sont soit propriétaire du magasin général, pharmacien, boulanger, laitier, vendeur d'automobiles, etc.

En versification, au Séminaire, à la traditionnelle prise des rubans, je choisis le ruban rouge, ce qui marque déjà mon intention de devenir un disciple d'Esculape...

De nouveau, quatre ans plus tard, en finissant mon cours classique, j'opte pour le ruban rouge de la médecine.

À Québec, en 1948, la faculté de médecine n'est pas loin du Petit Séminaire. Je n'ai qu'à traverser la rue de l'Université et me voilà en classe de première année de médecine.

Les études médicales d'un endormeur

COURS DE MÉDECINE

RUE CHARLEVOIX

N'ayant jamais connu d'autre domicile que la maison paternelle de Portneuf et le Petit Séminaire de Québec, en septembre 1948, force est de me trouver un logement près de la faculté de médecine d'alors, soit dans le quartier latin. C'est au 25, rue Charlevoix, voisin du domicile du docteur Rosario Potvin, professeur en médecine, que j'établis mes quartiers. J'habite au troisième étage avec mon copain Claude Vachon. C'est madame Labrecque, la mère de mon ami Victor, qui est chargée de la location et de l'entretien de ces chambres. Dans notre chambre, il y a deux bureaux, un lit double affaibli au centre par le poids d'un seul occupant pendant plusieurs années et une commode. Pendant nos années de pensionnat au Petit Séminaire, Claude et moi nous lions d'une franche amitié dénuée de toute connotation sexuelle. Le fait de partager la même chambre nous permet des économies substantielles. Mais, taquin que je suis, occasionnellement, il m'arrive de toucher volontairement la jambe de Claude avec mon gros orteil.

Claude se fâche : « Jean-Louis, je t'avertis, arrête ça. » « Oh ! Excuse-moi, je n'ai pas fait exprès ! » Sachant que la rougeur pudique et la colère sous-jacente doivent envahir Claude, mon instinct taquin m'incite à récidiver. La chamaille commence et se termine toujours par la chute des deux belligérants à terre de chaque côté du lit. Assurés que notre voisin de chambre, monsieur M., fera une plainte à madame Labrecque, nous nous couchons sans autre bruit. Évidemment, le lendemain, nous acceptons les reproches de madame Labrecque.

Service aux tables

Les étudiants de première année en médecine venant de terminer leur cours classique au Petit Séminaire de Québec ont l'avantage, s'ils le désirent et s'ils ont les tuyaux nécessaires, d'obtenir gratuitement leurs repas en servant quotidiennement les tables au Grand Séminaire.

Ces repas donnés par le Grand Séminaire pour services rendus me permettent quelques petites gâteries et m'aident à boucler mon budget même si, en 1948, on peut avoir un repas complet dans certains restaurants de la rue Saint-Jean tels « Le Shangrilla » pour 39 ¢ taxes comprises.

Que de belles discussions politiques, économiques ou philosophiques Rosaire Drouin, Gérard Beaulieu et moi avons-nous eues lors de nos marches postprandiales sur la rue Saint-Jean !

Bonjour, Monsieur Boivin

Frais émoulu du Petit Séminaire, je vais visiter un ami demeurant en chambre sur la rue Ferland. La propriétaire me demande d'aller voir à la taverne « Chez Bourgault » si son mari est encore là à prendre une bière. Je n'aime pas beaucoup épier les gens à leur insu, surtout dans des endroits peu fréquentés par d'ex-séminaristes modèles ! J'accepte quand même pour rendre service à cette bonne dame. J'entre par la porte de côté dans la taverne, je promène mes yeux à la recherche du mari en question et je sors prestement par la porte avant sur la rue Saint-Jean.

Oh ! Hasard des hasards, l'abbé Léonce Grégoire, mon ancien professeur au Petit Séminaire, passe devant moi avec l'abbé Demers... Un peu surpris de voir son ancien servant de messe sortir d'un tel établissement, il me salue : « Bonjour, Monsieur Boivin. »

Sans vouloir présumer de ses pensées, je suis presque assuré qu'il s'est dit en lui-même : « Tiens, voilà. Ce bon garçon du Séminaire a été vite corrompu par la liberté de la grande ville ! »

Pour avoir consenti à espionner vainement le mari d'une femme méfiante, j'ai probablement passé pour avoir déjà succombé au houblon !

Dissection sur un cadavre
(À lire trois heures après le repas !)

Le premier contact avec ces êtres sans nom, sans origine, sans parents connus et baignant dans l'huile formolée, est assez sinistre. Nous ouvrons les deux hémicouverts des boîtes rectangulaires en tôle puis, en appuyant sur la pédale, il en émerge un ancien être humain à la peau cirée et dégoulinante. Amaigris, pour faciliter l'identification des divers tissus par ces néophytes que nous sommes... ces cadavres dénudés nous impressionnent. Après quelques moments d'étonnement, notre appétit pour la science de l'anatomie nous ramène à la réalité. Victor Labrecque nous annonce que plusieurs de nos spécimens devant servir la science viennent de l'Hôpital Saint-Michel-Archange de Québec, où plusieurs internés meurent sans être réclamés par les familles. Le crâne de notre cadavre a été vidé lors de l'autopsie et le cerveau, extrait pour examen anatomopathologique, a été remplacé par quelques pages chiffonnées du quotidien *L'Action catholique* ! «Vous voyez bien, nous dit Victor, que ce macchabée vient de Saint-Michel-Archange, il a un cerveau de papier ! » Cet âge est sans pitié, dirait le moraliste...

La dissection du plexus brachial, en particulier, est pour moi un souvenir visuel et olfactif inoubliable.

Nous ne sommes pas en 2006, où la majorité des étudiants en médecine sont du sexe jadis mal nommé « le sexe faible ». Non ! En 1953, sur 80 étudiants, il y a seu-

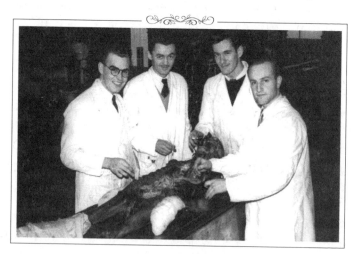

André Fontaine, Victor Labrecque,
Louis-Émile Laflamme et Jean-Louis Boivin.

lement deux filles en première année de médecine, et les taquineries machistes sont fréquentes. C'est dans cet esprit que Louis-Émile Laflamme entoure la base du pénis de notre cadavre d'un gros ruban rouge, recouvre le tout d'un drap blanc et demande à une de nos consœurs, de venir voir le résultat de notre belle dissection. Imbue de zèle et d'intérêt scientifique, elle accourt à notre table de dissection. Majestueusement, Louis-Émile retire le drap et exhibe fièrement le membre viril de notre macchabée. « Il a gagné le premier prix à l'Exposition universelle », s'exclame-t-il, au rire incontrôlé de ses compagnons de dissection et à la mine turgescente de notre consœur un peu confuse...

À la sortie d'une séance de dissection, les yeux encore rougis par la senteur du liquide de conservation, j'arrive à la maison des étudiants, rue Couillard, pour y commander mon souper. « Je prendrai un steak minute, s'il vous plaît. » Erreur ! Ce menu n'est pas sans me rappeler la dissection de la musculature brachiale faite quelques minutes auparavant sur mon cadavre à l'huile ! Inutile de dire que les nausées sont apparues à la deuxième bouchée ! Heureusement, par la suite, mes travaux de dissection n'ont pas eu d'influence sur la dégustation de mes repas.

Parce que je veux conserver un souvenir de ces travaux de dissection sur le cadavre, par une astuce dont j'ai oublié la nature, pendant l'heure du dîner, je me faufile dans la salle de dissection. Seul avec mes nombreux amis à la peau grasse et armé d'un bistouri, j'extrais la clavicule de mon macchabée. L'ambition m'amène à découper une vertèbre lombaire. Que de tendons, de muscles et de cartilage je suis obligé de sectionner ! La besogne est si ardue que je me coupe avec mon bistouri et je dois cesser la dissection. Je n'ai pas le choix. Ma main saigne suffisamment pour demander des pansements à l'appariteur et lui expliquer, bien malgré moi, la raison de ma présence subreptice dans la salle de dissection… Un marché du silence est conclu et je pars avec une clavicule bien enveloppée ! Le travail ne fait que commencer. À ma maison familiale de Portneuf, je demande à ma mère la permission de faire bouillir cette clavicule pour détacher les muscles et les tendons. L'odeur *sui generis* m'oblige à cesser les opérations et à sortir de la maison avec ma décoction nauséabonde sur l'ordre formel d'une mère habituellement très compréhensive. Je termine le nettoyage de cet os souvenir en le faisant bouillir de nouveau dans un vieux chaudron sur le bord de la grève, à l'abri des regards indiscrets et des appendices nasaux trop développés.

Voici une dernière anecdote liée à la dissection. Après avoir identifié les tendons fléchisseurs des doigts et sec-

La maison familiale de Portneuf.

tionné l'avant-bras de notre cadavre, André Fontaine laisse dépasser la main bleuâtre de la manche de son sarrau blanc. Il l'offre à nos voisins en ayant soin de tirer sur les tendons. Que de soubresauts et de holà ! devant cette démarche macabre et peu catholique !

Premier test mensuel écrit en anatomie

En octobre 1948, je me présente au premier test écrit d'anatomie après avoir suivi la méthode d'étude apprise au Petit Séminaire, qui consiste à approfondir chaque page, une à une, jusqu'à la fin. J'obtiens 25 %. En effet, je n'ai pas eu le temps d'apprendre plus de 25 % de la matière au programme pour ce test. Je réponds donc parfaitement à la première question, tirée du premier quart de la matière. Quant aux trois autres questions tirées de la matière non étudiée, évidemment j'obtiens zéro.

Je rencontre l'abbé Lesage, ami de la famille et aumônier de la faculté de médecine. Il me dit en ces termes : « Écoute, Jean-Louis, j'ai vu le résultat de ton test d'anatomie ; tu as de la difficulté. Il est encore temps, si tu veux changer de faculté, je peux t'aider… »

Humilié, estomaqué mais très stimulé, je lui réponds ceci : « Écoutez, Monsieur Lesage, c'est un premier test. Je vais changer de méthode, c'est-à-dire lire toute ma matière une première fois pour en avoir une vue générale. Ensuite, la relire une deuxième fois, puis une troisième fois toujours en approfondissant de plus en plus les détails. Ainsi j'aurai une vue d'ensemble de la matière et je devrais m'améliorer. Je trouve votre suggestion de changer de faculté très décevante. Si vous vouliez me décourager, vous ne prendriez pas d'autres moyens ! »

Surpris de ma réponse, monsieur Lesage s'excuse et me dit qu'il a confiance en moi.

Mes résultats s'améliorent rapidement et celui-ci réalise que ma place est bien en médecine…

Nature mesquine

Monsieur X… est notre voisin de chambre sur la rue Charlevoix. Célibataire endurci, il n'aime pas se faire déranger et se plaint régulièrement à madame Labrecque si un peu trop de bruit parvient à ses oreilles. Après trois ans sur la rue Charlevoix, monsieur X. achète une maison sur la rue Ferland. Il m'offre d'y occuper une chambre. C'est dans cette chambre que je connais la vraie nature mesquine de ce monsieur. Cet homme contrôle le thermostat et, même en hiver, il garde la température de ma chambre à 65 °F. J'ai froid et je ne peux étudier efficacement. Il ne veut pas augmenter la température, même malgré mes nombreuses supplications.

Pour éclairage, je n'ai que deux ampoules de 60 watts ! J'installe deux ampoules de 100 watts. En mon absence, il les remplace par deux ampoules de 60 watts… Je découvre le thermostat de ma chambre dans une salle attenante. Je remonte la température et il la remet à 65°. Ce jeu du chat et de la souris pour économiser l'électricité dure de deux à trois semaines, jusqu'à ce que je sois suffisamment exaspéré pour lui servir cette semonce violente : « Monsieur M., vous n'êtes qu'un mesquin, qu'un avare désagréable. Vous m'avez demandé de venir demeurer chez vous. Je ne vous connaissais pas ainsi. Je paie très bien ma chambre et vous me réduisez constamment au froid et à la quasi-noirceur. La chaleur et la lumière sont deux éléments essentiels pour que je puisse étudier normalement. Je ne vous pensais pas si mesquin. Eh bien ! voici mes clefs, je déménage immédiatement. Trouvez-vous un autre locataire. » Et je claque la porte. Ébahi ! sidéré ! devant une telle déclaration, monsieur M. ne peut dire un mot.

ÉCHEC À NOËL

Après ma mauvaise expérience au premier test écrit d'anatomie, par la suite, mes résultats sont excellents, si bien qu'en troisième année de médecine, à Noël, je baisse mes gardes et je crois qu'échouer un examen, ce n'est plus pour moi. À ces examens de Noël, dans toutes les matières j'obtiens une note au-dessus de 80 % sauf en pathologie externe, où j'échoue avec 55 %, soit 5 % en bas du minimum requis. Honte ! Désappointement et pleurs ! Non familier que je suis avec les échecs, je suis complètement désemparé, découragé, croyant que le ciel m'est tombé sur la tête. Je décide de rencontrer le docteur Rosaire Gingras, responsable de la faculté de médecine, pour lui faire part de ma détresse. Devant mon désarroi, le docteur Gingras me sert cette réplique : « Monsieur Boivin, vous venez d'une famille où l'on s'est occupé de vous à qui mieux mieux. Vous avez été choyé par la vie. Jamais de problèmes, jamais de difficultés. Vous êtes en bonne santé et vos parents ne sont pas malades. Aucun souci. Actuellement, il vous arrive un petit échec et vous êtes complètement abattu. Voyons ! Réagissez énergiquement. Profitez de cet échec pour vous armer contre la vie, qui n'est pas toujours facile. »

Me faire brasser ainsi alors que tout mon entourage s'apitoie sur mon sort me donne un coup de fouet.

Je me prépare donc pour la reprise en mai et j'écris toute ma matière en tableaux synoptiques au verso de vingt longues pages de calendrier.

Je possède donc cette matière sur le bout de mes doigts. Je suis le seul à n'avoir échoué que cette matière. À la reprise, nous sommes dix étudiants. Les neuf autres doivent reprendre tous les examens, n'ayant pas eu une moyenne suffisante pour l'ensemble des examens, ce qui n'est pas mon cas.

Ils sont surpris de me voir à la reprise. L'un d'eux me dit : « Tu dois la savoir ta matière, Jean-Louis ! Peut-on s'asseoir près de toi ?

« Eh bien ! C'est vrai que je connais parfaitement ma matière, mais je ne triche pas. Toutefois, j'écris « très gros », si cela peut vous aider, c'est votre affaire. »

Ils en sont ravis et me voilà entouré d'étudiants au cou croche, à l'œil furtif et au champ de vision élargi !

La troisième des quatre questions de l'examen est celle-ci : « Parlez des lymphangites. »

Si l'on ignore qu'il y a deux grandes classes de lymphangites, soit réticulaires et tronculaires, on risque de passer complètement à côté de la question et de bloquer.

J'écris donc en gros caractères :

LYMPHANGITES :
RÉTICULAIRES
TRONCULAIRES

Je place cette feuille sur la table loin devant moi, au grand plaisir de mes confrères au regard scrutateur !

Ce fut ma première et dernière reprise aux examens !

JE TOMBE EN AMOUR

En 1952, alors que je suis en quatrième année de médecine, Victor et Madeleine Labrecque, toujours désireux de me « matcher », décident de me présenter Jeanine Poirier pour aller à un party chez Jeanine Giroux. Malheureusement pour moi, mademoiselle Poirier doit se rendre à Trois-Rivières dans sa famille et Madeleine me présente plutôt une autre amie, infirmière elle aussi. Nous nous amusons bien. En fin de soirée, Jeanine Poirier, de retour à Québec, vient chez Jeanine Giroux où a lieu le party, histoire de jeter un coup d'œil sur celui qu'elle devait accompagner, soit Bibi !

Après les présentations, Madeleine me demande quelle infirmière je trouve la plus à mon goût. Je n'hésite pas à dire que Jeanine Poirier me plairait plus.

C'est un peu plus tard que Mado et Victor organisent une excursion aux chutes de la rivière Chaudière à Charny, pendant laquelle j'accompagne Jeanine. J'ai souvenance d'avoir sauté de roche en roche, tenant par la main Jeanine, qui suivait folichonnement le jeune futur docteur... Jean-Louis Létourneau, mon confrère de médecine et Jeanine, tous deux de Trois-Rivières, se connaissent très bien. Jeanine vient de « casser » avec son amoureux, jeune pharmacien du nom de Georges Lavigne et ami de Jean-Louis Létourneau. Les nouvelles circulent vite à Trois-Rivières... Entre deux cours de médecine, Jean-Louis me dit : « Il paraît que tu sors avec Jeanine Poirier. »

– Ah oui ! c'est vrai. Elle est bien gentille, mais je ne fais que l'accompagner.

« Jean-Louis, tu es piqué au vif. Tu es en amour. Ça saute aux yeux… » Malgré mes réticences, je sens bien qu'il a un peu raison. Je la trouve de mon goût, et sans savoir pourquoi, je sens le besoin de lui téléphoner tous les jours. Rapidement, je sens que son petit air indépendant me pénètre la peau jusqu'au cœur. Je suis donc en amour ! Cette petite infirmière douce et chaleureuse sous une apparence ferme et froide est entrée dans toutes mes cellules, y compris mes gonades !

Ne prenons pas de chances…

Timidement, elle daigne venir me rencontrer dans ma nouvelle chambre au troisième étage, sur la rue Sainte-Famille. À la suite de mes marques d'affection audacieuses et culottées, c'est-à-dire avec culottes (!), comme par hasard, nous nous trouvons étendus sur le lit. Jeanine se relève rapidement en me disant : « Ne prenons pas de chance, on se connaît à peine. Nous serions mieux d'aller prendre une marche ! » Elle avait raison, car la chair est faible !

Nos fréquentations

Que de belles soirées en tête à tête, au restaurant, dans sa chambre ou dans la mienne, sans concrétiser toutes les idées qui sillonnent mon être de la tête aux pieds !

Ces quatrième et cinquième années de médecine ainsi que mon année à Grand-Mère, racontée un peu plus loin, sont pour moi des années d'un bonheur particulièrement profond. Je l'ai entretenu par un constant sentiment de respect doublé d'un immense désir inassouvi pendant deux ans et demi. Je vais au cinéma avec elle. Nous marchons dans la campagne où moi, cet amant de la nature, j'initie cette fleur de macadam aux beautés champêtres. Elle me trouve de son goût, mais la cravate hawaïenne que mon oncle Camilien Labranche m'a donnée l'horripile.

MALENTENDU

Jeanine me présente à ses parents. D'emblée, ils m'adoptent et ils m'aiment. Je suis déjà de la famille.

Après quelques mois de fréquentations, un petit froid vient s'étendre sur notre relation amoureuse. Jeanine avertit ses parents de notre rupture. Chaque jour qui passe me rend de plus en plus nerveux, plus triste. De chez mes parents à Portneuf, je décide de lui téléphoner à Trois-Rivières. Elle est surprise. « Comment, dit-elle, je pensais que c'était cassé ? » « Bien… non… je m'ennuyais. Cela ne te fâche pas que je te rappelle ? » Et bla-bla-bla, ça reprend de plus belle et pour toujours.

TRAVAUX D'ÉTÉ EN MÉDECINE

Vers 1946, mon père, Jos-Marc, travaille pour le ministère de l'Agriculture. Il est en charge du garage de la ferme expérimentale de Deschambault, où l'on répare et entretient les automobiles de tous les agronomes du Québec.

Pour augmenter ses revenus, il vend le soir et la fin de semaine des machines agricoles Massey-Harris. Comme les employés du gouvernement n'ont pas le droit d'avoir une autre occupation à cette époque, nonobstant le fait qu'un ministre soit propriétaire d'un verger commercial à Rougemont, il reçoit son congédiement.

Il décide alors de se construire un garage à Portneuf pour exploiter son commerce de vente de machines agricoles. En 1949, mon père devient concessionnaire d'automobiles Mercury, Lincoln et Météor, et représentant de la pétrolière Supertest.

Après ma première année de médecine, j'y travaille comme pompiste. Comme la compagnie Ford est aussi dépositaire de voitures anglaises, Prefect et Anglia, mon père en vend. Souvent ces voitures arrivent d'Angleterre à Montréal et mon rôle est d'aller les chercher chez le représentant Ford de Montréal. Comme je viens de terminer ma première année de médecine et que je suis habitué de faire de l'auto-stop de Québec à Portneuf, je rend souvent le même service aux auto-stoppeurs à mes retours de Montréal. Les moteurs de ces voitures neuves ne sont pas élimés. Il faut donc circuler à vitesse réduite et l'auto-stoppeur m'aide à trouver le temps moins long…

À une occasion, j'accepte un auto-stoppeur, pour constater dès le départ qu'il a l'air plutôt bandit. La frousse me prend. Je suis pris avec ce malotru pour tout le voyage. Je m'assois presque dans la porte sur la fesse gauche pour garder un œil sur mon passager et j'accélère la vitesse en me disant : « Au diable l'élimage du Prefect. En allant vite, s'il essaie de me tuer, il risque de se tuer lui-même dans l'accident. »

Le passager me raconte ses déboires dans la vie et ses aventures en prison. Rien de rassurant… Après vingt minutes, il me demande de lui donner cinq dollars, car il est à sec. Je lui raconte que je suis étudiant et que je n'ai pas d'argent sur moi. Il semble accepter mon explication. Soudain, il enfouit sa main droite dans sa poche. « Ça y est, me dis-je, il va sortir son revolver… » Non ! il sort un *kleenex* pour se moucher…

J'accélère encore, au risque de brûler le moteur, conduisant de la main gauche sans cesser de l'épier.

Arrivé à Portneuf, juste avant de prendre la route du village, sachant que le garage de papa est fermé, j'arrête subitement à la porte du Garage Gignac. Je connais bien monsieur Albert Gignac, le propriétaire, et aussi ses mécaniciens. Ils vont me défendre si je suis attaqué. Je demande à mon passager de descendre, car nous sommes arrivés à destination, ce qu'il fait sans maugréer. Après avoir raconté ma peur à mon père, je retourne vers la grande route pour constater que mon passager attend une autre occasion. Il s'agit peut-être d'un bon gars. J'ai peut-être eu peur pour rien !

Parmi mes tâches, il y a aussi celle de contrôler le débarquement des voitures neuves livrées par chemin de fer à la gare du C.N.R., non loin du garage. À une occasion, je me rends avec un gros camion trois tonnes, propriété de papa. Lorsque je reviens au garage, papa sort à la course et me demande d'où vient la fumée qui entoure le camion ! Rapidement, mon père me demande d'enlever le frein à main. Semonces… humiliation… et taquineries à mon égard !

Je trouve le travail très ardu au garage et je m'ennuie de mes cours de médecine.

Après ma deuxième année de médecine, mon père demande au cousin M., praticien général à Thurso, s'il accepte d'initier son jeune fils aspirant docteur. Avec empressement, lui et son épouse me reçoivent pour l'été à leur domicile. Quel bel été avec cette femme si dévouée et cet excellent médecin si original ! Le matin, je l'assiste à la salle d'opération de Buckingham, où il agit en qualité de chirurgien. Il n'a aucun entraînement en chirurgie, mais il fait des cholécystotomies et des gastrectomies de façon très élégante. Il refuse l'offre du Collège des médecins de faire un stage de trois mois à Montréal afin de lui octroyer un certificat de spécialiste en chirurgie. Mal lui en prit car quelques années plus tard, le neveu de la mère supérieure (directrice générale) prend sa place après avoir obtenu son *fellow* en chirurgie. Je crois que cet affront l'a profondément affecté, car il est décédé d'un infarctus peu de temps plus tard, dans la jeune cinquantaine. M. est un pince-sans-rire plein d'humour avec un petit œil qui louche. Un bon matin, je le vois arriver d'un accouchement de nuit et je lui demande si tout a bien été. Il me répond : « Très bien. Son col était complètement dilaté et en plus, nous avons sauvé le père ! »

Il connaît toute la famille des parturientes, donc tous leurs antécédents médicaux. Après la visite d'une de ses patientes à son bureau, il m'amène avec lui dans son petit labo et me demande si j'ai appris ce qu'est le « Sink-Test ». Comme je lui dis non, il saisit pompeusement la bouteille d'urine apportée par la patiente et la verse lentement dans le lavabo, « sink » en anglais... « C'est ça, le Sink-Test ! » me dit-il avec un petit sourire en coin. Je comprends alors qu'il ne s'enfarge pas dans les fleurs du tapis ! Une autre fois, après une césarienne pour un douzième enfant, il demande à la mère, à demi éveillée : « Aimes-tu bien cela, les enfants,

Pauline ? » La patiente répond : « Non, j'en ai assez comme cela. »

« Eh bien ! répond-il, il va falloir que tu les aimes, car tu viens d'en avoir deux autres ! » Et la patiente se rendort aussitôt !

À la suite d'un contact dont j'ai oublié la source, un travail d'été légèrement rémunérateur m'est offert pour les vacances 1951, soit après ma troisième année de médecine. Je deviens résident à l'Hôpital du Parc Savard — plus tard transformé en l'Hôpital Christ-Roi —, où les docteurs Couillard et Labrecque, pneumologues, y traitent les Indiens et les Eskimos tuberculeux. Ils sont aussi spécialistes en maladies infectieuses et traitent les immigrés placés en quarantaine au Parc Savard.

Très bel été où j'apprends beaucoup en pneumologie et où je me lie d'amitié avec le docteur Labrecque. Ce médecin se dévoue beaucoup pour moi et m'invite souvent à souper à son domicile.

À l'été 1951, le docteur Boivin traitant un bébé eskimo.

Mon travail d'été se termine là, car après ma quatrième année de médecine c'est l'internat junior, dont je conserve seulement quelques souvenirs valables.

D'abord à l'Hôpital de la Miséricorde, où l'on doit pratiquer l'obstétrique, je ne fais que cinq accouchements. Je ne me sens donc pas prêt pour la pratique obstétricale.

Pendant ce stage de quatre mois, un confrère nous sert calembour par-dessus calembour au cours du repas. Un confrère lui sert cette phrase peu charitable : « Sais-tu, J., la meilleure farce que tu as faite à date, c'est ton cours de médecine ! » Il faut savoir que J. a des relations dans la politique et que souvent, après avoir bloqué à la reprise, il se retrouve de nouveau avec nous à la session suivante !

Pendant le deuxième stage de quatre mois, qui a lieu à l'Hôpital Saint-Sacrement, un infirmier d'urologie examine chacun de nous, à notre demande, pour savoir si nous avons besoin d'une circoncision. Sans être médecin ni voyeur, il en a vu bien d'autres. Je passe le test *maxima cum laude*.

Mon troisième stage de quatre mois se passe à l'Hôpital de l'Enfant-Jésus. En chirurgie, je vois travailler le docteur P., anesthésiste, et sa façon d'aborder l'anesthésie me fait éliminer d'emblée cette spécialité pour mon avenir ! Je suis chanceux de rencontrer plus tard les docteurs Brassard et Mondor à Grand-Mère.

En gynécologie, mon patron est le docteur F-X. Demers. C'est un bourreau de travail, excellent gynécologue avec beaucoup de *bed-side manners*...

En clinique externe, j'essaie de déblayer le terrain pour cet homme si pressé. Je rencontre une mère qui vient le consulter pour sa fille. « Quelle est la raison de la consultation, Madame ? »

La mère : « Vous savez, Docteur, elle est grande fille, me dit-elle en me montrant sa fille de 5 pieds et 10 pouces. »

L'apprenti-docteur ! : « Très bien, Madame, je vois, je vois. Mais pourquoi consultez-vous le docteur Demers, Madame ? »

La mère : « Je vous le répète Docteur : Elle est grande fille. »

L'apprenti-docteur, un peu impatienté ! : « C'est sûr, Madame, je vois que c'est une belle grande fille, mais... »

Sur ces entrefaites, le docteur Demers entre dans la salle.

En entendant le mot « grande fille », il reprend aussitôt : « Très bien Madame, à quand remontent ses dernières règles ? »

Un nouveau mot vient d'entrer dans mon vocabulaire, à ma grande confusion !

MA PREMIÈRE HISTOIRE DE CAS

Mes deux premières années de cours théoriques en médecine sont terminées et me voilà en troisième année où je commence, comme stagiaire, à rencontrer mes premiers patients.

Je suis à l'Hôtel-Dieu de Québec et le résident m'assigne le dossier d'un patient hospitalisé en me disant : « Boivin, va faire l'histoire de cas de ce patient. » C'est avec une certaine appréhension que je me dirige vers la chambre du patient, puisque c'est ma première histoire de cas.

Je procède aux présentations d'usage et rapidement, je demande au patient la raison de son hospitalisation.

« Quand je bande, je bande croche ! », me répond-il.

Je reste pantois. J'hésite. Est-ce que cet homme veut badiner ? Veut-il rire de ce jeune stagiaire que je suis ? Est-il sérieux ? J'ai le fou rire qui m'étouffe… Je ne sais plus quoi dire et je suis décontenancé.

Avant d'éclater de rire, je sors vivement de la chambre pour aller demander conseil à mon mentor.

« Ah ! me répond-il, il doit s'agir de la maladie du marquis de Peyronie, c'est-à-dire la sclérose d'un corps caverneux. Quand il y a érection, il y a accumulation de sang du côté sain.

Alors la verge se dirige du côté sclérosé, où l'arrivée de sang est moindre. »

Je suis ébahi par une si belle compétence. Quel diagnostic pour un novice qui en est à sa première histoire de cas !

Il me reste encore un côlon

Toujours à l'Hôtel-Dieu, pendant ma présence comme stagiaire, je suis témoin d'une altercation entre un radiologiste et un patient.

Il est midi au moment où je passe dans le département de radiologie. Un homme dans la soixantaine attend sur une chaise.

J'entends un radiologiste s'adresser à une technicienne : « Lucie, je m'en vais dîner. Il me reste encore un côlon à faire. Je vais le faire dès mon retour. »

Notre homme se lève en colère :

– Pardon ? C'est vrai que je viens de la Beauce, mais je ne suis pas plus colon que vous !

– Monsieur, je veux parler de l'examen de votre gros intestin : de votre côlon transverse...

Calmé par l'explication, notre Beauceron se rassoit pendant que je me dirige moi aussi vers la cafétéria.

Jean-Louis, vendeur d'automobiles !

En 1953, durant ma dernière année de médecine, mon père est concessionnaire de voitures Mercury, Météor et Lincoln. Je lui offre de vendre des voitures Météor à mes confrères médecins.

La compagnie Ford lui promet une flotte spéciale de 15 voitures pour les docteurs, au-delà de son quota de 75 voitures. Il consent à accorder 10 % de rabais sur chaque voiture que je vends à mes confrères, et je suis heureux de l'aider. Je vends douze automobiles Météor.

Malheur de malheur, il apprend que la compagnie lui refuse tout dépassement de son quota de 75 voitures. « Je t'ai garanti ces voitures, me dit-il, je tiens ma parole. »

Je croyais l'aider, mais je lui fais perdre 10 % plus environ 400 $ par voiture, à cause de la demande et de la très grande rareté des véhicules. Je suis très malheureux du manque de parole de la compagnie Ford. Mes confrères, eux, demeurent très peu reconnaissants. Ils croient que nous réalisons des millions !

Entre mon cours de médecine et mon cours d'anesthésie

COUP DE FOUDRE POUR L'ANESTHÉSIE À L'HÔPITAL LAFLÈCHE

Nous sommes en avril 1953. Je termine mon cours de médecine et je m'oriente vers la pratique générale. Avec Louis-Émile Laflamme, je vais passer Pâques à Sept-Îles, où l'un de nos confrères du Petit Séminaire de Québec, Charles Morin, est déjà établi comme notaire. Nous envisageons y ouvrir une clinique médicale.

En mai, je reçois l'offre de passer un an à Grand-Mère avec le docteur Louis-Alexandre Frenette, chirurgien, ami de mon père et originaire de Portneuf comme moi. Il aimerait bien m'orienter vers la chirurgie et espère me convaincre pendant cette année de résidence.

Je ne me sens pas prêt pour la pratique générale avec mes quelques accouchements de l'Hôpital de la Miséricorde et mon manque d'expérience à la salle d'urgence, où les diagnostics rapides et les réparations de plaies sont monnaie courante. Une année à Grand-Mère me servirait de tremplin avant de plonger en pratique générale.

Je soumets donc à Louis-Émile mon nouveau projet, et c'est le docteur Jean Drouin qui ouvrira cette clinique avec Louis-Émile.

Alors, en juillet 1953, je commence une année d'internat dans un hôpital non universitaire : l'Hôpital Laflèche de Grand-Mère. J'assiste le docteur Frenette en chirurgie. Je fais ses tournées et ses histoires de cas pour 40 $ par mois. Je fais aussi les histoires de cas de deux autres médecins de l'hôpital pour 20 $ par mois chacun, et l'hôpital m'accorde 40 $ par mois, soit un total de 120 $ mensuellement. Je réside à l'hôpital. Mes repas et ma buanderie sont aux frais de l'hôpital. J'assure le suivi hospitalier des opérés et je réponds à tous les appels de la salle d'urgence, y compris pour les réparations de plaies. J'assiste aux accouchements et j'apprends la conduite obstétricale avec le docteur André Poisson, qui m'enseigne en particulier l'application du forceps Keelan. Je fais 75 accouchements au cours de cette année de résidence.

Le docteur Jean-Louis et son équipe.

Jeanine, mon amoureuse, fraîchement reçue infirmière à Saint-François-d'Assise de Québec, s'est trouvé un poste à la salle d'obstétrique de l'Hôpital Sainte-Thérèse de Shawinigan, histoire de se rapprocher de son docteur préféré !

Je vais la chercher les « bons soirs », c'est-à-dire les mardis, jeudis, samedis et dimanches pour une promenade en automobile dans les environs, tout en demeurant sur appel. De plus, j'ai droit à 24 heures de congé par semaine, le jour de mon choix. Le reste de la semaine, je suis à l'intérieur de l'hôpital où je travaille, dors et mange. Avec Jeanine, lors de nos sorties les « bons soirs », je fais occasionnellement du « parking ». Une fois entre autres, dans un petit parc près de la rivière Saint-Maurice, à Shawinigan, nous nous donnons des baisers permis sans s'adonner aux baisers de nos cousins français, alors qu'une lumière vive nous éclaire. La police nous demande : « Que faites-vous là ? » Comme je réponds : « Je ne fais rien », il dit : « Prends ma lumière et je vais prendre ta place ! » Soyons plus sérieux… Il me dit plutôt : « Je n'ai pas de problème avec vous, Monsieur, vous avez l'air sérieux. Mais vous savez, les gens placotent dans les environs. Trouvez donc un endroit plus discret… » C'est justement après cette suggestion que nous découvrons un endroit idéal à l'abri des regards indiscrets, à l'entrée d'un cimetière, dans ma Météor 1950 noire… » Les morts nous protègent des regards malveillants, sachant que nous aurons une bonne pensée pour eux !

Déjà à cette époque, mon intérêt pour les arts... m'amène à photographier, le soir, avec un temps d'exposition de ½ et de une seconde, les lumières de la compagnie hydroélectrique de l'autre côté de la baie.

Sur la route de Saint-Barnabé, à l'automne, nous allons cueillir des fleurs séchées et des avelines oubliées par les écureuils.

Le parc des chutes et les petites rues avoisinant Shawinigan et Grand-Mère n'ont plus aucun secret pour nous.

Durant ma journée de congé, nous allons chez mes parents à Portneuf ou chez les parents de Jeanine à Trois-Rivières. Occasionnellement, nous nous rendons à Québec sur les plaines d'Abraham pour une marche sentimentale. À chacune de nos visites à Québec, un petit frisson nostalgique nous envahit. Comme elle est attachante, cette ville de Québec !

Un soir, j'ai la permission de découcher... Les propriétaires où Jeanine a sa chambre, à Shawinigan, sont partis en vacances. En fin de soirée, je lui demande si je peux rester à coucher. « Oui, répond-elle, mais chacun dans sa chambre... » J'avoue que si les principes de séminariste qui m'honoraient en ce temps n'avaient pas été si forts, il se serait passé des choses ! Mais je lui ai promis d'être sage. J'en suis réduit à la retenir un peu sur mon lit, à lui donner quelques baisers plus ou moins catholiques et à m'endormir inassouvi ! Quelle force de caractère ! Est-ce le respect de Jeanine, mes grands principes ou mon manque d'audace ? Peut-être un peu des trois ! Mais ce soir-là, je me suis endormi sur mon mal. Faut-il s'en vanter ou se traiter de débile ? Autres temps, autres mœurs...

Que de fois en la quittant, le soir, pendant le petit bec d'adieu, je manque de paupières pour fermer mes yeux et je suis obligé de reculer mon siège pour conduire en sécurité...

Lorsque je reviens à l'Hôpital Laflèche, je fais ma tournée sur les étages. Je suis le confident des sœurs, et souvent le conseiller dans les petits conflits susceptibles de se développer en milieu fermé. Elles me racontent leurs problèmes. Je les écoute, les encourage et leur donne quelques suggestions amicales. Tout en me montrant les traces de rouge à lèvres sur ma chemise blanche, elles bavardent avec moi. Elles m'estiment et me considèrent beaucoup. Je suis en milieu d'amitié, de service et de confiance. Pour les filles de Jésus, je suis leur docteur chouchou. Elles s'occupent de ma chambre, de ma lessive. Elles réparent mes vêtements et préparent mes repas.

J'aime bien leur jouer quelques tours. Un soir d'hiver, après avoir sonné à la porte d'entrée de l'hôpital, je relève mon collet de manteau au-dessus des oreilles, j'enlève mes lunettes, je fais le dos rond et je dis à la sœur réceptionniste, apeurée : « Ouvrez-moi, j'ai *frette*, et je pense que je vais me fâcher si vous ne m'ouvrez pas la porte... » La sœur, énervée, saisit le téléphone pour avertir la police. C'est avec difficulté que je réussis à m'identifier avant d'avoir un agent sur les talons.

Une autre fois, la sœur m'ouvre la porte. Je me couche sur une civière, monte le drap au-dessus de ma tête et demande à la sœur : « Conduisez-moi à l'étage de chirurgie, on va jouer un tour à sœur Agathe. » Aussitôt dit, aussitôt fait. En arrivant à l'étage, elle dit à sœur Agathe : « Vite, dépêchez-vous, c'est un grand blessé. Sœur Agathe s'approche de moi et retire lentement la couverture. D'un bond, je m'assois sur la civière en criant. Stupéfaction ! terreur ! panique ! Je lui dis aussitôt : « C'est moi, Sœur Agathe, je suis le docteur Boivin. » « Grand fou, va ! » s'exclame-t-elle.

C'était le bon temps, le temps où le médecin était considéré, aimé, choyé et privilégié dans les hôpitaux.

Le midi, je mange dans une petite salle à dîner privée, tout près de ma chambre. Souvent, durant la semaine, je dîne en compagnie du docteur Frenette, chirurgien et du docteur Mondor, anesthésiste. À Grand-Mère, faute de succursale de la Banque Royale où je faisais affaire à Québec, je dois négocier avec le gérant de la Banque canadienne nationale.

À mon humble avis, c'est un gérant des plus étroit d'esprit. Durant un de ces dîners, la conversation tombe sur le sujet des banques, et le docteur Frenette est au courant de mes opinions sur le gérant de la Banque canadienne nationale. Il me lance : « Jean-Louis, comment le trouves-tu, le gérant de la Banque canadienne nationale ? » Il ne m'en faut pas plus pour débuter une diatribe contre ce gérant borné, incompétent, arriéré et incompréhensif. À peine ai-je terminé de déblatérer contre ce gérant que le docteur Frenette s'adresse au docteur Mondor : « C'est ton beau-frère, je crois, ce gérant ? » Le docteur Mondor acquiesce en souriant et je me cache sous la table pendant cinq minutes, les pieds dans les plats et les oreilles écarlates !

Un soir d'hiver, à la sortie de l'hôpital sur la 4e Avenue, je suis arrêté à la lumière rouge dans ma Météor 50 derrière la grosse voiture du docteur Frenette. Au changement de lumière, le docteur Frenette ne peut partir. Les roues de la Cadillac glissent sur la glace.

Tout heureux de pouvoir rendre service à mon patron, je lui dis : « Je vais vous pousser avec ma voiture. » Impossible, rien ne bouge, je suis moi-même sur la glace vive. J'insiste : « Attendez une minute, je vais mettre du sable. » Mes pneus mordent dans la glace et mes deux poteaux de pare-chocs glissent par-dessus les siens pour faire leur nid dans sa valise. Sa voiture ne bouge même pas. Je suis tellement fâché de ma gaffe que je donne un coup de pied sur l'aile arrière de ma Météor. Nous avons maintenant deux voitures cabossées. « Merci quand même », me dit le docteur Frenette avec un petit sourire narquois.

La salle d'urgence occupe aussi très bien mon temps. Une nuit de décembre 1953, il est trois heures du matin et je dors paisiblement, très court vêtu, dans ma petite chambre de résident. Soudain, la lumière s'allume et sœur X me frappe légèrement sur l'abdomen : « Docteur Boivin, il y a une plaie à réparer à la salle d'urgence. »

« Oh ! ma Sœur, c'est dangereux de me frapper comme cela pendant mon sommeil... Vous pourriez avoir des surprises... » lui dis-je. Encore endormi, je me lève et enfile rapidement pantoufles et sarrau, rien de plus. Dans l'ascenseur où sœur X m'attend, je me regarde les jambes et réalise comment non professionnelle est ma tenue. Mon sarrau sert d'unique couverture à toute mon anatomie ! Quand je lui dis que je vais aller me vêtir plus convenablement, elle me répond : « Vous êtes correct comme cela, ce n'est qu'un petit cas. » Ma pudeur l'emporte sur la bienveillance de sœur X et je retourne m'habiller.

Le dimanche après-midi, quand ce n'est pas ma journée de congé et que Jeanine travaille, au lieu de m'ennuyer, je vais écouter de la musique classique au département d'obstétrique avec sœur M. Elle est très jeune et très jolie. La jalousie des autres sœurs nous oblige à cesser ces fréquentations pourtant si chastes…

Une autre fois, je suis dans l'ascenseur avec une religieuse très gênée, lorsqu'une interruption de courant bloque l'ascenseur entre l'étage où logent les sœurs et l'étage sous-jacent. Je crie assez fort pour être entendu par les sœurs et les faire mourir de rire : « Arrêtez donc, ma Sœur, arrêtez de me prendre les cuisses, vous n'avez pas honte ? » Évidemment, la prude sœur est rouge de pudeur et de colère.

Un après-midi d'automne, le docteur Frenette m'invite à une partie de chasse à la perdrix. Nous marchons lentement, l'œil fixé sur le moindre mouvement des feuilles multicolores et des petites branches signalant la présence d'une gélinotte huppée.

Soudain, on voit d'une boule grise s'étirer par à-coups une tête hagarde. « À vous les honneurs, Docteur Frenette. » Et bang ! un coup parfait dans la tête de l'oiseau…

Un peu plus loin, une deuxième gélinotte, immobile au centre du sentier, croit que nous ne la voyons pas. « C'est à ton tour Jean-Louis », reprend le docteur Frenette. Devant son compatriote, son aîné, son employeur, son patron, Jean-Louis veut faire bonne figure.

Et vlan ! Le fusil de calibre 12 détonne tel une grosse Bertha. Une volée de plumes laisse apparaître quelques morceaux de chair déchiquetée, retenus à des lambeaux de peau. Le docteur Frenette lance le tout dans le bois en disant : « Il n'y a plus rien de bon à manger dans cette perdrix ! » C'est bien moi, j'en mets toujours trop !

Durant les six premiers mois de cette résidence à l'Hôpital Laflèche, tel que convenu, j'assiste le docteur Frenette en chirurgie. Je déteste ce genre de travail, où l'assistant voit toujours mal l'endroit précis, car son rôle est de bien le montrer au chirurgien avec des écarteurs. Je m'ennuie de ma mère. Mais le docteur Frenette m'annonce régulièrement que je suis de plus en plus habile en chirurgie. Deux événements marquent cette période.

D'abord, pendant quinze jours, je remplace le docteur Croteau, tant à l'hôpital qu'à son bureau.

Je deviens temporairement un praticien général. J'aime bien le contact avec les patients. Mon aptitude naturelle à inspirer confiance et les nombreux accouchements déjà réussis m'incitent à penser à la spécialisation en gynéco-obstétrique. J'écris donc à Philadelphie pour connaître les conditions et détails de l'enregistrement aux cours de science de base pouvant conduire au diplôme de spécialiste en gynéco-obstétrique.

Mais ce qui me frappe le plus durant cette première partie de résidence, c'est la découverte de l'anesthésie et le contact avec deux super-anesthésistes. Jamais de ma vie je n'avais songé à être anesthésiste. J'ignorais même, comme beaucoup de chirurgiens d'ailleurs..., qu'il s'agissait d'une spécialité à part entière ! Pour moi, l'anesthésiste était un petit chien recouvert d'un champ opératoire qui faisait des piqûres dans une tubulure de soluté ! L'anesthésie me paraissait une sous-spécialité sous la férule chirurgicale. Mais pendant mes six premiers mois d'assistance en chirurgie, je vois des patients bien lucides, bien éveillés, sombrer en quelques secondes dans un coma profond, la musculature complètement paralysée. Sans le contrôle ventilatoire de l'anesthésiste, ils deviendraient

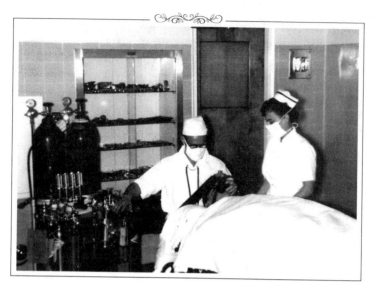

Première induction
au masque à Grand-Mère, en 1953.

cyanosés et passeraient le Styx dans un bref délai. Pendant ce premier semestre à Laflèche, je discute avec ces deux anesthésistes-cliniciens. Ils sont excellents en cardiologie, en pneumologie, en neurologie, en pédiatrie et en pharmacologie. Ils ont un sens aigu du diagnostic et du traitement d'urgence. Pour déprimer ainsi les fonctions vitales, ils doivent de plus être réanimateurs. Ils doivent répondre immédiatement par voie intraveineuse ou inhalatoire à toute modification des paramètres physiologiques reliée à l'anesthésie ou à la chirurgie.

Ces deux anesthésistes sont les docteurs Brassard et Mondor. Le docteur Victor Brassard est un médecin classique, sévère, méticuleux, grand et noble comme un lord anglais, fier, habile et très cultivé. En plus d'avoir un jugement sain, il est compétent et au courant de la dernière littérature anesthésique. Le docteur Lasalle Mondor est petit, alerte, vif comme l'éclair, à l'œil intelligent, au sourire moqueur, un peu gêné mais au jugement clinique très sûr. Il a un sens de l'humour peu commun et une grande dextérité. Je le vois toujours un livre à la main.

Au contact de ces deux hommes dont les actes ont des conséquences quasi instantanées, je suis ébahi et j'ai le coup de foudre pour cette spécialité.

Je demande donc au docteur Louis-Alexandre Frenette de passer mes six derniers mois en anesthésie. Un peu déçu compte tenu des progrès réalisés en chirurgie par son jeune compatriote, le docteur Frenette accepte ce changement d'orbite. Je commence alors à me familiariser avec l'instrumentation (appareils d'anesthésie, vaporisateurs, moniteurs, etc.), avec les techniques anesthésiques (cathétérismes veineux, intubation trachéale, ventilation mécanique, blocs nerveux) et avec l'administration des nombreux médicaments utilisés en anesthésie. À la fin d'avril 1954, je suis déjà orienté vers l'anesthésie-réanimation. La gynéco-obstétrique ne m'intéresse presque plus, à cause des nombreuses nuits blanches anticipées. Pauvre de moi, j'oublie qu'en anesthésie, en plus de travailler la nuit en obstétrique, il faut répondre aux appels nocturnes d'urgences de toutes les autres spécialités chirurgicales et médicales. À tout hasard, histoire de tâter le terrain, j'annonce au docteur Frenette que je me dirige en gynéco-obstétrique et que je reviendrai à Grand-Mère pour pratiquer cette spécialité !

Oups ! En une seconde, le docteur Frenette, excellent chirurgien mais dont la clientèle gynécologique est très importante, voit en moi un compétiteur de taille pouvant miner sa clientèle.

« Tu as raison, me dit le docteur Frenette, tu sembles avoir un peu de difficulté avec les techniques chirurgicales. Tu ferais par ailleurs un excellent clinicien. Je te vois très bien en cardiologie ou en médecine interne. » Je réalise subitement qu'en compétition, même ton meilleur ami n'est pas toujours enclin à te donner une partie de sa chemise. Aller en chirurgie pour pratiquer dans une autre ville, ça va. Mais aller en gynécologie pour revenir en compétition avec lui, c'est une tout autre affaire... Et je le comprends très bien. Comme je n'ai pas envie d'aller en gynécologie et que l'anesthésie m'intéresse grandement, je calme ses appréhensions en déclarant : « Ce n'est pas sérieux, mon idée de gynécologie. J'ai moi aussi constaté mes aptitudes pour la clinique et j'ai l'intention de postuler en anesthésie à l'Hôtel-Dieu de Québec, auprès du docteur Fernando Hudon. Pourriez-vous me fournir une lettre de référence ? »

C'est avec plaisir qu'il me donne une lettre de référence si élogieuse que j'ai peine à me reconnaître ! Je me pince pour savoir si je suis bien l'homme décrit par le docteur Frenette avec un si haut degré d'intelligence, de jugement et pourvu de telles qualités scientifiques, morales et humaines...

Un matin de mai 1954, je me rends à l'Hôtel-Dieu pour voir le docteur Hudon. Il est marabout et me dit sèchement : « J'ai tout mon personnel de résidents et je n'ai besoin de personne. Cherchez ailleurs. » Je récidive une semaine plus tard. Le docteur Hudon est encore marabout ce matin-là, et il me fait la même réponse. Toutefois, vu mon insistance, il me demande où j'ai passé la dernière année. Comme ma réponse est l'Hôpital Laflèche de Grand-Mère et qu'il a très bien connu le docteur Frenette à l'Hôtel-Dieu pendant son entraînement en chirurgie, il en prend bonne note. À ma troisième visite, cette fois en fin d'après-midi, ce n'est plus la même chose. « Bonjour, Docteur Boivin, c'est vous qui êtes venu me voir pour suivre le cours d'anesthésie ? Eh bien j' ai reçu la lettre du docteur Frenette... Quand êtes-vous prêt à commencer ? La semaine prochaine ? »

Estomaqué par cette chaleureuse réception, que je dois autant à la période de la journée, où le docteur Hudon n'est plus sur le stress du programme opératoire qu'à ma persévérance et à la lettre de référence, je réponds : « Je termine à la fin de juin à Laflèche. Je me marie le 24 juillet et je pourrais commencer à l'Hôtel-Dieu le deuxième lundi de septembre à 8 heures. » Il me répond : « Vous aurez 100 $ par mois pour la première année, 200 $ par mois pour la deuxième année et 300 $ par mois pour la troisième année. Si cela vous intéresse, je vous attends. »

Il n'en fallait pas plus pour me sentir gonflé d'hélium. Je n'en crois pas mes yeux, je flotte. Le docteur Hudon reprend : « Venez avec moi, je m'en vais voir un patient à l'Hôpital Notre-Dame de l'Espérance. »

Tout au long du parcours, le docteur Hudon me parle des misères et des grandeurs de cette jeune spécialité. Je suis enthousiasmé et ravi de cette troisième visite avec le grand patron de l'anesthésie québécoise, le docteur Fernando Hudon. C'est avec lui que je voulais faire mon cours d'anesthésie et c'est avec lui que je le ferai, grâce à ma ténacité.

En résumé, si j'ai choisi l'anesthésie, c'est grâce à mon sentiment d'insécurité face à la pratique générale, au docteur Frenette, qui m'a accepté à l'Hôpital Laflèche et c'est surtout grâce aux anesthésistes Brassard et Mondor de Grand-Mère, qui m'ont présenté cette belle spécialité. Enfin, c'est parce que j'ai réalisé que cette spécialité correspondait entièrement à mon caractère et à mes goûts : résultats immédiats de l'injection intraveineuse, contrairement à la pilule aux quatre heures ; protection du petit (le patient) ! contre le gros (le chirurgien) ! ; besoin de variété ; techniques et médication constamment en évolution ; besoin du contact humain de la clientèle sans en avoir le poids du suivi souvent interminable et enfin, désir de soulager la douleur.

ANESTHÉSIES AU CHLOROFORME-ÉTHER !

Avec beaucoup d'audace et quelques connaissances de base, bien des gens sont capables de se substituer à un médecin. Qui n'a pas entendu parler de ce pseudo-chirurgien qui se fait engager sur un bateau de croisière et y pratique des appendicectomies et des ouvertures d'abcès ?

Ainsi, dans les années 50, combien de médecins non-spécialistes ont pratiqué la chirurgie générale, la gynécologie, l'oto-rhino-laryngologie, l'urologie, l'anesthésie, etc., après seulement quelques semaines d'entraînement en milieu universitaire. L'absence de connaissances approfondies dans une spécialité amène certaines personnes à poser des actes qui pourraient avoir, le cas échéant, des conséquences graves sur leur avenir professionnel. Tel est mon cas !

Durant l'été 1954, soit avant mon entrée à l'Hôtel-Dieu pour mon entraînement en anesthésie, le docteur Rosario Denis pratique à Montauban-les-Mines et dessert Notre-Dame-des-Anges, dans le comté de Portneuf.

Un O.R.L. de Québec vient faire une tournée d'amyg-dalectomie et le docteur Denis doit anesthésier les patients. Il sait que je commence mon cours d'anes-thésie dans quelques semaines et me croit plus compétent que lui pour donner l'anesthésie ! Comme j'ai passablement moins de connaissances et d'expérience que lui, je ne pense pas aux complications possibles. J'ac-cepte donc d'anesthésier 23 enfants pour amygdalectomie sur la table de récréation du couvent de Notre-Dame-des-Anges. L'O.R.L. est habitué à ces opérations hors centre hospitalier. Il est très habile et très rapide. En quelques minutes, dès que l'enfant a perdu conscience, les amygdales sont dans le petit bassin réniforme. Tous les enfants récupèrent vite de leur anesthésie et il n'y a aucune complication. Seulement quelques vomissements marquant l'intolérance de certains jeunes patients pour ces produits à haut potentiel émétique. Jamais par la suite je ne fais d'anesthésie au chloroforme-éther. Avec les con-naissances acquises pendant mon cours, je rêve souvent aux complications majeures qui auraient pu survenir durant ces anesthésies et je me réveille tout en sueur !

MON MARIAGE ET MON VOYAGE DE NOCES

À Pâques 1954, je demande la main de Jeanine Poi-rier à son père Alphonse, demeurant alors sur la rue Gervais à Saint-Philippe de Trois-Rivières. Quelle récep-tion sous l'œil discret de l'aïeule, madame Bujold ! Et quelle acceptation je reçois dans cette grande famille combien chaleureuse de douze enfants !

La date du mariage est fixée au 24 juillet 1954 et c'est dans l'église Saint-Philippe qu'il sera célébré.

Je demande à mon ami Claude Vachon de chanter l'*Ave Maria* et le *Panis Angelicus*. Le curé s'oppose à laisser s'exécuter au violon le beau-frère de Claude Vachon, Gérard Cliche.

Évidemment, je suis très désappointé de ne pouvoir entendre cet instrument si vibrant d'émotion pendant mon mariage. Malheureusement, autorité et étroitesse d'esprit obligent...

C'est Henri Beaulieu, directeur spirituel au Petit Séminaire de Québec, qui bénit notre mariage. La réception a lieu à l'Hôtel Saint-Maurice. Cet hôtel est aujourd'hui disparu pour faire place au stationnement étagé de la rue Badeaux.

Oncle Camilien, frère de ma mère, est pilote sur le Saint-Laurent et parfait comédien. Il déride les convives après le repas. Entre autres, il déclame « Après la bataille »

Jean-Louis Boivin et Jeanine Poirier
le jour de leur mariage.

de Victor Hugo en se trompant volontairement, comme si sa mémoire faisait défaut. Cela provoque d'abord le malaise et la compassion, puis le rire effréné quand on découvre l'astuce.

Dans le hall de l'hôtel, le docteur Rosario Denis me remet, tel que promis, les 500 $ requis pour mon voyage de noces.

Avant notre départ dans la Météor, mon ami Gilles Lépinay, joueur de tours invétéré, place dans ma fenêtre arrière un écriteau « Just married » et débranche les fils de ma batterie. Heureusement, mon père, mécanicien, veille au grain. Il a été témoin du stratagème et il s'empresse de rebrancher mes fils de batterie, à l'insu du joueur de tours. Au départ de l'hôtel, Gilles se demande par quel hasard je réussis à faire démarrer ma voiture !

Dès notre arrivée à Louiseville, j'enlève à la lame de rasoir ce collant qui attire l'attention de tout le monde.

Jules Carignan reçoit tous les invités de la noce à son chalet de Champlain. On m'a dit que nous avions manqué un bon « party ». Peu importe, nous étions si bien ensemble.

Pour la première nuit nous arrêtons au « Doc Motel » à Repentigny. Je trouve cela très gentil d'avoir construit un motel juste pour moi : le Doc !

Les valises sont dans la chambre de motel…

Les portes de ma voiture sont verrouillées…

Je verrouille la porte du motel…

Et je vérifie si les rideaux sont bien fermés…

Enfin me voilà seul avec ma dulcinée…

Que de baisers, que d'étreintes, que de mamours !

Avant de nous orienter au sud vers Atlantic City, nous décidons de dormir un soir dans le nord de Montréal. C'est au Motel Sainte-Adèle que nous échouons. Quelle autre belle nuit mémorable...

Le lendemain, direction États-Unis.

Nous arrêtons à une pharmacie. Dans mon meilleur anglais, je demande : « I would like to buy Vaseline. » Inutile, personne ne me comprend. Après plusieurs explications dans l'autre langue, je réussis à avoir une bouteille d'huile naturelle. Ignorant que je suis, je ne savais même pas que Vaseline est un nom commercial non connu aux États-Unis et que ce produit se nomme en anglais « petroleum jelly » !

Rendus à Atlantic City à l'Hôtel Virginia, situé près du Boardwalk, du restaurant Mamy's Boscul Cafe et du Steel Pier, j'ai souvenance du matelas à ressorts trop bruyant. Quand nous sortons de notre chambre, des flâneurs qui se tiennent sur le trottoir, presque sous la fenêtre de notre chambre, nous regardent avec un petit sourire. Ils ont probablement l'oreille fine !

Combien agréables ont été ces deux semaines de relaxation et de bonheur à Atlantic City en voyage de noces.

Deux semaines d'omnipratique

Le 15 août 1954, à peine arrivé de notre voyage de noces et avant le début de mon entraînement à l'Hôtel-Dieu de Québec en anesthésie, je remplace le docteur Rosario Denis comme généraliste, à Montauban-les-Mines, comté de Portneuf.

Je comprends vite que la pratique générale ne correspond pas à mes attentes. J'ai tout de même droit à certaines satisfactions durant ces deux semaines.

Fort des 75 accouchements faits durant mon stage à l'Hôpital Laflèche sous la supervision du docteur André Poisson, je suis appelé à domicile auprès de trois femmes à terme. Le premier accouchement se passe comme si rien n'était. Le deuxième est plus difficile et je dois demander l'aide du mari pendant que j'applique un forceps au lit de la patiente. Quant au troisième, à mon arrivée, la sage-femme est déjà présente et elle me pousse à accoucher la patiente. La dilatation est à six centimètres.

« Le docteur X prend bien moins de temps que vous », me dit-elle. « Si c'était lui, la patiente aurait déjà accouché. »

Un peu ennuyé par ce harcèlement, je décide de me coucher sur un divan dans le salon et j'exige de ne pas me réveiller avant deux heures. À mon réveil, le col utérin de la patiente est complètement dilaté et la dame accouche spontanément d'un beau gros garçon, avec ma collaboration. La sage-femme est un peu confuse. Je suis bien fier de ne pas l'avoir écoutée et de m'être éloigné des complications.

Une autre satisfaction pendant ce séjour à Montauban est d'avoir guéri avec de la pénicilline, en trois jours, un jeune patient souffrant d'amygdalite aiguë.

Les lundis, mercredis et vendredis, je pars en tournée de visites à domicile. Je revois les mêmes patients à Montauban, à Lac-au-Sable et à Notre-Dame-des-Anges pour une série d'injections de vitamines ou d'autres substances tonifiantes. Je ne suis pas persuadé du bien-fondé de ces actes médicaux. Mais à cette période, ces séries de « piqûres » sont monnaie courante et beaucoup de patients avouent s'améliorer grandement. Effet pharmacologique ou effet psychologique suscité par un médecin empathique, je ne pourrais le dire !

Durant ce séjour, je dois faire l'examen des mineurs de Montauban.

Tout va très bien. Ce sont tous des gaillards en bonne santé. J'examine la vue, l'ouïe, le cœur, les poumons et les orifices herniaires, etc. Après l'examen, un patient me demande :

– Avez-vous terminé votre examen, Docteur ?

– Oui, Monsieur.

– Avez-vous noté ceci ?

Il soulève sa jambe de pantalon et me laisse voir un membre artificiel.

– Merci de me l'avoir mentionné.

– Vous n'êtes pas le premier à oublier ce détail, Docteur.

Le lendemain, je visite la mine avec le gérant. Au quatrième sous-sol, je crois reconnaître le visage d'un mineur actionnant une foreuse de 40 livres sur un sol rocailleux.

– Êtes-vous bien Monsieur X ?

– Vous me reconnaissez, Docteur ?

– Certainement. Et je comprends pourquoi je n'ai pas remarqué votre handicap. Je vous félicite de votre vaillance, Monsieur. Vous êtes un exemple à donner à bien des gens.

À la fin de ces deux semaines de pratique générale, Rosario revient de vacances. Je lui remets le fruit de mon travail, soit 500 $, c'est-à-dire la somme qu'il m'a prêtée pour mon voyage de noces.

Cours d'anesthésie

PREMIÈRE JOURNÉE D'ANESTHÉSIE À L'HÔTEL-DIEU DE QUÉBEC

Jeanine et moi venons d'emménager dans le sous-sol d'une maison privée sur la rue Vimont à Sillery. Nous sommes le premier lundi de septembre 1954. Je tiens à arriver très tôt pour ma première journée d'entraînement en anesthésie à l'Hôtel-Dieu. À 7 h 30, dans ma Météor 50 dont l'arrière est encore rempli de cadeaux de noces bien emballés, je file vers l'hôpital. Lumière rouge ! La voiture qui me précède fait son arrêt. Moi aussi. Lorsque cette voiture repart, je crois que la lumière est passée du rouge au vert et, d'instinct, j'appuie sur l'accélérateur, alors que mon regard est encore fixé sur la seule personne déambulant sur le trottoir à cette heure matinale. Il s'agit d'une jeune blonde à la démarche aguichante. Ce n'est pas bien beau pour un nouveau marié. Je dirai à ma défense que la vue d'un si beau spécimen de la gent féminine ne doit jamais laisser un homme indifférent, tant que la vue demeure le seul sens en activité ! Or, malheur de malheur, la voiture qui me précède freine au bout de quelques pieds, car la lumière est encore rouge. Ma Météor saute dans le coffre à bagages de cette Chevrolet toute neuve et je reçois les cadeaux de noces par la tête en guise de rappel. Je me confonds en excuses pour calmer le propriétaire heurté de plein fouet.

J'ignore encore la raison qui m'a fait oublier tout ce qui s'est passé pendant cette première journée d'anesthésie à l'Hôtel-Dieu de Québec, mais je m'en doute !

Arrivé au nid conjugal, je suis un peu penaud en racontant cet accident à Jeanine. Elle a tout pardonné à son jeune docteur.

Début des cours structurés en anesthésie à l'Hôtel-Dieu de Québec

En 1954, durant ma première année d'entraînement en anesthésie, le seul enseignement théorique donné est en salle d'opération par nos patrons : les docteurs Hudon, Jacques, Clavet et Houde. L'enseignement théorique hospitalier ou universitaire n'est pas encore structuré. Le docteur Fernando Hudon, notre grand patron, est de ceux qu'un résident ne peut épuiser. Il se ressource quotidiennement par ses lectures. N'ayant pas d'enfant ni aucun intérêt pour les activités mondaines ou sportives, il passe tous ses loisirs à lire sur les nouveautés en anesthésie.

Un jour, il me « cicérone » pendant une rachianesthésie. Je suis avec un autre résident, le docteur Pierre-Paul Paquet. Soudain, le docteur Hudon nous demande quels sont les facteurs qui font varier le niveau de l'anesthésie rachidienne. Je m'empresse de répondre : « C'est une question intéressante, Docteur Hudon. Si vous le voulez, nous allons répondre par écrit. »

Pierre-Paul et moi nous exécutons. Le docteur Hudon nous corrige sur-le-champ et complète nos réponses. Et je continue : « Docteur Hudon, si nous tenions chaque semaine une réunion où nous, les résidents, répondions à un court examen écrit, accepteriez-vous de nous superviser ? » Le docteur Hudon acquiesce à ma demande et ainsi commencent les premiers cours réguliers en anesthésie à l'Hôtel-Dieu de Québec, tous les jeudis à 16 heures.

En vue de ces cours, le patron me demande de préparer une causerie sur « feu et explosion en anesthésie ». Ma présentation lui plaît. Il me demande d'élaborer sur le sujet en vue d'une publication dans les *Cahiers* de l'Hôtel-Dieu. Cet article paraît en 1955. J'y parle des produits inflammables : l'éther et le cyclopropane, l'oxygène et les sources d'ignition, c'est-à-dire la flamme vive, l'arc électrique et les étincelles reliées à l'électricité statique. Je développe un long chapitre sur les données de base en électricité et j'apporte tous les moyens connus pour prévenir le développement et l'accumulation de charges électrostatiques.

Précurseurs des cours théoriques universitaires structurés, ces cours du jeudi nous stimulent dans nos études.

ONCLE PHILIPPE

Mon oncle Philippe Rodrigue s'est marié avec Virginie Bourdages, sœur de ma belle-mère Évangéline. Tout jeune, à Trois-Rivières, il achète des bouteilles vides et fabrique de l'eau de Javel au fond de sa cour. Puis graduellement, à Québec, il continue de fabriquer de l'eau de Javel pour devenir propriétaire d'une usine appelée « Chanteclerc », qui fabrique l'eau de Javel « Mixo ».

Si je parle d'oncle Philippe dans mon cours d'anesthésie, c'est à cause de l'impact qu'il a eu dans le financement de mes études en anesthésie.

Jeanine et moi avons notre premier fils, Pierre. Mes émoluments à l'Hôtel-Dieu de Québec sont insuffisants pour payer logement, nourriture, etc. Mon père a fait tout ce qu'il a pu pour payer mon Séminaire à Québec et il s'est passablement saigné pour me permettre d'obtenir mon doctorat en médecine. Comme il est libéral, inutile de demander une bourse à monsieur Duplessis !

Je dois donc me débrouiller seul pour mes études de spécialité en anesthésie. Je rencontre un agent de la Great-West dans le comté de Dorchester. Il prête de l'argent aux jeunes docteurs, moyennant la vente d'une police d'assurance-vie. Je m'y rends. Il me vend deux polices de 5 000 $ chacune. Il en garde une en garantie et me fait payer sur-le-champ la prime et l'intérêt pour un an.

En fait, j'emprunte 2 000 $ moins la prime de 154 $ et moins l'intérêt annuel à 5 %, soit 100 $. Il me remet donc 1 746 $ et j'ai emprunté 2 000 $! Mais quand on en a besoin, on n'a pas le choix des conditions ! C'est lui qui a « la pôle position ».

Six mois plus tard, oncle Philippe me dit ceci : « Jean-Louis, je sais que tu as emprunté de l'argent pour tes études. Je vois que tu es débrouillard, studieux et honnête. Parce que tu n'as pas pris la solution facile, c'est-à-dire t'adresser d'abord à moi, je trouve que tu as du mérite et je vais t'aider. Si tu le veux, je vais aller avec toi rencontrer ton agent d'assurances et tu vas lui remettre l'argent que tu lui dois. Il me prête donc 2 000 $ à un meilleur taux d'intérêt et je paye ma dette à l'agent d'assurances, qui me remet ma deuxième police d'assurance de 5 000 $.

Oncle Philippe, par la suite, me prête huit mille dollars pour terminer mes études en anesthésie. Après quelques années de pratique à Trois-Rivières, je lui remets les 10 000 $.

Merci de ton aide, oncle Philippe Rodrigue. Bien avant son soutien financier, j'ai toujours apprécié et respecté cet homme sérieux, au jugement sûr, « peu ricaneux » mais très généreux et capable d'un humour fin. Je l'appelais « mon deuxième père ».

Une de ses phrases célèbres était : « Il faut toujours se garder une poire pour la soif. » Traduction… « Il ne faut jamais se rendre au bout de la corde, tout utiliser, tout dépenser. Il faut toujours se garder une petite réserve pour l'urgence. » Il avait bien raison et j'ai appliqué cette vérité tout au long de ma vie d'anesthésiste.

Courtes anecdotes durant mon cours d'anesthésie

DOCTEUR, JE ME SAUVE !

Dans les années 40, au temps de l'induction au masque avec l'éther, puis avec le cyclopropane et plus tard avec l'halothane, il n'était pas rare de voir une phase d'agitation importante. Les infirmiers nous aidaient habituellement à contenir le patient pour éviter les blessures.

Une anecdote m'a été rapportée à ce sujet. Le docteur X, un de mes patrons à l'Hôtel-Dieu de Québec, aurait un jour échappé un patient pendant une phase d'agitation au cyclopropane. Selon l'histoire — que je crois véridique —, un infirmier l'aurait rattrapé dans la côte du Palais !

CATHÉTER COUPÉ

Je suis résident en anesthésie. Le docteur Hudon me supervise pendant une péridurale continue à un homme de 89 ans. J'éprouve certaines difficultés à pousser mon cathéter dans l'espace épidural. Pendant que je le retire pour mieux le replacer, il se coupe sur le tranchant de l'aiguille « Tuohy », c'est-à-dire une aiguille avec un orifice latéral.

Que faire ? Un bout de cathéter est resté dans l'espace épidural ! Devons-nous le laisser là ? Devons-nous demander à un chirurgien d'opérer le patient pour aller chercher ce bout de cathéter ? Après consultation entre le docteur Hudon et un chirurgien, il est convenu que ce corps étranger est stérile et qu'il ne devrait pas s'infecter. Le laisser en place serait mieux que de l'extraire chirurgicalement, surtout chez un patient de 89 ans. Après tout, ce ne devrait pas être plus incommodant pour le patient qu'un stimulateur cardiaque sous-cutané ou une greffe artérielle de téflon. Aucune complication, aucune récrimination.

Par la suite, je n'ai jamais retiré de cathéter épidural déjà en place sans retirer l'aiguille en même temps !

GROSSES MAINS

Un petit gars de Portneuf, résident en anesthésie à l'Hôtel-Dieu dans les années 50, doit travailler avec plusieurs sommités médicales et chirurgicales. Je suis donc un peu timide devant les docteurs François Roy, Paul Fugère, Richard Lessard, etc. Un jour, pendant une anesthésie pour amygdalectomie par un oto-rhino-laryngologiste équipé d'une paire de mains deux fois plus grosses que les miennes, désireux de vanter sa force physique, je déclare : « Vous avez de bonnes mains, Docteur ? » Fier de ses appendices brachiaux, le chirurgien me répond : « Tu trouves que j'ai de grosses mains, mon jeune ? Eh bien ! souviens-toi-en ». Si l'espace entre la table d'opération et le plancher avait été plus grand, je m'y serais blotti.

Ma première anesthésie locale

En 1955, je fais ma première anesthésie locale sur la fesse de mon fils Pierre. À sa sortie de l'Hôpital Saint-François-d'Assise de Québec, à l'âge de huit jours, il présente une pyodermite du cuir chevelu. Deux jours plus tard, un abcès de la grosseur d'un 2 $ apparaît sur sa fesse droite. Comme je commence à connaître les risques de l'anesthésie générale chez le nouveau-né, je décide d'ouvrir cet abcès sous anesthésie locale au chlorure d'éthyle en vaporisation, plutôt que de consulter à l'hôpital. Succès inespéré. Pierre guérit de son abcès et de sa pyodermite. La cicatrice demeure sur sa fesse et il s'amuse à dire à ses amis que son père lui a déjà donné un coup de couteau dans le dos !

Mal au dos

J'aime bien travailler avec le docteur Paul Fugère, oto-rhino-laryngologiste renommé, surtout à cause de ses publications sur la fenestration, c'est-à-dire une intervention pour traiter la surdité.

Le docteur Fugère est un véritable gentleman qui possède la patience d'un chirurgien et la sensibilité d'un artiste.

Que de patience, en effet, requièrent cinq heures de mini-gestes chirurgicaux au niveau de l'oreille moyenne ! Que de sensibilité aussi chez ce chirurgien qui se sent personnellement impliqué et qui doit s'asseoir sur une chaise pour atténuer sa douleur dorsale pendant une intubation difficile sur son patient. Le docteur Fugère aime bien travailler avec moi. Il me considère et m'estime assez pour m'inviter à quelques reprises à sa demeure.

Tiens, maudite rate

Un des grands patrons de la chirurgie générale au Québec au temps de ma résidence en anesthésie est le docteur F.R. Austère, exigeant, très adroit, bourreau de travail au geste précis, il a entraîné de nombreux chirurgiens au Québec. Homme plutôt patient, il lui est arrivé une fois de perdre son calme pendant une intervention. Selon les on-dit de la petite histoire, il paraît qu'un jour, pendant une gastrectomie à un chirurgien de renom, le docteur R. se doit de faire une splénectomie parce que la rate, par inadvertance, a été lacérée et continue de saigner malgré une hémostase minutieuse. Chaque chirurgien du département qui entre dans la salle lui dit : « Ah ! tu as enlevé la rate ? » À la quatrième intervention du genre, le docteur R., un peu impatienté, répond : « Oui ! j'ai été obligé d'enlever la rate, elle saignait. » Et d'un geste spontané, il prend la rate sur le plateau et la lance sur le mur en disant : « Tiens, maudite rate ! » Par la suite, aucun autre chirurgien n'a osé lui poser la question !

Mets ton doigt dans mon rectum

Le docteur A.G. est un omnipraticien très sympathique et sa clientèle est imposante. Il travaille presque jour et nuit. Il est aussi chirurgien à l'Hôtel-Dieu et y opère ses patients. Il a une grande ascendance sur eux. Il les considère un peu comme sa propriété, tellement il est familier avec eux. En salle d'opération, il développe une certaine attitude de tout ramener à lui.

Il s'adresse ainsi à l'infirmière : « Passe-moi mon bistouri, éloigne mon champ opératoire s.v.p., prépare-moi

donc mon catgut 2-0 », etc. À son assistant, il parle ainsi :
« Écarte ma rate s.v.p., attache mon artère au bout de
mes doigts, déplace mon intestin vers la droite », etc. Il
s'agit là pour le docteur Giguère d'une habitude bien
connue de son personnel habituel. Un jour, il a comme
deuxième assistant un nouveau résident plutôt timide,
peu entraîné et qui se sent bien inutile à distance du site
opératoire. C'est un résident qui pourrait s'écrier en boutade : « Dire que ma mère pense que j'opère ! » Soudain,
le docteur Giguère demande à ce résident d'une voix
autoritaire : « Mets ton doigt dans mon rectum. » Sans
hésitation et obéissant aveuglement à l'ordre chirurgical, le résident soulève la blouse stérile du docteur
Giguère, à la recherche de son rectum. Fou rire général,
un résident tout rouge de gêne et un docteur Giguère
fort décontenancé.

Serait-ce un fait historique ou une blague circulant
dans les corridors de l'Hôtel-Dieu ? Dieu seul le sait !

COMMENT SE SORTIR LES PIEDS DU PLAT

Si le résident du docteur Giguère était plutôt timide,
la rumeur nous dit qu'un autre résident à l'Hôtel-Dieu
n'avait pas froid aux yeux. Alors que son patron lui parlait d'un patient peu dégourdi et originaire de
Sainte-Cunégonde, petit village perdu dans la campagne, ce jeune freluquet déclare : « Les gens de Sainte-
Cunégonde sont tous de parfaits imbéciles ou des joueurs
de hockey. » Le patron reprend vivement : « Ma femme
vient de Sainte-Cunégonde. » « Jouait-elle au centre ou
sur l'aile ? », reprend le résident.

Résidence

en médecine interne

DIPLÔME D'ASSOCIÉ (FELLOW)

Durant ma troisième année d'anesthésie à l'Hôtel-Dieu de Québec, soit vers le mois d'avril 1957, le Collège des médecins de la province de Québec m'accepte aux examens du certificat en anesthésie pour l'automne 1957. On reconnaît partiellement l'année de résidence que j'ai faite à l'Hôpital Laflèche de Grand-Mère, à la condition que je fasse trois mois en médecine interne (juin, juillet et août), avant de me présenter aux examens de l'automne 1957.

Par ailleurs, le Collège Royal exige que je fasse une quatrième année d'anesthésie pour être accepté au certificat. Cependant, on me fait la proposition suivante : « Si, après vos trois mois de médecine interne exigés par le Collège des médecins, vous continuez pendant neuf autres mois votre résidence en médecine interne, vous serez éligible aux examens du diplôme d'Associé (Fellow) à l'automne 1958. Je réussis mes examens du certificat du Collège des médecins à l'automne 1957 et je continue ma résidence en médecine à l'Hôtel-Dieu. Le docteur Yves Morin, mon confrère, vient de passer son « Fellow » en médecine et assiste comme moi le chef de service, le docteur Richard Lessard, qui nous présente ainsi à ses patients : « Voici mes deux assistants : le Fellow Morin et le spécialiste Boivin. »

Lors d'une tournée des patients avec les stagiaires, le docteur Lessard donne une démonstration humoristique du toucher rectal. Il demande au patient de se retourner sur le ventre pour que son index explore la région postérieure du rectum au lieu de tourner lui-même son index pour le faire. Très bon clinicien ce docteur Lessard, mais quel pince-sans-rire original !

Une autre fois, pour mettre à l'épreuve l'esprit d'observation de ses stagiaires, le docteur Lessard saisit un échantillon d'urine, trempe son doigt dans le récipient et le porte à sa bouche en disant : « Voici une méthode très simple mais combien efficace pour savoir si un patient est diabétique. » À sa demande, un stagiaire fait de même !

– Monsieur, dit le docteur Lessard, en médecine, il faut un bon esprit d'observation. Vous n'avez pas remarqué que j'ai mis mon index dans l'urine mais que c'est le majeur que j'ai mis dans ma bouche ? » Le stagiaire est devenu nauséeux...

Cette année de résidence *senior* à l'Hôtel-Dieu m'est très agréable. Je suis estimé des membres des départements d'anesthésie et de chirurgie pour avoir travaillé trois ans avec eux et je suis adopté par les membres du département de médecine. Autant le docteur Lessard aime mettre en boîte les étudiants en médecine avec sarcasme, autant il respecte ses résidents en leur donnant toute sa confiance. Il m'amène faire quelques visites à domicile avec lui et exige que je réponde moi-même aux consultations postopératoires demandées en médecine par les chirurgiens pour des problèmes respiratoires. Il me dit : « Boivin, tu as fait trois ans d'anesthésie et tu connais cela mieux que moi. » Je suis flatté, mais je trouve cette responsabilité très lourde.

Je travaille avec les docteurs Napoléon Larochelle, Robert Caouette, Roger Dugal, Luc Beaudoin, Marcel Guay et Jean Saulnier.

Lors de mes soirées de garde, je fais, avec les internes *juniors*, la tournée que j'appelle « tournée impressionnante » ! Il s'agit de visiter tous les postes d'infirmières de l'hôpital sans oublier de prendre la pression artérielle de tous les opérés du jour, d'où le mot « tournée impressionnante » ! Mes internes font ce travail que je trouve peu utile et pendant ce temps, je bavarde avec les infirmières. Ce que j'aime pendant la tournée, c'est choisir un cas en particulier et descendre à la bibliothèque pour fouiller en profondeur ce cas intéressant. Suivent des discussions hautement scientifiques !

Au cours de cette année de résidence *senior*, je fais un stage en ophtalmologie avec le docteur Jean Lacerte et j'apprends à examiner le fond d'œil. Pendant la tournée, j'ai mon ophtalmoscope en poche et je profite de toute occasion pour pratiquer. À monsieur l'aumônier, qui se plaint de céphalée, je fais un fond d'œil. À la jolie infirmière du poste, je fais un fond d'œil et j'enseigne la technique à mes internes. Je suis un mauvais professeur ! qui fait le fond d'œil : œil droit-œil gauche (c'est-à-dire nez à nez et lèvres à lèvres) au lieu de le faire œil droit-œil droit, tel que le docteur Lacerte me l'a enseigné... Les internes aiment bien ma méthode ! Je leur explique que cette technique doit se pratiquer seulement le soir et qu'avec les infirmières !

Le soir de ma dernière tournée « impressionnante », en fin de stage, une infirmière nous demande de constater un décès. C'est un patient du docteur Arthur Bédard, urologue.

Piqué de curiosité et désireux de trouver un indice quelconque sur le mystère de la mort, je saisis mon ophtalmoscope et soulève la paupière du trépassé, pour voir si l'âme l'a bel et bien quitté. Je déclare solennellement : « Il y a de la stase, beaucoup de stase ! » Le lendemain, avec un sourire en coin, le docteur Bédard me remercie de faire des « fonds d'œil » à ses patients décédés.

Durant mes neuf derniers mois de résidence en médecine, j'obtiens l'aide de mon confrère et ami, le docteur Robert Potvin, cardiologue.

« Mon cher Jean-Louis, me dit-il, au Fellow tu n'auras pas de problème avec les questions relatives à l'anesthésie. Mais en médecine interne, il serait bon que tu pratiques. Si tu le veux, je vais te faire passer des examens écrits en médecine interne. Je viens de passer mon Fellow et je connais le genre de questions qui sont posées. »

L'examen écrit du Fellow comprend trois examens de quatre questions du genre essai : un examen en pathologie, un autre en sciences de base et un autre d'application clinique.

Dans ces deux derniers examens, il y a deux questions sur quatre qui sont reliées à l'anesthésie. Donc, pour les examens écrits, il y a huit questions sur douze reliées à la médecine interne auxquelles doivent répondre tous les candidats peu importe leur spécialité médicale.

Robert me fait passer douze examens écrits de quatre questions en médecine interne comme pratique à l'examen final d'octobre 1958. À chacun des dix premiers examens, Robert me dit : « Tu réponds bien à plusieurs questions, mais il y a toujours une ou deux réponses plus faibles que les autres, c'est-à-dire en bas de 65 %. Il faut, au Fellow, avoir au moins 65 % à chacune des questions. Je travaille fort et petit à petit, j'acquiers la technique du Fellow, soit faire un plan et une synthèse, sans oublier les éléments importants plutôt que de commencer à disserter de façon analytique. Par exemple, si on parle de la douleur, on doit aborder la question sur les plans ostéo-tendineux, musculaire, cardiaque, pulmonaire, endocrinien, digestif, rénal, hépatique, etc., plutôt que de parler d'arthrite, d'angine, de calculose vésiculaire, etc.

Après ma résidence en médecine, pendant les mois de juin, juillet, août et septembre 1958, j'étudie de huit à dix heures par jour trois énormes bouquins. En physiologie, Samson Wright ; en médecine interne, Harrison et en pathologie, Anderson.

Après mes deux examens de pratique à l'été 1958, Robert me dit : « Tu l'as, Jean-Louis, tu sais maintenant comment t'y prendre. Tu n'as pas 100 % à aucune question, mais pour toutes les questions tes réponses sont bien étoffées. Elles couvrent l'ensemble du problème. Aucun aspect n'est oublié. Tu es comme un boxeur la veille du combat : tu es prêt. »

Aux examens écrits des 1er, 2 et 3 octobre 1958, j'obtiens plus de 80 % à chacune des questions. Merci Robert.

Me voyant déjà avec mon Fellow en poche, le docteur Hudon me dit : « Écoutez, Docteur Boivin, je vous ai déjà trouvé un poste à Trois-Rivières, mais si vous voulez rester à l'Hôtel-Dieu à cause de votre Fellow, vous passerez du cinquième rang au troisième rang, immédiatement après moi et le docteur André Jacques. » Je viens de comprendre qu'avec trois Fellows en anesthésie à l'Hôtel-Dieu, la ville de Québec prend le pas sur Montréal, qui n'en a que deux ! La lutte intercités !

Je réponds au docteur Hudon que je désire accepter le poste qu'il m'a choisi à Trois-Rivières. Je préfère être un gros poisson dans un petit lac qu'un petit poisson dans un gros lac !

Aux examens oraux à Montréal, je réussis à 85 % le premier examen en pathologie, où j'ai à diagnostiquer au microscope deux échantillons de tissus pathologiques.

Au deuxième examen, on m'indique un patient en me disant : « Tout va très bien pour vous, Docteur Boivin. Vos résultats sont excellents. Tout ce que nous voulons savoir sur ce patient, c'est le diagnostic. » Le patient a un faciès lunaire caractéristique de la maladie de Cushing. Je le questionne un peu et l'examine très peu. Le diagnostic est tellement facile. Je ne prends aucune note. Arrivé devant les deux examinateurs, je réponds facilement à leurs questions pendant les dix premières minutes, tout en réalisant qu'on désire beaucoup plus que le simple diagnostic.

Les questions se succèdent rapidement et deviennent de plus en plus complexes. Je m'énerve un peu et je perds ma concentration. Si bien que je me vois obligé de me cabrer et de dire : « Voyons, je suis en train de m'égarer. » Rapidement, les réponses redeviennent vives et adéquates.

Les examinateurs m'accordent 60 % au lieu du 65 % requis pour le Fellow. Ils me recommandent donc pour l'obtention du certificat au lieu du Fellow.

Le chef examinateur, le docteur Jean Saulnier, me convoque et me demande : « Docteur Boivin, que se passe-t-il ? Vous êtes-vous chicané avec le docteur

Hudon ? Je ne comprends rien. Vous avez obtenu au-dessus de 80 % pour chacune des douze questions de l'écrit et à l'examen oral de pathologie. Et malgré cela, on veut vous recommander seulement pour le certificat. Je crois qu'il se passe des choses curieuses. Êtes-vous prêt à subir un autre examen oral ? J'aimerais vous entendre personnellement, comme je l'ai fait pour un candidat en pédiatrie que l'on voulait aussi recommander au certificat plutôt qu'au Fellow. Je réponds d'emblée : « Docteur Saulnier, je suis déjà passablement fatigué, mais comme vous voulez me rencontrer en qualité de président du jury pour savoir si j'ai droit au Fellow, j'accepte volontiers. »

À cause de son sens de l'équité, il vient de m'offrir une chance ultime de prouver que je mérite ou non le diplôme d'Associé.

Le docteur Saulnier m'affecte un patient. Je me dirige à son chevet pour le questionner et l'examiner. Il s'agit d'un cas d'infarctus du myocarde. Cette fois-ci, je prends cela plus au sérieux. J'étudie le cas en détail. J'écris tout : questionnaire, examen physique, examens de laboratoire à demander, thérapie envisagée et pronostic, sans oublier les points d'intérêt de la recherche médicale récente dans ce domaine.

Le docteur Saulnier et son assistant me questionnent pendant trente minutes. Je réponds avec assurance, ordre et justesse. Soudain, le docteur Saulnier se lève, me serre la main et me dit d'une voix ferme : « Docteur Boivin, je vous remercie d'avoir accepté ce deuxième examen malgré votre fatigue. Comme dans le cas du pédiatre, vous avez réussi votre Fellow. Vous ne l'avez pas volé. Vous l'avez gagné doublement et fièrement. Je vous félicite.

Vous devenez le premier médecin de langue française à recevoir, après examen, le diplôme d'Associé du Collège Royal en médecine interne section anesthésie, et le dix-septième au Canada. »

En fait, au début des années 50, le Collège Royal décide d'octroyer le diplôme d'Associé (Fellow) à quatre anesthésistes de la province de Québec. Les nouveaux élus sont : les docteurs Fernando Hudon et André Jacques à Québec ainsi que les docteurs Léon Longtin et L'Étienne à Montréal. À la demande du docteur Hudon, qui refuse de recevoir ce diplôme sans examen, il est convenu entre les quatre élus que les candidats de Montréal questionnent les candidats de Québec, sans oublier que le lendemain ce sera leur tour ! Les quatre candidats réussissent l'examen... pour devenir les examinateurs des prochains candidats.

Durant les années qui suivent, on bloque tous les candidats qui se présentent aux examens du diplôme d'Associé en anesthésie. Il se passe huit ans avant qu'un anesthésiste réussisse l'examen pour passer dans le club sélect des Fellows. De plus, il faut un président du jury intègre comme le docteur Saulnier pour arrêter ce monopole en anesthésie et en pédiatrie.

Ce soir-là, je sabre le champagne avec mon épouse Jeanine à Montréal.

En 1958, le Fellow est une marque de distinction convoitée par tous les spécialistes de la province de Québec. Les hôpitaux universitaires se les accaparent comme des perles rares. Dans les centres hospitaliers régionaux, le jeune Fellow détrône assez facilement tout spécialiste d'expérience déjà en place. « C'est-tu assez fort, un Fellow ! »

Nous avons même à Trois-Rivières, dans les années 60, notre club sélect de Fellows de Sainte-Marie, qui fait l'envie des autres spécialistes non associés (Fellows).

Dès l'arrivée d'un nouveau Fellow à Sainte-Marie, un Fellow *senior* organise une fête pour l'accueillir. Quand le docteur Michel Baribeau, oncologue, commence à Sainte-Marie avec son Fellow, je décide de le fêter à notre domicile sur la rue des Champs. Nos invités sont les Fellows Maurice Duhaime, André Martel, Claude Bourque, Antonin Fréchette et André Cossette. Je consulte la mère et la sœur de Michel. Je recueille des anecdotes savoureuses et j'obtiens de nombreuses photographies de l'enfance et de l'adolescence de mon ami Michel. Je tapisse les murs du salon de ces documents, évidemment accompagnés de commentaires personnels humoristiques.

Soirées agréables, où prime l'humour raffiné... Les journalistes ne sont pas loin pour prendre note des solutions définitives apportées à la plupart des grands problèmes scientifiques, artistiques, économiques et politiques du jour par la haute gomme médicale !

Ce titre prestigieux est exhibé avec beaucoup de fierté par les titulaires et établit une certaine discrimination. Je me souviens d'une des premières réunions du *Mauricien Médical*, revue trimestrielle de la Société médicale parue de 1960 à 1970, à laquelle assistent les docteurs André Panneton, Rosaire St-Pierre, Gérald Mayrand et moi-même.

On doit décider si les lettres F.R.C.P (C) ou F.R.C.S (C) doivent être inscrites après le nom des médecins auteurs des articles scientifiques pour signaler le titre d'Associé. Pour clore le débat et ne pas déplaire aux non-

Fellows, je déclare : « Ce n'est pas nécessaire d'étaler nos titres. Le titre M.D. devrait suffire, selon moi. Vous savez, le gros saint-bernard sur la rue est bien calme et n'aboie pas, contrairement au petit chien barbet qui aboie constamment afin qu'on sache qu'il est bien fort. » Durant les dix années de parution du *Mauricien Médical*, le titre de Fellow n'est jamais apparu !

Au début des années 70, le Collège Royal décide d'abolir un de ses deux diplômes, c'est-à-dire le certificat. Il désire conserver seulement le diplôme d'Associé (Fellow) et suggère d'offrir sans examen, à tous les certifiés, le diplôme d'Associé pour la modique somme de 200 $! Un groupe d'Associés de Vancouver s'insurge et crie à l'injustice. Acheter un diplôme si difficilement acquis par des examens sérieux devient pour eux et pour bien d'autres une trahison du Collège Royal !

Le pouvoir l'emporte et le Fellow devient un diplôme beaucoup moins prestigieux car partagé, sans examen *ad hoc*, par tous les médecins canadiens déjà certifiés du Collège Royal.

Mon vécu d'anesthésiste

PREMIÈRE ANESTHÉSIE À SAINTE-MARIE

Armé de mon certificat de spécialiste en anesthésie du Collège des médecins et de mon diplôme d'Associé (Fellow) en médecine interne section anesthésie du Collège Royal du Canada, je fais ma première anesthésie à l'Hôpital Sainte-Marie le 22 décembre 1958. Un chirurgien d'expérience, le docteur Jean-Baptiste Leblanc, procède à une pylorotomie extra-muqueuse, c'est-à-dire un Freudet-Ramsted, pour employer un nom propre tel que nous les aimons en médecine ! À l'extrémité distale de l'estomac, il y a un muscle circulaire qui contrôle la sortie des aliments de l'estomac : c'est le pylore. Chez certains nouveaux-nés, ce muscle circulaire est hypertrophié et le lait ne peut pas passer dans l'intestin. Le bébé vomit, vomit et maigrit. Vers 10 à 15 jours de vie, le diagnostic est habituellement posé et le traitement est chirurgical. Il s'agit d'inciser ce muscle et le tour est joué. Mais ces nouveaux-nés sont déshydratés. L'anesthésie est délicate et risquée. Je commence à endormir l'enfant. Puis je dis au chirurgien de commencer. Ce chirurgien est si rapide qu'en dix minutes il a presque complété l'opération, avant que j'aie le temps de curariser le patient… « Avez-vous déjà terminé votre opération ? lui dis-je. À l'Hôtel-Dieu, les chirurgiens prennent environ une heure pour faire cette intervention ! » Il me répond : « Mon jeune, tu apprendras qu'à Trois-Rivières, on n'a pas les deux pieds dans la même bottine… »

À une période où la vogue est aux longues incisions chirurgicales avec explorations extensives sans se soucier du temps opératoire, les petites incisions et la rapidité d'exécution du docteur Leblanc sont critiquées dans le milieu chirurgical. Il serait très à la mode aujourd'hui !

LE RESPECT MUTUEL EN SALLE D'OPÉRATION

Le respect entre les diverses spécialités médicales est une condition essentielle aux relations humaines agréables et propices au traitement des patients.

Dans les années 1940 à 1950, le chirurgien général est un peu considéré comme le bon Dieu. Assis sur un trône, il a deux souffre-douleur dans les hôpitaux : le spécialiste en médecine interne et l'anesthésiste. Il dit de l'interniste : « Il sait tout, mais ne fait rien... »

Ce dernier se venge allègrement en disant : « Le chirurgien fait tout, mais ne sait rien... »

Pour continuer la boutade, qui n'est pas de moi, l'anesthésiste se considère comme sachant tout et faisant tout !

En fait, au cours de cette période, le chirurgien croit que l'interniste, avec ses petits revenus, ne sauve aucune vie contrairement à lui. Et dans la salle d'opération, le chirurgien, souvent responsable du praticien général ou du résident qui donne l'anesthésie, est le grand maître de céans. Avec l'arrivée des autres spécialités médicales et chirurgicales, lentement, tous les spécialistes occupent leur sphère de compétence. L'anesthésiste, lui, assume ses responsabilités et fait valoir ses droits en salle d'opération.

La perte graduelle de l'hégémonie chirurgicale aux dépends de l'anesthésiste ne se fait pas sans heurt. Des conflits souvent violents entre ces deux spécialités au sujet du saignement per-opératoire, du degré de curarisation, de la préparation médicale préopératoire du patient ou de l'élaboration du programme opératoire surviennent dans la plupart des blocs opératoires.

Un beau matin, à l'Hôtel-Dieu de Québec, le docteur Hudon me dit : « Boivin, tu vas aller tout de suite à l'Hôpital Notre-Dame de l'Espérance sur le chemin Sainte-Foy. Le chirurgien est en chicane avec notre anesthésiste, le docteur Pierre-Paul Paquet. » J'arrive rapidement dans la salle du conflit. Effectivement, le débat verbal entre les deux belligérants est à son apogée. Entre deux altercations, je dis à Pierre-Paul : « Le docteur Hudon aurait besoin de toi à l'Hôtel-Dieu. Il aimerait que je te remplace. » Graduellement, le climat se calme. Avec politesse mais fermeté, je réponds aux allégations du chirurgien au sujet du saignement per-opératoire de son patient. Je lui dis amicalement que le Bénadryl donné par le docteur Paquet ne peut faire saigner son patient comme il le prétend, puisque c'est un antihistaminique combattant l'effet de l'histamine qui, elle, provoque une vaso-dilatation susceptible d'augmenter la perte sanguine per-opératoire. Je lui soumets, respectueusement, qu'il a dû couper quelques vaisseaux, source de l'hémorragie… La fin de l'intervention se déroule dans le calme.

Une autre fois, un gynécologue procède à une hystérectomie abdominale. L'anesthésiste, le docteur Dupuis, est un Haïtien faisant plus de six pieds. Le gynécologue s'écrie : « Ça pousse, ca… » Sachant que sa patiente est bien curarisée et que ce chirurgien a l'habitude de critiquer sans raison pour soulager sa tension nerveuse en période de difficulté, le docteur Dupuis déplie ses longues jambes, prend trois seringues sur sa table et injecte devant les yeux hagards du gynécologue une seringue de 20 ml, une autre de 10 ml et une troisième de 5 ml dans la tubulure du soluté. Il affirme avec conviction : « Ça ne poussera plus Docteur. » Ce dernier, apeuré par la réaction provoquée par sa remarque désobligeante, rétorque : « Ca... tu vas la tuer. » Calmement, le docteur Dupuis se rassoit. Il est satisfait de l'effet curarisant... de ses 35 ml de soluté physiologique. C'est avec sérénité et facilité que le gynécologue complète son intervention...

À la fin de décembre 1958, j'arrive à Trois-Rivières avec mon certificat de spécialiste en anesthésie et mon Fellow en médecine interne section anesthésie. Je suis nommé chef du service et j'ai à travailler avec le chef du département de chirurgie, le docteur Maurice Duhaime. Homme plutôt austère, Maurice a fait ses études chirurgicales à l'Hôtel-Dieu de Québec avec le docteur François Roy qui, lui aussi, était d'une grande austérité. D'allure froide et autoritaire, le docteur Roy faisait trembler les résidents en anesthésie d'un seul regard. Avant les années 50, le docteur Roy contrôlait lui-même l'anesthésie, qu'il faisait souvent administrer au masque d'Ombredane par un résident en chirurgie saisi au hasard dans le corridor... Il gardera toujours par la suite une certaine tendance bien compréhensible à contrôler l'anesthésie...

À Trois-Rivières, mis à part quelques réactions caractérielles occasionnelles entre le docteur Duhaime et moi, les relations sont cordiales.

Lorsque survient une urgence, le docteur Duhaime décide de l'heure de l'intervention en m'envoyant le message par une infirmière. Un soir, je reçois un appel de la salle d'urgence : « Docteur Boivin, le docteur Duhaime va faire une appendicectomie à 21 heures. Voulez-vous donner une prémédication ? » Je lui pose des questions auxquelles elle répond après avoir demandé les renseignements au docteur Duhaime. Après quelques minutes d'échange de renseignements par son intermédiaire, le docteur Duhaime, impatienté, prend le récepteur. Je lui dit aussitôt que je serai à l'hôpital à 21 heures et que je veux lui parler après l'opération.

Tout se déroule dans l'ordre. Après l'intervention, seul à seul, je dis au docteur Duhaime : « Lors d'une intervention chirurgicale d'urgence, il serait normal et professionnel que tu t'adresses à moi au téléphone pour

Le Bureau médical de 1960.

me donner les renseignements pertinents sur ton patient en vue de la prémédication et de l'anesthésie. La communication directe entre nous dans les cas d'urgence éliminerait les intermédiaires. De plus, nous pourrions ainsi décider ensemble de l'heure de l'intervention, sachant que je peux déjà avoir un cas prévu avec un autre chirurgien. » Maurice comprend très bien mon point de vue et par la suite, il m'appelle toujours lui-même avant de céduler un cas d'urgence.

Le respect mutuel et une meilleure communication font de nous de véritables amis. J'ai toujours insisté, au cours de ma vie d'anesthésiste, sur les communications directes entre chirurgiens et anesthésistes, tant pour les cas d'urgence que pour les patients électifs à risque élevé. Je crois que cette attitude a grandement contribué aux relations franches et amicales à Sainte-Marie entre chirurgiens et anesthésistes.

Pour qu'un climat de confiance et d'amitié règne entre chirurgiens et anesthésistes, en plus du respect mutuel, la compétence est de rigueur. Les quatre critères qui ont prévalu dans notre recrutement des anesthésistes à Sainte-Marie ont toujours été l'honnêteté, la compétence, le jugement et la force de caractère. La taquinerie amicale sans méchanceté est aussi un élément que je préconise pour favoriser les bonnes relations humaines. Aucune occasion ne m'échappe pour taquiner tout le monde et personne ne perd la chance de me renvoyer la balle aussi souvent que possible...

Sans exclure la possibilité de rendre service, le cas échéant, j'ai toujours cru qu'il appartenait au personnel infirmier et non à l'anesthésiste de positionner la table et la lumière de la salle d'opération selon les exigences des chirurgiens. Si ces actes sont demandés par le chirurgien à l'anesthésiste, ils peuvent être interprétés comme des ordres et créer un lien de subordination néfaste à la relation professionnelle.

En relation avec la possibilité de rendre service, il m'est arrivé à quelques reprises d'aider un chirurgien en proie à certaines difficultés per-opératoires telle une hémorragie subite et difficile à contrôler. À ce moment, tous les regards sont centrés sur les mains du chirurgien. Souvent, il devient plus nerveux ; il pense aux complications possibles et sent que tous ses gestes sont épiés. C'est alors que je dis d'un voix forte à mon inhalothérapeute : « Qu'est-ce que vous attendez, ça fait deux fois que je vous demande de la morphine et il n'y a rien de prêt ? » Tous les regards se tournent vers moi. Je fais un clin d'œil à mon inhalothérapeute et je continue à parler fort, assez longtemps pour permettre au chirurgien de relaxer et de compléter son hémostase. À l'oreille, je dis à ma technicienne que je n'ai pas besoin de morphine et qu'il s'agit d'un truc pour dévier l'attention ailleurs que sur le chirurgien. À son tour, le chirurgien me fait un clin d'œil.

Enfin, contrairement à ce que croyaient certains confrères, la présence d'un inhalothérapeute sous la responsabilité de l'anesthésiste a sûrement contribué à élever notre standard et à faciliter les relations d'égal à égal avec nos amis les chirurgiens.

En parlant d'amis, en novembre 1994, je disais à des chirurgiens d'un hôpital de Sherbrooke, où je faisais de l'itinérance : « À Sainte-Marie, nos relations avec les chirurgiens se font dans un climat de confiance, de respect et d'amitié. Les chirurgiens sont tous mes amis et je vais à la chasse avec les chirurgiens Michel Rheault et Jacques Haddad, de grands amis à moi. » « Comment ?, me répond un chirurgien, aller à la chasse avec un anesthésiste, moi, je ne ferais jamais cela. J'aurais trop peur de me faire tirer dans le dos... » Il faut dire qu'avant le départ de trois anesthésistes, quelques mois auparavant, les relations entre chirurgiens et anesthésistes n'étaient pas au beau fixe dans cet hôpital.

Le manque de respect entre confrères spécialistes dans la salle d'opération, s'il a été à l'origine des abus de pouvoir de la chirurgie sur l'anesthésie, n'a pas disparu à 100 %. Curieux revers de situation, c'est maintenant souvent les anesthésistes qui, par la force du groupe ou la pénurie d'effectifs, manquent de respect vis-à-vis certains chirurgiens en annulant des cas sans raison valable. Que ce soit de la part du chirurgien ou de l'anesthésiste, le respect mutuel doit primer si l'on désire un climat de travail agréable et amical.

La chefferie en anesthésie

Durant mon cours d'anesthésie à l'Hôtel-Dieu de Québec, le docteur F. Hudon, connaissant mes origines portneuviennes et mes attaches sentimentales à la Mauricie par mes fréquentations avec Jeanine Poirier de Trois-Rivières, m'invite à postuler comme anesthésiste au Centre hospitalier Sainte-Marie.

Depuis quelques années déjà, des anesthésistes de l'Hôpital Saint-Joseph — les docteurs Marc Allen, Clément Boucher et Jacques Gingras — acceptent, au besoin, d'anesthésier à Sainte-Marie des patients pour chirurgie générale, gynécologique et oto-rhino-laryngologique. Visionnaire, ce docteur Hudon entrevoit un futur intéressant pour cet hôpital de filles-mères qui se développe rapidement. Il aimerait que j'y fonde un service d'anesthésie autonome. J'accepte et à mon arrivée, je deviens le premier chef d'un service d'anesthésie exclusivement attaché à ce centre hospitalier.

En janvier 1958, le docteur Roland Hould, élève comme moi du docteur Hudon, apprend que je désire œuvrer à Sainte-Marie et me propose une association avec lui à partir de juillet 1959, soit à la fin de son cours d'anesthésie, c'est-à-dire six mois après mon arrivée à Sainte-Marie.

Ensemble, sans connaître les règlements des bureaux médicaux, nous décidons de nous remplacer annuellement à la chefferie du service.

Je commence donc le 21 décembre 1958 comme chef de service. Roland vient me rejoindre en juillet 1959 et me dit : « Franchement, Jean-Louis, tu es chef et notre idée d'alterner annuellement m'apparaît saugrenue. » Je demeure donc chef du service d'anesthésie, qui devient plus tard un département autonome.

Vers 1969, dans le but d'apporter du sang nouveau à la tête des départements, le Bureau médical vote une résolution. Celle-ci stipule que, dans les départements et services de trois membres et plus, les chefs doivent changer aux quatre ans. Comme le docteur Jean Albert est membre de notre département depuis 1963 et que je suis chef depuis dix ans, le docteur Roland Hould devient le nouveau chef d'anesthésie. Comme ils étaient habitués depuis dix ans de s'adresser à moi en tant que représentant de l'anesthésie, les chirurgiens, les autres spécialistes et les administrateurs continuent de s'adresser à moi par habitude. De mon côté, je continue à régler problème après problème, en oubliant que je ne suis plus le chef. Ceci frustre Roland à juste titre. Je fais donc marche arrière et selon mon tempérament un peu excessif, je ne résous plus aucun problème, même les plus petits, en disant : « Voici, c'est le docteur Hould qui est chef maintenant. Il faudrait le lui demander. » Tant et si bien que dans l'espace de deux semaines, Roland devient débordé et très impatient. Nous décidons alors d'un commun accord que l'aspect scientifique (médication, appareils, moniteurs, instruments, techniques et réunions scientifiques) sera sous ma responsabilité et que tout l'aspect administratif (programmation, budget, réunions départementales, relations interdépartementales et comptabilité) relèvera de Roland. Rapidement, les rapports redeviennent très harmonieux.

L'ART ORATOIRE...

Dès mon arrivée à Sainte-Marie, je fais partie de plusieurs comités où j'ai à prendre la parole. Au Bureau médical, si j'interviens sur une proposition, ma voix tremblote, mon teint est moins coloré et mon verbe traduit mal mes idées, pourtant si claires dans ma tête.

Un soir, je suis complètement déçu de ma performance oratoire et je me dis : « Voyons Jean-Louis, tu es médecin, spécialiste en anesthésie ; tu as ton Fellow du Collège Royal et c'est un problème pour toi de t'exprimer en public. Il faut que tu règles ce problème. »

J'apprends que Bill Mc Lellan, en charge de la sécurité à la C.I.P., organise des cours dits de personnalité, soit Dale Carnegie. Je m'y inscris en passant une main ferme sur ma fierté et mon respect humain. J'y reçois un autre diplôme avec succès !, je me fais de nouveaux amis et j'améliore ma capacité à parler en public. Ce n'est pas suffisant. Je veux avoir encore plus de facilité à m'exprimer en public. Bill Mc Lellan est aussi membre fondateur du Club Toastmaster Laviolette de Trois-Rivières. C'est un club bilingue formé de cadres de diverses compagnies : papeteries, compagnies d'assurances, Hydro-Québec, Bell Canada, banques, commerces, etc. Tous des gens en place, chargés de diriger d'autres personnes et de présider des réunions. Il n'y a pas de médecin, car un médecin n'a pas de complexe de supériorité ! C'est réellement supérieur ! (!) Pour plusieurs médecins, ce serait humiliant d'accepter de suivre des cours pour améliorer sa performance dans l'art de s'exprimer en public. Ce n'est pas mon cas. Je m'inscris au Club Toastmaster, car j'ai encore beaucoup à apprendre dans l'art de la communication verbale en public.

Ce club originaire de Santa Ana en Californie demeure une école par excellence de l'art de s'exprimer en public et de diriger efficacement des êtres humains. Pendant des réunions hebdomadaires d'exactement deux heures, des discours impromptus de 90 secondes nous apprennent à penser rapidement et à nous exprimer clairement. J'ai vu bien des nouveaux membres dire trois ou quatre mots seulement à leur première apparition au lutrin. Un an plus tard, avec la persévérance et l'aide des autres membres, j'ai vu ces mêmes individus faire des petits chefs-d'œuvre d'improvisation en 90 secondes.

L'épine dorsale de l'entraînement Toastmaster est deux cahiers de douze leçons, où le membre puise tout l'enseignement requis pour pratiquer : les gestes, l'intonation de la voix, la présentation d'*exhibits*, la construction d'un discours, etc. Le chronomètre, toujours à la base de l'intervention Toastmaster, entraîne à la concision dans le discours. Bien des orateurs nous épargneraient aujourd'hui beaucoup de temps, s'ils avaient suivi un cours Toastmaster.

Quant à l'évaluation Toastmaster, c'est-à-dire l'évaluation par ses pairs, elle doit se conformer à une règle sacrée. Personne ne doit reprocher quelque chose à un membre s'il n'a pas de suggestion constructive à lui proposer. Toute critique négative sans proposition de remplacement est hors d'ordre au sein du Club Toastmaster. L'évaluation doit de plus donner préséance aux éléments positifs du discours et aux qualités de la performance.

Vers la fin des années 60, j'ai été membre Toastmaster pendant cinq ans, dont trois ans à la présidence du Club Toastmaster Laviolette. J'ai participé à un concours oratoire à Drummondville, où je parlais des vins. Je n'ai pas

Devant : Lionel Carpentier, Jean-Louis Boivin, président, et Gerry Descôteaux ; derrière : Gerry Fex, Rémi Auger, Eddy Fex et Robert Panneton.

gagné le concours, mais j'ai eu droit à plusieurs verres de bon vin rouge !

Parmi les membres, j'y ai connu de belles personnalités qui sont devenues par la suite de bons amis : Adrien Guay (ingénieur forestier), Albéric Guay (dentiste), Jean Poirier (homme d'affaires), Marc Dufresne (homme d'affaires), Denis Lefebvre (courtier en assurances), André Cormier (Reynolds), Rémi Auger (Hydro-Québec), Bernard Lorrain (professeur) et beaucoup d'autres.

J'y ai reçu beaucoup d'évaluations constructives et j'en ai aussi donné beaucoup. Un soir, je me souviens, Bernard Lorrain évalue un de mes discours et me dit : « Jean-Louis, tu es tellement convaincu quand tu parles ; tu veux tellement faire passer ton message que tu insistes trop fort ; tu violes presque notre zone cérébrale de décision ! Ceci a pour effet de créer comme un mur, une barrière devant tes idées. Essaie plutôt de soumettre ton opinion avec tes excellents arguments sans insistance, tu auras des résultats encore plus positifs. » J'ai trouvé cette observation très juste. Je ne me suis pas corrigé à 100 % mais à maintes reprises, cette évaluation m'a été d'une grande utilité.

Durant mes cinq années Toastmaster, j'ai aussi eu l'avantage d'améliorer mon anglais avec les évaluations judicieuses des amis de Shakespeare. Enfin, ce stage Toastmaster m'a enlevé mes inhibitions lorsque j'ai à parler en public et m'a initié à l'application des règles de Morin dans la conduite des assemblées délibérantes.

Combien utile me sera cet entraînement pendant ma présidence du Bureau médical de l'Hôpital Sainte-Marie en 1972, 1985 et 1986 et toutes les fois où j'ai eu à exprimer mon opinion en public.

Suggestion : Un stage au Club Toastmaster devrait être obligatoire pour toute jeune personne ayant le potentiel de faire partie de l'élite d'une société !

LA SOCIÉTÉ D'ANESTHÉSIE DE SAINTE-MARIE

J'ai travaillé presque toute ma vie en *pool*, c'est-à-dire en association complète avec d'autres confrères anesthésistes. Mon groupe d'anesthésistes s'appelle, dès le début en 1959, « La société d'anesthésie de Sainte-Marie ». Nous avons un bureau unique et une même secrétaire : mademoiselle Lise Désilets. Même si elle sait nous taper sur les doigts... chaque fois que nous oublions un renseignement utile à la facturation de nos honoraires, sa compétence, son zèle et son souci du travail bien fait l'ont emporté sur la fermeté de ses reproches, car elle est demeuré la secrétaire de la Société d'anesthésie de Sainte-Marie jusqu'à sa dissolution. Elle a aussi continué à s'occuper de mes relations avec la RAMQ jusqu'à ma retraite officielle... en février 2006. Merci Lise !

Le travail est également partagé. Les revenus et les dépenses sont aussi également divisés entre les divers membres de l'équipe. À cette période, tous les départements d'anesthésie fonctionnent ainsi.

Une telle association comporte de grands avantages. Elle permet l'homogénéité de travail et un front uni dans les justes revendications vis-à-vis l'administration, le Bureau médical et le département de chirurgie. La force d'un tel département réuni en *pool* peut être énorme et a permis dans les années 60 de soustraire complètement les anesthésistes de la tendance hégémonique des chirurgiens, en les gardant unis dans une même pensée directrice. Cette force de groupe peut même devenir abusive si le respect mutuel n'existe pas, comme je l'ai mentionné au chapitre du respect mutuel en salle d'opération entre chirurgiens et anesthésistes. Lorsque l'équipe est homogène, équilibrée, travaillante, compétente et honnête, comme c'était le cas à Sainte-Marie, une telle association peut durer.

Il y a, par ailleurs, beaucoup de désavantages au *pool*. Si les préoccupations des membres sont variées, c'est-à-dire participation à des comités, à l'exécutif de l'association des anesthésistes, etc., il peut devenir difficile de remettre, à celui qui te remplace, la garde et le temps d'anesthésie qu'il fait pour toi. Cela peut facilement devenir une source de discorde entre les associés si l'un se sent frustré par le départ fréquent d'un membre pour du travail non rémunéré. Après quatre ans au sein du conseil d'administration de l'Association des anesthésistes de la province de Québec (A.A.P.Q.), dont deux à titre de vice-président entre 1970 et 1974, une des raisons qui me fait esquiver le poste de président est justement la difficulté à me faire remplacer pour les nombreuses réunions tenues à Montréal.

Si, par habitude, tempérament ou caractère, un anesthésiste travaille beaucoup plus lentement que les autres, s'il ne peut accepter les mauvais risques anesthésiques (patients médicalement handicapés) ou ne veut pas anesthésier certains cas (ex. : cas de neurochirurgie, de pédiatrie) ; s'il est un peu paresseux ou qu'il accepte mal de remplacer un confrère malade ou absent pour cause de mortalité dans sa famille, cela devient vite une raison de rupture du *pool*.

Enfin, un autre inconvénient d'une telle association est le manque de souplesse dans l'exécution du travail anesthésique. La distribution égale du travail étant un préalable à la bonne marche d'un *pool*, il devient difficile pour un anesthésiste de ralentir ses activités régulières ou de garde à cause de maladie ou d'avancement en âge. J'ai été surpris au cours des années 80, alors que je visitais les anesthésistes de l'Hôpital du Sacré-Cœur à Montréal, d'entendre un anesthésiste, à midi, demander comme ça, aux autres anesthésistes : « Qui est-ce qui veut ma garde aujourd'hui ? » J'ai surtout été frappé de la rapidité avec laquelle un jeune a répondu : « Je vais la prendre, moi, car je n'ai rien de spécial ce soir. » J'ai compris qu'ils n'étaient pas en *pool* et que le jeune anesthésiste était prêt à travailler pour gagner quelques dollars de plus…

À cette même période, je trouve que les heures de travail effectuées la nuit me pèsent de plus en plus. J'ai toujours eu besoin de beaucoup de sommeil. Avec le poids des années, me faire réveiller en pleine nuit pour aller à l'hôpital alors que je reprends le collier à huit heures m'exaspère.

À cause du manque de sommeil, je suis souvent de mauvais « liquide ». À chaque appel de nuit, je me sens malheureux. Je crois être le seul à avoir des urgences et à travailler la nuit pour les autres membres du groupe, oubliant facilement qu'un autre anesthésiste le fera pour moi le lendemain !

À cette période, j'aimerais bien ne pas faire partie d'un *pool*. Mais il existe et je ne veux pas faire bande à part.

Graduellement, à partir de 1975, en raison des nombreux inconvénients, les *pools* ont commencé à se dissoudre. Aujourd'hui, l'association intégrale d'anesthésistes est beaucoup plus rare. L'avantage de la force du groupe ne tient plus à cause de la grande autonomie dont jouit aujourd'hui l'anesthésie, qui a acquis ses lettres de noblesse.

Maintenant, avec l'union des hôpitaux de Sainte-Marie et de Saint-Joseph et des deux départements d'anesthésie, il n'y a plus de *pool* et tous les anesthésistes s'en portent très bien.

Personnellement, durant mes dernières années de pratique de l'anesthésie en qualité d'itinérant, je ne suis plus en *pool* et l'effort de me lever la nuit pour une urgence m'est de beaucoup facilité en pensant que je n'ai pas à diviser mes émoluments avec d'autres. Je dois être un mauvais garçon sans scrupule qui ne pense qu'à l'argent !

Hyperthermie maligne

Arrivé dans la littérature médicale au cours des années 60 et étudié à fond par le docteur Beverley Britt de Toronto, ce syndrome est inconnu au début de ma pratique anesthésique.

Un après-midi, j'anesthésie un homme de 35 ans pour réduction ouverte d'une fracture de la jambe. Peu après l'induction, je constate une certaine rigidité musculaire, une rougeur cutanée, un pouls rapide et une augmentation de la tension artérielle. En peu d'instants, la température s'élève à 39°, 40°, 41° et 42 °C. Je ne comprends rien à ce syndrome. Je demande en consultation d'urgence à la salle d'opération le docteur Claude Bourque, cardiologue et interniste. Ensemble, nous tentons vainement de traiter cette hyperthermie subite, l'hypertension artérielle et les troubles du rythme cardiaque. Le patient décède sur la table d'opération avec une température corporelle de 42,5 °C. Je suis atterré. Je n'ai jamais rien vu de semblable et je me sens bien malheureux de perdre cette jeune personne préalablement en bonne santé. Je demande l'autopsie. Le docteur Paul Philibert, pathologiste, constate une hémorragie cérébrale par rupture d'un anévrisme. Scientifiquement, je suis satisfait. Je mets le syndrome d'hyperthermie et de troubles cardiaques sur le compte de cette hémorragie cérébrale.

Quelques années plus tard, je lis un article sur un nouveau syndrome, appelé l'hyperthermie maligne.

Liée à un dérèglement du métabolisme du Ca++ au niveau de la fibre musculaire, cette crise hypermétabolique suraiguë et fulminante serait déclenchée par certains produits anesthésiques comme l'anectine, l'halothane et d'autres anesthésiques volatils. À la suite de cette lecture, je conclus que la rupture de l'anévrisme cérébral de mon patient — que je garde toujours en mémoire —, a probablement été causée par l'hypertension artérielle survenue au cours d'un syndrome d'hyperthermie maligne. J'ai maintenant de bonnes explications pour le décès de ce patient, mais sa mort me hante longtemps.

J'ai participé quelques années plus tard au traitement d'un autre cas d'hyperthermie maligne survenue chez une patiente d'un de mes confrères.

Heureusement, à ce moment, avec l'administration d'un médicament nouveau et spécifique, le Dantrolène (Dantrium), nous avons sauvé cette patiente.

Ce syndrome d'apparition brutale fait partie des complications possibles liées à l'anesthésie. Même si aujourd'hui l'issue est favorable avec l'utilisation du Dantrolène et des autres mesures symptomatiques, refroidissement du patient, etc., le stress provoqué par l'apparition de ce syndrome fait habituellement passer quelques nuits agitées à l'anesthésiste !

COMMISSUROTOMIE MITRALE À SAINTE-MARIE

Au tout début des années 60, le docteur Claude Bourque, cardiologue, découvre dans sa clientèle une patiente de Louiseville porteuse d'une sténose mitrale.

Il en parle au docteur Maurice Duhaime, chirurgien. Quelques jours plus tard, chez le docteur André Martel se réunissent le docteur Duhaime, le docteur Bourque et moi. Tous les quatre planifions la commissurotomie mitrale chez cette patiente. Avec l'instrumentation chirurgicale vendue pour cette opération, beaucoup d'échecs surviennent. Le docteur Duhaime se fait fabriquer par une compagnie une sorte de bague munie d'une lame de bistouri recourbée. Il fixe cette bague stérilisée sur son index recouvert d'un gant stérile. Un deuxième gant stérile sert à mieux fixer la bague. Je procède à l'anesthésie générale de la patiente. Après l'ouverture du thorax, le docteur Duhaime ouvre l'oreillette gauche, fait pénétrer son doigt-bistouri dans le cœur et rapidement, il sectionne la valvule mitrale. Le tour est joué.

C'est la première commissurotomie mitrale faite en Mauricie et le succès de l'intervention est largement publicisé dans *Le Nouvelliste*.

Plusieurs années plus tard, la patiente subit une cholécystectomie sans complication. La chance sourit aux audacieux et à la compétence !

Budget en anesthésie

Entre les années 1960 et 1970, en qualité de chef du service d'anesthésie à Sainte-Marie, on me demande de présenter un budget annuel.

Avec le docteur Roland Hould, puis à partir de 1963 avec le docteur Jean Albert, nous préparons ce budget. Il a trois volets : urgent, nécessaire et utile. Comme très peu de chefs de services et de départements s'astreignent à budgéter, j'obtiens presque tout ce que nous demandons comme urgent et nécessaire. Le docteur Jean Brouillette, chef du service d'orthopédie, nous imite en présentant un budget bien préparé et obtient presque toute l'instrumentation orthopédique demandée. On peut dire qu'entre les années 1963 et 1970, notre service d'anesthésie est un des services d'anesthésie les mieux pourvus d'appareils, de moniteurs et de ventilateurs. Nous sommes parmi les premiers au Québec à obtenir des ventilateurs mécaniques et des tubes endotrachéaux non réutilisables pour tous nos cas d'intubation trachéale. À ce propos, il faut noter l'opportunité que nous saisissons lors d'une réunion du département de chirurgie auquel, à ce moment, notre service d'anesthésie est rattaché. Le chef du département présente trois cas d'infection respiratoire postopératoires à l'assemblée. Comme tout bon chirurgien qui se respecte, il cherche à mettre la faute sur quelqu'un d'autre... Et il dit, avec un petit sourire en coin : « N'y a-t-il pas lieu de croire que la cause de ces infections soit l'anesthésiste, avec son tube endo-trachéal non stérilisé ? » Cette accusation jette un froid dans l'assemblée. Le chef de chirurgie s'attend à un vif démenti de ma part, à une levée de boucliers et à une chaude discussion. Au contraire, et à sa plus grande stupéfaction, il m'entend dire ceci : « Monsieur le Président, je vous félicite pour la présentation étoffée de ces trois cas d'infections pulmonaires. Je crois en effet que la réutilisation que nous faisons de nos tubes endo-trachéaux, nettoyés par le personnel mais entreposés de façon non stérile, est probablement la cause de ces infections respiratoires. » Grand émoi au sein des chirurgiens, qui m'entendent si facilement m'avouer coupable ! Ils s'attendaient à une vive riposte de ma part. On entend voler une mouche. D'une même envolée, je reprends : « Depuis quelques mois, il existe sur le marché des tubes endo-trachéaux stériles à usage unique. J'ose croire que le département de chirurgie appuiera notre demande d'achat de ces nouveaux tubes pour nos patients. »

Après avoir porté une attaque directe à l'anesthésie, les chirurgiens se trouvent bien mal placés pour ne pas appuyer notre requête. Malgré l'impact négatif que peut avoir sur le budget des chirurgiens le coût d'achat de tubes endo-trachéaux non réutilisables, une lettre incriminant les tubes réutilisables dans la genèse des trois infections respiratoires rapportées à la réunion départementale est adressée à l'administration pour appuyer, avec insistance, notre demande d'achat de tubes endo-trachéaux à usage unique !

Le tour est joué. Rapidement, nous devenons un des premiers hôpitaux de la province à n'utiliser que des tubes endo-trachéaux à usage unique, pour le plus grand bien de nos patients. J'ai toujours cru que l'astuce vaut mieux que la chicane !

Planchers conducteurs au bloc opératoire

Bien conscient des dangers de feu et d'explosion en salle d'opération à la suite de ma publication sur ce sujet dans les *Cahiers* de l'Hôtel-Dieu de Québec (1955), dès mon arrivée à Trois-Rivières, je réalise qu'en l'absence de planchers conducteurs, la mise à la terre sécuritaire des charges électrostatiques est impossible. Il y a toujours risque de feu ou d'explosion si nous utilisons l'éther ou le cyclopropane en anesthésie.

L'idée me vient donc d'étudier la morbidité et la mortalité chez 200 patients consécutifs anesthésiés en utilisant au besoin l'éther ou le cyclopropane et 200 autres consécutifs où ces deux anesthésiques sont exclus.

Je suis à terminer ce travail avec mes associés lorsque la sœur supérieure arrive au bloc opératoire, accompagnée du représentant de la compagnie d'assurances. Sœur supérieure me dit : « Nous venons visiter le bloc opératoire, car il faut changer tous nos planchers pour des planchers conducteurs au graphite. Ça coûtera 300 000 $. Nous n'avons pas le choix. L'assureur nous y oblige, sans quoi nous ne serons plus assurés… »

Je lui réponds : « Non, ma Sœur, il n'y aura pas de planchers conducteurs à Sainte-Marie. »

Et je leur sers ce discours, qui ressemble à un mini-cours sur les explosions : « Ma Sœur ! Monsieur ! Non, il n'y aura pas de planchers conducteurs ici, parce qu'il n'y aura jamais de feu ni d'explosion reliés à l'anesthésie dans ce bloc opératoire. »

« Impossible, vous êtes dans l'erreur Docteur, me lance le représentant. La compagnie d'assurances refusera d'assurer l'hôpital. »

« Eh bien, il sera facile de trouver une autre compagnie d'assurances, ma Sœur, soyez sans crainte. » Et je continue : « Pour qu'il y ait un feu ou une explosion en anesthésie, il faut trois conditions : une substance qui s'enflamme, de l'oxygène et une source d'ignition. Évidemment, on ne peut se dispenser d'oxygène en salle d'opération.

Vous ne pouvez pas, Monsieur le représentant, garantir l'absence d'étincelle, même avec d'excellents planchers conducteurs ! Nous avons donc pensé que la seule façon d'éviter le feu et l'explosion en salle d'opération était de bannir l'éther et le cyclopropane du bloc opératoire. Nous terminons actuellement un travail clinique que nous publierons sous peu dans la revue de la Société canadienne d'anesthésie. Ce travail nous permet déjà d'affirmer, Monsieur, que l'on peut aujourd'hui, grâce à l'halothane, éliminer l'éther et le cyclopropane sans augmenter ni la mortalité ni la morbidité. Nous n'aurons donc jamais de planchers conducteurs ni d'explosions et, ma Sœur, l'hôpital sauvera au moins 300 000 $. »

Sœur supérieure, tout ébahie et le représentant, tout penaud, quittent le bloc opératoire devant un chef d'anesthésie fier de sa performance !

Conclusions :

1) Notre travail intitulé « Élimination des risques d'explosion en anesthésie » est publié dans le *Journal* de l'Association canadienne des anesthésistes en janvier 1965 et de nombreux tirés à part nous

sont demandés de Québec, de Montréal, des États-Unis et même d'Allemagne.

2) Il n'y a jamais eu de planchers conducteurs à Sainte-Marie.

3) Il n'y a jamais eu non plus ni feu ni explosion.

4) L'hôpital a sauvé 300 000 $ en 1964. Et on ne m'a jamais donné ma commission !

À LA DÉFENSE D'UN CONFRÈRE

En 1964, un anesthésiste de Québec, le docteur X, fait une péridurale à un patient en vue d'une chirurgie pour obstruction intestinale.

Au cours de la technique, il y a ponction de la dure-mère et une partie de la solution anesthésique (xylocaïne 2 % avec épinéphrine 1/100 000) pénètre dans le liquide céphalo-rachidien. Ceci provoque ce que nous appelons dans notre jargon médical une rachi-totale avec perte de conscience et arrêt respiratoire. La réanimation se fait selon les règles de l'art et l'opération est complétée en 30 minutes.

Durant la période postopératoire apparaît une sensation d'engourdissement aux membres inférieurs avec perte de contrôle des sphincters anal et vésical, appelé en médecine « syndrome de la queue de cheval ».

Quelques années plus tard, le docteur X reçoit une poursuite en justice qui l'inquiète au plus haut point. Il craint de voir son nom dans *Le Soleil*, attaché à une poursuite de 100 000 $ ou plus. Comme témoins-experts, il donne le nom d'un anesthésiste de Québec, le docteur M. et le docteur B., expert de Montréal, reconnu pour ses nombreuses publications scientifiques sur la péridurale.

Je suis le troisième témoin-expert. Comme moi, les deux autres témoins-experts ne voient aucune incompétence, ni insouciance dans la conduite du docteur X. Tout au plus, ils mentionnent que le docteur X aurait dû utiliser de la xylocaïne 2 % avec épinéphrine 1/200 000 au lieu de 1/100 000, c'est-à-dire une concentration d'épinéphrine réduite de moitié, afin de diminuer les risques de problèmes neurovasculaires.

Dans mon rapport, j'explique avec références à l'appui qu'une rachi-totale est rare mais est toujours possible, même dans les mains d'un anesthésiste expert. Je rapporte aussi, en citant mes références, qu'un syndrome tel que présenté par le patient peut survenir même lors d'une anesthésie générale. Enfin, j'admets, comme mes deux confrères témoins, qu'il aurait été préférable de choisir un anesthésique local avec une concentration d'épinéphrine à 1/200 000. Heureusement, j'ai la bonne idée de demander à la compagnie Astra quand est apparue sur le marché cette xylocaïne 2 % avec épinéphrine à 1/200 000. Dans une déclaration sous serment, la compagnie me confirme que ce dernier produit a été mis sur le marché le 23 novembre 1965, soit onze mois après l'anesthésie du docteur X ; je l'indique dans mon rapport.

Le seul argument possiblement apporté pour blâmer le docteur X venait donc de s'estomper.

Quelques mois plus tard, l'avocat de l'Association canadienne de protection médicale me téléphone pour me dire que la cause est rejetée avec dépens principalement grâce à mon témoignage.

« Je vous laisse le plaisir de l'annoncer vous-même au docteur X », me dit maître B. au téléphone.

Par une recherche un peu plus exhaustive que celle faite par mes deux confrères témoins-experts, j'ai levé l'anxiété de mon confrère poursuivi et je l'ai lavé de son accusation.

Il m'en a toujours gardé une reconnaissance profonde et tangible.

Enseignement de l'anesthésie à Sainte-Marie

On sait que l'Hôpital Sainte-Marie n'a jamais été un hôpital universitaire, c'est-à-dire reconnu pour l'enseignement des diverses spécialités médicales aux résidents.

Vers 1965, les docteurs Lamoureux de l'Hôpital Notre-Dame et le docteur Gilbert de l'Hôpital Royal Victoria acceptent de chapeauter l'entraînement donné en anesthésie à Sainte-Marie (*sponsored training*). Ils le font en raison de mon diplôme d'Associé du Collège Royal en anesthésie, de la compétence de mes deux confrères anesthésistes, les docteurs Roland Hould et Jean Albert, de la valeur de notre département de médecine ainsi que de la polyvalence de notre département de chirurgie, neurochirurgie, chirurgie générale, gynécologie, etc.

Seul le docteur Marcel Tremblay a profité de cette accréditation universitaire dans la poursuite de son entraînement en anesthésie.

Par ailleurs, plusieurs praticiens généraux s'entraînent aussi dans notre département. Ce sont les docteurs Jean Leblanc, Pierre Houde, Benoit Poitras, Yvon Thibodeau, Jean-Guy Dufour, Gilles Lagacé et Harry Porter. Ce dernier est alors généraliste à Saint-Léonard-d'Aston. Pendant son stage à Sainte-Marie, les docteurs Hould, Albert et moi-même, accompagnés de nos épouses, sommes invités à souper au domicile des Porter.

À minuit, nous sommes de retour vers le quai du traversier Sainte-Angèle — Trois-Rivières, dans la voiture du docteur Hould. Malheureusement, le brouillard épais sur le fleuve empêche toute circulation des traversiers depuis déjà une heure. Nous n'avons pas le choix. Nous devons passer par Québec.

Lentement mais sûrement, sur des routes enneigées et glissantes, nous arrivons à Trois-Rivières à cinq heures du matin.

Par bonheur, nous n'avons pas à travailler le matin à huit heures car c'est samedi…

Long trajet pour une si courte distance ! Heureusement, maintenant, nous avons le pont Laviolette.

L'ANESTHÉSIE AMBULATOIRE

Durant les années 1967-1968, à l'Hôpital Sainte-Marie, nous avons commencé à anesthésier des patients externes à la salle d'urgence pour extraction dentaire. À ce moment, il n'y a pas de « court séjour » organisé attenant à la salle d'opération.

Le développement de l'hôpital entre 1960 et 1970 est très rapide. Les locaux de la salle d'urgence deviennent vite exigus. Les cliniques externes attenantes sont transformées en salles d'urgence. Peu après, la salle d'urgence doit s'agrandir de nouveau et la grande salle de conférences est concédée à l'urgence.

Ce développement coïncide avec l'arrivée de jeunes praticiens généraux et de nouveaux spécialistes, accélérant ainsi l'occupation des lits. Graduellement, les malades chroniques, soit les patients hospitalisés pour accident cérébro-vasculaire, pour chirurgie intra-crânienne ou pour fracture de la hanche, occupent des lits réservés aux patients électifs. Ce sont souvent des vieillards que les familles ne peuvent ou ne veulent pas reprendre. La durée d'hospitalisation (séjour moyen) s'allonge. De plus, avec l'arrivée de l'assurance-maladie en 1970, plusieurs patients consultent pour des pathologies chirurgicales chroniques négligées jusqu'à ce moment : varices, calculose vésiculaire, hémorroïdes, hernies, amygdales hypertrophiées, sablage de cicatrice, etc.

Rapidement, l'engorgement des lits survient et les listes d'attente en chirurgie élective dépassent les données raisonnables. La tension monte entre les médecins et l'administration. Les médecins sont frustrés de ne pouvoir répondre aux besoins de leur clientèle. À une période où les hôpitaux voisins de Sainte-Marie, soit Saint-Joseph, Cloutier, Nicolet et Louiseville ont amplement de lits disponibles pour la chirurgie élective, le bloc chirurgical de Sainte-Marie étouffe littéralement. La clientèle de l'Hôpital Sainte-Marie en chirurgie élective a un grand besoin de lits. « Le besoin crée l'organe... » a-t-on déjà dit. Le besoin, c'est la demande de plus en plus pressante de soins chirurgicaux. L'organe, c'est l'anesthésie ambulatoire pour la chirurgie d'un jour...

En 1970, l'anesthésie ambulatoire reçoit ses lettres de noblesse. Quelques lits de court séjour voisins du bloc opératoire sont mis à la disposition des patients externes. Les cas d'extraction dentaire se font maintenant au

bloc opératoire. De plus en plus, d'autres cas sous anesthésie générale, régionale ou narcose se font en chirurgie
d'un jour : cysto-urétroscopies, circoncisions, varicocèles,
hydrocèles, réductions de luxations et de fractures, ma-
nipulations articulaires, chirurgies électives des membres
supérieurs et inférieurs, curetages utérins, chirurgies
vulvo-vaginales peu extensives, amygdalectomies,
adénoïdectomies, myringotomies, chirurgies du nez, la-
ryngoscopies avec exérèse de nodules des cordes vocales,
chirurgies des paupières, sondages des voies lacrymales,
biopsies du sein, excisions d'ongles incarnés, de lipomes
ou autres tumeurs tégumentaires, ouvertures d'abcès,
cure de varices, etc.

Le 26 août 1972, à neuf heures, se fait à Sainte-Marie
la première herniographie inguinale en externe par le
docteur Louis Germain. L'anesthésie générale est faite
par le docteur Jean-Louis Boivin.

Et graduellement, des cas de chirurgie plus extensive auparavant exécutés avec une hospitalisation de
deux, trois ou quatre jours se font sous anesthésie ambulatoire chez le patient externe : cures de strabisme,
augmentations mammaires, hémorroïdectomies.

Plus tard, la laparoscopie permet l'exécution de plusieurs autres actes opératoires chez des patients externes
sous anesthésie ambulatoire : cholécystectomies, ligatu-
res tubaires, etc.

Le 8 décembre 1976, à la demande du docteur Marcel Boulanger de l'Institut de cardiologie, je participe à
Montréal, par l'intermédiaire du satellite franco-allemand
Symphonie, à un échange France-Québec en anesthésie
intitulé : « Panorama de l'anesthésie de part et d'autre
de l'Atlantique ». Nos interlocuteurs sont des patrons

de l'anesthésie française réunis pour la circonstance à Strasbourg.

Sur un écran de télévision, nous voyons notre panel de conférenciers, le docteur Marcel Boulanger, le docteur Raynald Déry et moi-même.

Sur un deuxième écran apparaît une brochette de professeurs français réunis à Montpellier et avec qui nous échangeons.

Sur un troisième écran, nous voyons les représentants de l'Université de Montréal qui assistent au colloque.

Mon exposé porte sur la consultation pré-anesthésique et sur l'anesthésie ambulatoire.

Je rapporte en particulier les statistiques de notre centre de court séjour en anesthésie ambulatoire pour les années 1973, 1974 et 1975, soit 38 %, 42 % et 45 % de tous les cas programmés au bloc opératoire.

Cette présentation suscite un vif intérêt auprès de nos confrères français. Je dois répondre à plusieurs questions de leur part.

Dans les années qui suivent, plusieurs médecins français, anesthésistes et gynécologues en particulier, viennent visiter notre centre de court séjour.

Parmi les anesthésistes français intéressés à notre initiative, il y a entre autres le professeur Pierre Viars, chef anesthésiste de la Pitié-Salpêtrière de Paris et son assistant, le docteur Christian Conseiller, qui deviendra subséquemment chef du département d'anesthésie à l'Hôpital Cochin Port-Royal de Paris.

En 1985, au terme des journées franco-québécoises tenues à Québec, le docteur Rosario Denis, un de mes meilleurs amis, me téléphone pour me dire que ses amis

Viars et Conseiller désirent visiter notre centre de court séjour. J'acquiesce avec plaisir et lors de la visite guidée..., j'explique à ces professeurs notre façon de procéder en anesthésie ambulatoire avec documents à l'appui. Ils sont très intéressés car en France, le besoin pour cette voie d'approche en anesthésie pour chirurgie élective commence à se faire sentir, en particulier dans les cliniques privées.

Mon épouse Jeanine et moi offrons le champagne aux professeurs Viars et Conseiller, ainsi qu'à nos amis canadiens Rosario et son épouse Thérèse. Comme les amis de nos amis sont aussi nos amis, je décide de recevoir tout le groupe au Roussillon, où le chef cuisinier, monsieur Lutz, nous attend avec son ris de veau (crème et pommes) et ses autres plats succulents. Selon Rosario, les deux professeurs français sont ravis de notre hospitalité...

Je suis récompensé pour cet acte gratuit car le professeur Conseiller, organisateur du 30e congrès de la SFAR (Société française d'anesthésie réanimation) et des sixièmes Journées franco-québécoises de septembre 1987, m'invite à présenter une conférence sur l'anesthésie ambulatoire à Paris. Au cours de ce congrès, plusieurs anesthésistes ayant un intérêt et une expertise dans une activité spéciale d'anesthésie sont invités à venir partager le fruit de leur expérience. Un des thèmes de ces conférences est : « En pratique, comment je réalise une anesthésie... pour un coronarien, un asthmatique, un diabétique, un vieillard, etc. » Mon sujet est celui-ci : « En pratique, comment j'anesthésie un patient ambulatoire. »

Même si je suis habitué à être conférencier à Trois-Rivières, à Québec ou à Montréal lors de congrès provinciaux, le fait de présenter une conférence en Europe au 30ᵉ congrès de la SFAR m'impressionne un peu. Je dois paraître nerveux, car la veille de ma conférence, le docteur Conseiller me demande si son invitation me stressait beaucoup... « Mais non ! Mais non ! » que je réponds avec vigueur. « Je veux tout simplement être à la hauteur de la responsabilité que tu m'as confiée. »

Je présente donc, pendant 25 minutes, les 70 000 cas d'anesthésie ambulatoire pratiqués par les membres de notre département d'anesthésie entre janvier 1973 et janvier 1987, tout en expliquant comment nous procédons pour les examens pré-opératoires, la pré-médication, l'induction, la maintenance de l'anesthésie, l'analgésie postopératoire et la mise à la rue.

Des anesthésistes du Québec sont présents : les docteurs Rosario Denis, Jean Taillefer, Pierre Limoges, André Lapointe, Hugues Ferland et Couture ainsi que mes amis français, les docteurs Pierre Viars et Christian Conseiller.

À la fin de la période de questions, il y a encore dix mains levées. Un participant me dit : « C'est tellement important ce sujet que, sur chacun des sept volets de votre conférence, la salle aurait sûrement aimé discuter avec vous pendant une heure... » Il n'en fallait pas plus pour me gonfler la tête !

Le soir, Thérèse, Jeanine, Rosario et moi sommes reçus à dîner au domicile de Christian. Son épouse, excellente cuisinière, nous reçoit en hôtesse parfaite. Son fils participe à ces agapes où nous dégustons au dessert un Sauterne 1983...

Durant ce même congrès, le docteur Pierre Viars veut recevoir ses amis québécois : le docteur Denis et son épouse Thérèse, le docteur Lise Bisson ainsi que Jeanine et moi. En particulier, il veut remercier Jeanine et moi pour l'accueil que nous lui avons déjà réservé à Trois-Rivières. Il nous invite chez lui pour l'apéritif. Son épouse, « Misou », diminutif pour Marie-Antoinette, nous sert le kir aux bulles, belle appellation pour désigner un kir royal. Ensuite, Pierre nous reçoit au restaurant de son ami, Auvergnais comme lui. Ce restaurant s'appelle Les Deux Signes et est situé sur l'Île-de-France, tout près de la petite église de Saint-Julien le Pauvre, avec une belle vue sur Notre-Dame de Paris. Repas gastronomique avec la bouteille de Marc de Bourgogne, à volonté, comme digestif. Une visite à ce restaurant en mentionnant le nom du docteur Pierre Viars devrait se solder par un apéritif gratuit ! À pied, pour aider la digestion, nous passons devant le domicile du docteur Viars. Pierre entre chez lui et revient avec une bouteille de « Poire William » pour chacun de nous. Je m'écrie en pleine rue : « C'est la goutte d'eau qui fait déborder le vase de l'hospitalité française... »

À la suite de cette première conférence à Paris, plusieurs médecins français, intéressés à l'anesthésie ambulatoire (anesthésistes et gynécologues), viennent visiter notre centre de court séjour à l'Hôpital Sainte-Marie. Parmi ces visiteurs, notons la docteure Michèle Salamagne de l'Hôpital de la Croix Saint-Simon, à Paris.

Avec ma prestation sur l'anesthésie ambulatoire en 1976 via satellite, après la visite de notre centre de court séjour par les docteurs Viars, Conseiller et Denis en 1985 et après ma présentation de 70 000 cas d'anesthésie ambulatoire au congrès de la SFAR en 1987, à l'été 1990, je deviens pour Pierre Viars un candidat de choix comme conférencier des Journées d'enseignement postuniversitaires (JEPU) de mars 1991, où l'anesthésie ambulatoire apparaît comme un des sept thèmes de ces 25ᵉ JEPU. Ces Journées d'enseignement postuniversitaire de la Pitié-Salpêtrière en anesthésie sont, depuis le début, organisées par mon ami Pierre Viars.

Je reçois donc en août 1990 une invitation de Pierre Viars à présenter aux JEPU de mars 1991 vingt-cinq minutes de conférence sur l'analgésie en anesthésie ambulatoire. Après mûre réflexion, je décide d'accepter cette invitation prestigieuse. Cette fois, il ne s'agit plus de parler de mon expérience personnelle. Dans un « refresher course » destiné en particulier aux anesthésistes français et aux résidents, je ne dois pas dire comment moi je procède en analgésie ambulatoire, mais plutôt quelles sont les connaissances actuelles sur l'analgésie postopératoire en anesthésie ambulatoire.

Je me mets aussitôt à réviser la littérature américaine, canadienne et française, sans oublier plusieurs articles de revues anglaises et espagnoles. Je dois faire vite, car même si je ne dois présenter ma conférence qu'en mars 1991, on me demande de livrer mon texte pour le 15 novembre 1990. L'éditeur Arnette de Paris doit publier les « Acta » des JEPU et nous demande de faire diligence.

À la mi-novembre, je soumets mon texte à Rosario Denis et à Germain Houle du Royal Victoria pour commentaires de ces deux amis. Rosario améliore mon style et Germain retranche tout un chapitre sur l'analgésie pédiatrique en anesthésie ambulatoire, en me disant que cet aspect est hors sujet.

Je remets donc mon texte trois semaines en retard, soit en décembre 1990, après la bénédiction téléphonique de Pierre Viars relativement à mon retard.

Jeanine et moi décidons de profiter de cette conférence à Paris pour visiter la Provence et la Corse.

Lorsque je parle de ce projet à Pierre Viars, il s'enthousiasme. Il me dit qu'il possède une maison à Ajaccio en Corse et qu'il lui plairait de nous préparer un itinéraire de voyage.

Quelques semaines plus tard, je reçois de Pierre une carte de la France, une carte plus détaillée de la Provence et de la Corse ainsi qu'un *triptik* deux fois plus précis que ceux préparés par le CAA. Ce *triptik* comprend les adresses et les numéros de téléphone des hôtelleries où nous coucherons et des restaurants pour le souper avec réservations à tous ces endroits. Je reçois de plus la date et l'heure de la traversée aller-retour Marseille-Ajaccio avec réservations garanties.

Nous arrivons à Paris le 15 mars 1991. Très belle chambre réservée à l'Hôtel Pullman Saint-Jacques. Cet hôtel accueille aussi une clientèle japonaise.

Le lendemain, j'assiste aux réunions scientifiques où sont réunis à la Pitié-Salpêtrière plus de 3000 participants au congrès : anesthésistes, résidents en anesthésie, infirmières assistantes en anesthésie et représentants de compagnies reliées à la vente d'appareils ou de produits anesthésiques. Je me familiarise avec les lieux et la salle où j'aurai à parler le lendemain.

Dimanche matin le 17 mars 1991, c'est le grand jour. À neuf heures, j'interviens comme coprésident de la réunion avec le docteur Haberer de Nancy. Nous attendons pendant vingt minutes la première conférencière, madame Majnoni De La Haie, une actuaire qui doit nous parler de la logique économique de l'anesthésie ambulatoire.

Le docteur Haberer et moi-même décidons de la remplacer à pied levé. Le docteur Haberer parle de la problématique économique française et moi j'explique le point de vue québécois sur l'aspect économique : l'anesthésie ambulatoire coûte plus cher au gouvernement québécois, car elle permet à beaucoup plus de personnes de se prévaloir des services chirurgicaux sans attendre qu'un lit se libère dans les hôpitaux de courte durée. Par ailleurs, le coût par service est beaucoup moindre que si le patient était hospitalisé. Il y a donc grande économie par unité de service rendu et beaucoup plus de services rendus à la population avec les installations existantes. Cela diminue les listes d'attente et le besoin éventuel de construction de nouveaux hôpitaux.

Après nos deux exposés impromptus sur cet aspect économique, nous présentons les autres conférenciers. Je dis au docteur Haberer : « Vous allez présenter le docteur Korttila d'Helsinki, notre dernier conférencier. » Il me répond alors : « Allez-y vous-même, Docteur Boivin. Vous parlez mieux anglais que moi. » Je m'exécute en pensant au docteur Louis Germain, qui sourit toujours lorsque je parle anglais...

Il est 12 h 30. Les conférences du matin sont terminées et je dois présenter ma conférence seulement à 14 heures. Je n'ai pas faim. Tout au plus, j'avale la banane apportée de l'hôtel dans mon porte-documents. Puis je décide de me rendre à pied à un pavillon voisin de la Pitié-Salpêtrière où le docteur Baron, un assistant du docteur Pierre Viars, parle d'un nouveau soluté de remplissage vasculaire. Je suis assis avec Pierre dans la salle. Soudain, je réalise qu'il est 13 h 20 et je dis à Pierre que je dois quitter. Le retour à pied vers la Pitié doit prendre environ dix minutes. Mais je me trompe de chemin, je m'égare, je m'énerve et je reviens au point de départ. J'essaie de me réorienter, mais je n'y arrive pas. Double énervement. Je marche vite. Je cours ou presque. Je demande mon chemin à une bonne dame. En une minute, je retrouve mon chemin et je vois déjà l'hôpital de la Pitié... Soupir de soulagement ! Il est 13 h 50. Passage à la toilette pour un dernier coup de peigne. Je donne mes diapositives au préposé et à 13 h 55, assis au premier banc de l'auditorium, j'attends que le docteur Forster me présente. De 14 heures à 14 h 25 bien chronométré, je commente mes diapositives avec aisance, ayant pratiqué à plusieurs reprises depuis un mois. L'horaire ne me permet de répondre qu'à deux questions et, à la pause-café, plusieurs intervenants viennent m'interroger sur divers aspects de l'anesthésie ambulatoire.

C'est tout un spectacle que de voir sortir, sur le boulevard de l'Hôpital, au soleil du midi, et sac d'école multicolore au dos, les quelques milliers de participants au congrès.

Tôt le lundi, Jeanine et moi prenons l'autoroute du Soleil vers le sud. Arrivés à notre première réservation faite par Pierre Viars à Tournus, près de Lyon, nous sommes logés à l'Hôtel Greuse. Dans cet hôtel de grand luxe, nous montons à notre chambre par un ascenseur privé : énorme lit, fleurs naturelles, chocolats de fantaisie, pantoufles et robes de chambre à notre disposition ainsi qu'une vue splendide et immédiate sur un vieil abbaye. Un vrai rêve.

À 19 heures, on nous attend dans un grand restaurant entouré de jardins pour un repas gastronomique de six couverts. Raffinement culinaire et service digne de la restauration française. La note : 268 $ canadiens pour le restaurant et 272 $ pour la chambre.

Je soumets ironiquement à Jeanine : « Si ça continue comme ça, on retourne au Québec dans trois jours. »

Dans ses réservations, Pierre m'avait avisé : « J'ai choisi les hôtels pour le site, le cachet historique ou l'originalité. Pour les restaurants, j'ai opté pour la fine gastronomie.

Heureusement ! Les prix n'ont jamais été aussi élevés par la suite. Pierre voulait impressionner son ami canadien pour le premier soir, et il a réussi...

Après quatre jours en Provence, nous arrivons à Marseille pour l'embarquement vers la Corse. Tel que promis, dans la file de voitures au quai d'embarquement, j'aperçois Pierre qui cherche son ami canadien.

« Eh bien ! Je vous attends au bar, près de la salle à manger à 19 heures. Je vous offre l'apéritif et le dîner. » Quelle gentillesse à notre égard !

À notre arrivée à Ajaccio le lendemain matin, Pierre nous indique la route à prendre pour suivre notre itinéraire et il nous invite à dîner à sa maison d'été dans la baie d'Ajaccio, quand nous aurons terminé notre tour de la Corse. Les routes sont très tortueuses en montagne. Lors d'une bifurcation, je ne vois aucune indication. Je prends la gauche pour me retrouver, après un kilomètre, au bout de la route dans la cour d'une maison. « Pardon, Monsieur, je me suis trompé de route... »

Pendant six jours, nous sillonnons la Corse via Calvi, L'Île-Rousse, Bastia, Porto-Vecchio, Bonifacio et Ajaccio.

Retour à Paris, où notre chambre au Pullman Saint-Jacques est réservée et payée d'avance par Pierre.

Le texte intégral de ma conférence sur l'analgésie en anesthésie ambulatoire, avec les 125 notes bibliographiques, est publié dans les « Acta » du congrès en 1991 par Arnette de Paris.

En conclusion, je puis avancer que depuis les trois dernières décades, la popularité de l'anesthésie ambulatoire a pris tellement d'ampleur, en particulier au Canada, aux États-Unis et en Europe, que plus de 70 % des patients auparavant hospitalisés pour chirurgie sont aujourd'hui opérés comme patients externes sous anesthésie ambulatoire.

DIX ANS DE *MAURICIEN MÉDICAL*

Au cours de l'année 1958, les docteurs André Panneton, ophtalmologiste, Jean-Charles Matteau, gastro-entérologue, Rosaire St-Pierre, cardiologue et Gérald Mayrand, généraliste, se réunissent pour étudier la possibilité de fonder une revue médicale sous l'égide de la Société médicale de la Mauricie. À la fin de décembre, le docteur St-Pierre me demande d'accepter le poste de secrétaire de cette revue embryonnaire. Je suis selon lui « un jeune Fellow tout à fait désigné pour œuvrer à ce poste » ! Parodiant alors l'annonce faite à Marie, je lui réponds : « Si vous croyez que je suis votre homme, qu'il me soit fait selon votre parole ! »

Durant les douze mois de 1959, plus de vingt réunions sont nécessaires à la gestation de cette revue médicale.

Mon poste de secrétaire a deux volets. J'ai à écrire les procès-verbaux des réunions du comité du *Mauricien Médical* et faire rapport aux réunions de la Société médicale. Je dois aussi assurer le financement de chaque numéro en vendant des annonces publicitaires auprès des compagnies pharmaceutiques et de quelques maisons d'affaires de la région trifluvienne.

Ma façon de procéder avec les annonceurs varie beaucoup : rencontre avec les propriétaires de commerces mauriciens dont les noms ont été retenus par les membres du comité ; lettres circulaires aux compagnies pharmaceutiques ; interventions personnelles auprès des représentants ayant un chiffre d'affaires intéressant en Mauricie. J'ajoute quelques éléments de pression sur les fournisseurs d'appareils ou de produits anesthésiques ! J'aime beaucoup ce travail de vendeur d'annonces pour une bonne cause. Je ne manque d'ailleurs aucune opportunité de contact aux congrès d'anesthésie ou dans des réunions sociales. Les résultats sont bons. Dès le premier numéro, nous avons un surplus d'environ 300 $, ce qui me vaut les félicitations de notre éditeur, monsieur Clément Marchand, propriétaire du « Bien Public », avec qui j'entretiens des relations d'amitié et de taquinerie. Je tente régulièrement de reprendre cet intellectuel raffiné sur une expression française inadéquate. Le dictionnaire lui donne presque toujours raison.

À ma grande surprise, ce poète à l'âme sensible a aussi un talent d'administrateur pouvant faire envie à plusieurs hommes d'affaires. Je le rencontre régulièrement pour lui présenter les textes scientifiques auxquels il apporte une correction toujours à point. Ma collection d'annonces publicitaires l'enchante et suscite des commentaires toujours originaux. Il sait bien, lui aussi, que ces annonceurs fournissent l'eau au moulin.

Au comité de lecture, en dix ans, nous ne refusons que deux articles médicaux. L'un, écrit par un praticien général dont les théories sur l'angine de poitrine cadrent mal avec les données scientifiques et l'autre, écrit par un spécialiste hautement qualifié, mais où je reconnais à plus de 85 % une traduction littérale de la physiopathologie de la douleur tirée textuellement de *Principle of Internal Medecine* par Harrison.

Tirés à 1000 exemplaires, les 40 numéros du *Mauricien Médical* paraissent régulièrement, tel que prévu, dans les deux dernières semaines de chaque trimestre de 1960 à 1970. À chaque parution, bénévolement, mademoiselle Marguerite Morin et moi-même aidés de mes enfants et de leurs amis, emballons les revues, plaçons les timbres et portons les boîtes de revues au bureau de poste, où nous attend un préposé toujours ébahi par notre démarche.

La revue est distribuée gratuitement à tous les médecins de la Mauricie, aux bibliothèques des hôpitaux de la province de Québec, aux universités québécoises, aux annonceurs ainsi qu'à certaines personnes ou organismes prestigieux choisis par les membres de l'équipe. La revue a environ 70 pages. Elle est de format cinq pouces sur huit pouces sur papier glacé de haute qualité. La page frontispice est une sérigraphie de couleur différente pour chacun des 40 numéros et signée Louise De Cotret Panneton, artiste mauricienne bien connue tant au Québec qu'au Canada. L'œuvre nous est gratuitement offerte par l'auteure, qui est l'épouse de notre président le docteur André Panneton.

La revue a deux sections. D'abord, les articles médicaux que les membres du comité sollicitent auprès des médecins de la Mauricie. Occasionnellement, nous demandons un article à une sommité universitaire sur un sujet susceptible d'intéresser nos lecteurs. La plupart des articles de nos collaborateurs médicaux ne sont pas des articles à double issue ou ayant une valeur statistique indéniable. Il s'agit plutôt d'opinions, de survol de la littérature ou du fruit d'une expérience clinique modeste. Pour plusieurs auteurs, ces articles ont servi de tremplin pour la publication d'articles de plus haut calibre dans de grandes revues scientifiques. Ensuite, la section artistique, qui est entièrement sous l'instigation et le contrôle du docteur André Panneton et qui met en relief à chaque numéro au moins un artiste de la Mauricie en peinture, haute lisse, poterie, sculpture, poésie, roman, musique, etc.

La qualité de cette section nous vaut plusieurs commentaires élogieux dans beaucoup de journaux, revues et stations de radio.

Après les nombreuses réunions de gestation du *Mauricien Médical*, en 1959, les réunions deviennent de moins en moins fréquentes. Bien rodée, la revue « baigne dans l'huile » pendant dix ans. La seule réunion jugée nécessaire est une assemblée annuelle avec souper, où la facture est honorée par notre « trésor » ier... le docteur Gérald Mayrand, qui surveille les abus possibles d'un secrétaire enthousiaste ! Vue comme récompense aux membres du comité pour leur travail bénévole de l'année, cette réunion se veut aussi un examen des résultats, un contrôle de l'orientation et surtout une levée d'encensoirs au président, au secrétaire, au trésorier, à l'éditeur et à chacun des membres présents.

Sous la férule du docteur Gérald Mayrand, la trésorerie est entre les mains d'un expert. À chaque numéro, je cumule les chèques et les remets au docteur Mayrand. En moyenne, un surplus de 300 $ à 500 $ est réalisé à chaque numéro. Après dix ans, si nous devons cesser cette activité littéraire, ce n'est pas par insuffisance de fonds, comme c'est le cas pour plusieurs revues médicales régionales. Non ! C'est plutôt par manque de relève. Avec l'arrivée de l'assurance-maladie en 1970, le médecin est démotivé ; il n'a plus le goût ni le temps pour le bénévolat. À l'arrêt de nos activités, le *Mauricien Médical* a en caisse environ 18 000 $ sous forme de placements sûrs et rapportant un bon intérêt. Comme cette revue est l'organe de la Société médicale de la Mauricie et que cette société disparaît elle-même faute de relève, les membres de l'exécutif du *Mauricien Médical* ont l'idée de faire un *party* monstre de la Société médicale et de flamber les 18 000 $!

Ils se ravisent et décident plutôt de placer ce magot entre les mains de la Fondation du Séminaire Saint-Joseph, où la plupart des membres ont fait leurs études classiques. Au cas où la Société médicale renaîtrait, nous jugeons sage de ne donner à la Fondation que la gestion de notre fonds, ainsi que les intérêts annuels. Plusieurs années plus tard, devant la mort perpétuelle de la Société médicale et aucun espoir de résurrection, les docteurs Panneton, Mayrand et moi-même signons un document confirmant le don du fonds du *Mauricien Médical* à la Fondation du Séminaire Saint-Joseph, en présence du supérieur, l'abbé Jean Panneton.

Transfusions

Certes, il y a abus de transfusions au cours des années 60 et 70. Nous sommes à l'ère des grandes incisions :

xypho-pubienne ! Pour certains chirurgiens qui ridiculisent les petites incisions des vieux chirurgiens, il y a absence injustifiée d'exploration abdominale avec ces petites incisions. Il n'est pas rare à cette période de calculer la perte sanguine à 800 cc et plus pour une cholécystectomie ou une hystérectomie. Il m'arrive donc assez souvent de donner une seule transfusion, malgré le dicton populaire de la banque de sang : « Une transfusion… pas de transfusion… » L'entente entre la banque de sang et le département d'anesthésie survient au moment où je dis ceci aux responsables de la banque de sang : « Je donne quelquefois une seule transfusion et cela est suffisant pour prévenir le choc opératoire ou assurer un bon transport d'oxygène alors que deux transfusions seraient indiquées selon la perte sanguine. Si vous le préférez, dans ces cas, je peux donner deux transfusions en respectant les normes et sans avoir à expliquer ma conduite devant le comité des transfusions. Je constate rapidement que tous les gens intéressés au sujet ont très bien compris.

Dans les années 60, je viens d'anesthésier un patient à Sainte-Marie. Dans une autre salle, le docteur Charles Béland, pédiatre, fait une exsanguino-transfusion à un nouveau-né — c'est-à-dire changer tout le sang du bébé — et il manque de sang du groupe « O » Rh négatif.

Je m'offre comme donneur et, pendant mon anesthésie, la technicienne du labo me retire 100 cc de sang que le docteur Béland transfuse à son jeune patient. Il va encore très bien aujourd'hui, et la diminution de ma masse sanguine n'a pas affecté mon anesthésie…

Une autre fois, au cours d'une hystérectomie laborieuse, la patiente saigne tellement qu'au laboratoire on est à court de sang. Je me fais remplacer. Je descends au labo. On me retire une unité de sang que j'apporte moi-même en salle d'opération après les examens de compatibilité d'usage. Dès la fin de l'infusion de mon liquide rutilant, l'hémorragie cesse et les signes vitaux de la patiente se stabilisent. « Comme tu lui as donné du bon sang ! » s'exclame le chirurgien, tout joyeux... Le lendemain, à la chambre de la patiente, j'avertis le mari que sa femme aura peut-être des « mauvaises pensées » pendant quelques mois !

La position extrême des Témoins de Jéhovah sur les transfusions m'a toujours étonné. Il n'y a actuellement pas de moyens connus pour sauver certains grands traumatisés exsangues autre que les transfusions. Par ailleurs, leur intransigeance a eu certains effets bénéfiques. Elle a fait réfléchir certains chirurgiens et anesthésistes trop libéraux dans l'administration des transfusions. Elle a favorisé la recherche sur les substituts du sang et elle a peut-être protégé quelques Témoins de Jéhovah du sida.

La propagande des Témoins de Jéhovah, la crainte du sida, de l'hépatite C et d'autres infections, les difficultés de plus en plus grandes en approvisionnement des banques de sang, la plus grande disponibilité des substituts du sang (Pentaspan), une meilleure compréhension de la physiologie de l'hémodilution, le recyclage du sang perdu par le patient, l'amélioration importante des techniques chirurgicales (électrocoagulation, auto-sutures, laparoscopie, etc.) et l'habileté accrue des chirurgiens ont joliment diminué le besoin de transfusions sanguines venant de donneurs.

Et cela pour le plus grand bien de l'humanité !

Mon implication à l'A.A.P.Q.

En 1970, je suis élu représentant de la Mauricie au conseil d'administration de l'A.A.P.Q. J'y travaille fort, principalement comme président du comité des tarifs. Les réunions ont lieu à Montréal. Si je suis « de garde » le soir de la réunion, je dois me faire remplacer par un de mes confrères. Comme nous sommes en association, je dois remettre cette garde le lendemain ou le surlendemain. J'obtiens facilement la collaboration de mes associés à cet effet. Mais après quelques années et parce que la fréquence des réunions augmente, ces changements de garde sont dérangeants tant pour moi que pour mes amis.

En 1972, lors d'un vote pour la présidence de l'A.A.P.Q., j'obtiens le même nombre de votes que le docteur Jacques Houde. Je pense aux inconvénients des nombreuses réunions à venir avec des déplacements souvent nocturnes entre Trois-Rivières et Montréal, suivis le lendemain d'une journée régulière d'anesthésie en salle d'opération. Je me retire alors de la course, en déclarant que je suis déjà président du Conseil des médecins, dentistes et pharmaciens (C.M.D.P.) de Sainte-Marie et que deux présidences concomitantes seront un trop lourd fardeau. Toutefois, j'accepterais la vice-présidence si les membres du conseil le désirent. Le docteur Houde est élu président et moi vice-président.

Deux ans après, les docteurs Jean-Guy Maillé et Germain Houle sont désignés pour venir à Trois-Rivières afin de m'inciter à accepter la présidence aux prochaines élections.

En regardant la liste des membres du conseil d'administration à partir de laquelle un président doit être élu, ils réalisent que mon nom n'y figure pas ! Effectivement, ne voulant pas donner raison au fameux principe de « Peters », j'ai demandé au docteur Gilles Leclerc de me remplacer au poste de délégué de la Mauricie au conseil d'administration. Ceci m'exclut *ipso facto* de la présidence de l'A.A.P.Q.

Peureux ! Peureux !

Deux cas d'induction enzymatique

Pendant ma troisième année de résidence en anesthésie à l'Hôtel-Dieu, je suis mandaté par le docteur Hudon pour aller anesthésier un patient à l'Hôpital du Sacré-Cœur, rue Saint-Vallier, pour une appendicectomie. À l'induction, j'administre 500 mg de pentothal, dose qui, presque toujours, provoque le coma. Le patient, très alerte, me demande : « Allez-vous m'endormir bientôt ? » Après la deuxième seringue de 500 mg de pentothal, il réplique, au ralenti : « Allez… vous… m'endormir… bientôt… » Ce n'est qu'après une troisième injection de 500 mg de pentothal qu'il tombe dans les bras de Morphée…

Le docteur Eucharist Samson, chirurgien, me dit sur un ton blagueur : « C'est un hôpital pour épileptiques ici, Docteur Boivin. » Je viens de constater mon premier cas d'induction enzymatique, c'est-à-dire une plus grande rapidité d'élimination des produits anesthésiques par un foie habitué à se débarrasser quotidiennement du gardénal pris comme anti-épileptique.

Autre cas : je termine une période de remplacement d'une semaine dans un hôpital régional. La veille, à 23 heures, je dois anesthésier d'urgence un jeune homme de 20 ans pour réduction d'une fracture ouverte de la jambe. Au questionnaire, le patient me dit qu'il est en excellente santé et qu'il n'a jamais été malade. Aucun antécédent anesthésique familial pathologique, aucune allergie, aucune prise récente d'alcool ou d'aliments, ni aucune anesthésie antérieure. L'examen physique ne révèle rien d'anormal. À l'examen de la bouche et de la colonne cervicale, rien ne laisse présager une intubation trachéale difficile. Je lui propose une anesthésie régionale. Le patient préfère une anesthésie générale. Pendant l'anesthésie, des signes d'élimination rapide de mes produits anesthésiques sont apparents. J'injecte presque aux dix minutes des narcotiques, des hypnotiques et du curare. Je constate que j'ai administré au moins trois fois plus de médicaments que normalement. Le réveil est très rapide.

En le questionnant de nouveau, il m'apprend qu'il est au gardénal et au dilantin pour épilepsie…

De plus, il m'avoue qu'il prend de la cocaïne tous les jours. Je comprends alors pourquoi tant de médication a été requise durant l'anesthésie. En effet, le dilantin augmente la résistance aux curares et le gardénal provoque une induction enzymatique. De plus, la cocaïne amène une stimulation du système sympathique, rendant le patient plus résistant aux produits anesthésiques. Il y a chez ces patients un danger de réminiscence de la période per-opératoire. Heureusement, tel ne fut pas le cas.

Union des deux départements d'anesthésie

Au début des années 70, la rivalité entre l'Hôpital Saint-Joseph, hôpital quasi centenaire, et le jeune centre hospitalier de Sainte-Marie est palpable. Il ne s'agit pas d'une guerre ouverte comme se plaisent à le sous-entendre certains journalistes, mais d'une saine émulation. Dès qu'un hôpital annonce un nouveau service à la clientèle ou une nouvelle amélioration dans les soins, aussitôt le journaliste rencontre les responsables médicaux ou administratifs de l'autre hôpital et s'empresse de soulever un débat de publicité, laissant toujours croire à la population que « les médecins des deux hôpitaux ne s'entendent pas ».

En 1972, fatigué de ce harcèlement journalistique, j'invite, en qualité de président du Bureau médical, ledit journaliste à souper au restaurant « Chez Claude ». Je veux lui faire comprendre amicalement que tous ses efforts de mise en confrontation des médecins des deux hôpitaux ne servent aucunement la cause des médecins, ni des patients, ni des hôpitaux. Au contraire, je lui explique de quelle façon les technocrates de la santé se servent de ces supposées querelles pour retarder, voire même annuler, les subventions au développement de la médecine hospitalière trifluvienne. J'obtiens un résultat positif, mais temporaire. Pendant plus de huit ans, les articles belliqueux mettant en cause les deux hôpitaux n'apparaissent plus dans *Le Nouvelliste*.

De plus, j'entreprends une campagne d'unification. Je crois d'abord utile de fondre les deux départements d'anesthésie. Dans un premier temps, nous procédons à plusieurs réunions des anesthésistes des deux centres hospitaliers et nous complétons l'unification de nos deux contrats de société, prenant ce qu'il y a de mieux dans chacun des deux contrats. Puis, chaque anesthésiste fait un stage de deux semaines dans l'autre hôpital. Cet échange, avec privilèges temporaires en anesthésie dans l'autre centre, nous permet de constater les faits suivants : d'abord, le nombre de cas n'augmenterait pas avec l'union des deux départements, et il n'y aurait aucun impact financier. Deuxièmement, notre tâche de travail ne serait pas diminuée, car chaque hôpital devrait avoir quand même un anesthésiste de garde. Enfin, certains anesthésistes de Saint-Joseph refusent l'anesthésie en neurochirurgie, qui est requise à Sainte-Marie. Cette dernière constatation nous empêche de concrétiser l'union des deux départements d'anesthésie, car nous travaillons en équipe et chaque anesthésiste doit faire le même travail que son associé. Devant cet état de fait, nous nous félicitons d'avoir au moins uni nos opinions sur un contrat de société amélioré et nous décidons de remettre à plus tard l'unification des deux départements d'anesthésie.

À cette même période de présidence du Bureau médical de Sainte-Marie, toujours convaincu que l'union fait la force, je tente un rapprochement des exécutifs des deux centres. Lors d'une réunion conjointe, un comité est formé pour étudier la possibilité d'unifier les exécutifs et secondairement les deux conseils d'administration.

Je suis sérieux et sincère, mais le comité *ad hoc* ne se réunit pas. Je réalise vite qu'il s'agit d'un rêve utopique pour le moment.

Mère supérieure rougit

Après ma première présidence du Bureau médical, soit en 1973, je suis nommé au conseil d'administration comme délégué.

À ma première réunion, le comptable de l'hôpital présente les états financiers. Je suis estomaqué… Nous avons toutes les misères du monde à obtenir le moindre appareil ou instrument à la salle d'opération, à la salle d'urgence, etc. Nous nous serrons la ceinture et malgré cela, nous avons un déficit important.

En réfléchissant bien, il m'est facile de comprendre pourquoi les hôpitaux de langue française sont si déficitaires en comparaison avec les hôpitaux anglais. Au début de l'assurance hospitalisation, les hôpitaux francophones, presque tous administrés par des religieuses, présentent des budgets très conservateurs, basés sur les mini-salaires souvent accordés aux religieuses infirmières ou administratrices, sur l'achat du strict minimum et sur des principes de saine gestion. Les hôpitaux anglais, eux, pour un nombre de lits égal, ont des budgets du double, plus libéraux et plus près de la réalité. Ils continuent sur la même lancée avec l'arrivée de l'assurance hospitalisation. Nos hôpitaux français sont pris dans le carcan d'une administration antérieure privée économe où les religieuses font encore beaucoup de bénévolat. Nous sommes donc sous-financés.

Je prends la parole : « Monsieur le président, je ne suis pas un homme d'affaires, mais face à ce rapport financier, force est d'admettre que la dette de l'hôpital s'accroît de quelques centaines de milliers de dollars par année et qu'au bout de dix ans, l'hôpital sera la propriété du gouvernement. »

Sœur supérieure rougit !

« Au lieu d'avoir un hôpital vivotant, presque privé de l'essentiel dans la plupart des départements, tout en étant fortement déficitaire, pourquoi, cette année, ne dépenserions-nous pas allègrement, quite à avoir un déficit plus important ? L'hôpital deviendrait la propriété gouvernementale en cinq ans plutôt que dans dix ans. Mais nous aurions enfin un hôpital bien structuré, bien organisé avec toute l'instrumentation requise pour traiter adéquatement les patients et avec des budgets correspondant aux réalités...»

Le président sourit, sœur supérieure devient rouge comme un coq et le comptable, engagé par les filles de Jésus, propriétaires de l'hôpital, me répond ainsi : « Docteur Boivin, comme vous le dites, vous n'êtes pas un homme d'affaires... Votre proposition n'est pas acceptable. En qualité de comptable, je ne puis l'endosser !»

Après la réunion, le comptable me dit en catimini : « Jean-Louis, selon les principes comptables, je ne pouvais pas appuyer une telle suggestion, surtout devant ma cliente. Mais ton idée serait sûrement excellente pour régler dans l'immédiat et à long terme tous vos problèmes d'équipement et d'amélioration des services. »

Je reprends : «Tu es un beau gars ! Tu me fais passer pour un incompétent en public puis dans l'intime, tu me dis que j'ai raison. Je ne suis pas fier de toi !»

Un an plus tard, je suis encore délégué du Bureau médical au conseil d'administration. On m'informe du nouveau déficit et du nouveau budget, encore très conservateur. Tous se souviennent de mon intervention il y a un an. Je ne reviens pas à la charge. Mais je suis certain de la logique de mon raisonnement. Je dois donc me priver des joues rouges de sœur supérieure !

Les curares

On se rappelle que la découverte du curare vient des Indiens de l'Amérique du Sud, qui l'utilisait sur leurs flèches pour paralyser les animaux qu'ils voulaient tuer sur les rives de l'Amazone.

Comme ce curare était conservé dans des tubes de bambou, on l'a appelé Tubocurare.

Quand je commence mon cours d'anesthésie en 1954, il y a deux relaxants musculaires sur le marché : la Tubocurarine et le Flaxédil. Je n'aime pas la Tubocurarine, car elle libère de l'histamine et cette histamino-libération donne des spasmes bronchiques, etc. Elle est aussi ganglioplégique, c'est-à-dire qu'elle provoque des chutes de pression artérielle. Le Flaxédil agit beaucoup plus rapidement, n'est pas histamino-libérateur ni ganglioplégique, mais provoque un peu de tachycardie. Il faut donc faire attention chez les coronariens et les patients déjà tachycardes. Pour les personnes hors du milieu médical, disons que la Tubocurarine et le Flaxédil sont appelés de vrais curares, c'est-à-dire des non-dépolarisants. Ils bloquent la contraction musculaire, ils paralysent les muscles en empêchant la stimulation de ces mêmes muscles par le médiateur chimique de la contraction musculaire, soit l'acétylcholine.

Comme relaxant musculaire à action rapide, donc très utile pour l'intubation trachéale, il y a le succinylcholine (Anectine). Ce n'est pas un vrai curare, c'est-à-dire un non-dépolarisant de la plaque motrice neuro-musculaire. Ici, contrairement aux non-dépolarisants, le succinylcholine (Anectine) agit comme le médiateur naturel de la contraction musculaire, l'acétylcholine. Les fibres musculaires sont inondées par cette substance stimulante de la contraction musculaire. Comme le muscle ne peut refaire la charge électrique requise pour avoir une réponse à la stimulation, il ne se contracte plus, il est paralysé. L'anectine est donc un dépolarisant.

À mon arrivée à Sainte-Marie, le docteur Marc Allen est l'anesthésiste qui dessert le service d'anesthésie. Il est bon clinicien et bon anesthésiste. Il utilise l'Anectine pour l'intubation, puis il continue avec le même produit durant l'opération pour le relâchement musculaire. La succinylcholine pour perfusion est un liquide rosé présenté en flacon de verre sous le nom de « Rubilexin ».

Pendant mon entraînement, cette technique de curarisation est condamnée à cause du danger de curarisation prolongée « dual block ». Avant de changer cette technique bien connue du personnel infirmier, je désire me rendre compte par moi-même de l'effet du succinylcholine en perfusion. Je m'y habitue et je trouve cette technique sécuritaire. Pendant plusieurs années je l'utilise, malgré les désaveux, au lieu du Flaxédil et de la Tubocurarine sans incident désagréable. Peu après l'arrivée sur le marché du pancuronium (Pavulon) en mars 1973, j'abandonne l'Anectine pour l'intubation trachéale et le relâchement musculaire per-opératoire. Le Pavulon est un non-dépolarisant comme le Flaxédil et la Tubocurarine et requiert quatre à cinq minutes de ventilation avant l'intubation trachéale. Ceci m'amène à ventiler au masque pendant tout le temps qui précède l'intubation. Je suis le seul à abandonner l'Anectine, qui permet d'intuber après 60 secondes. Mes confrères me semoncent en disant : « Tu vas avoir des régurgitations intra-bronchiques et si tu ne peux intuber (cas diffici-les) tu vas être pris pour ventiler pendant 45 minutes au lieu de 3 à 4 minutes avec l'Anectine.» Ma réponse ne se fait pas attendre : « C'est plutôt l'usage de l'Anectine qui expose vos patients à la régurgitation, car l'Anectine provoque une contraction gastrique favorable au reflux du contenu gastrique dans le pharynx, alors que le Pavulon relâche l'estomac et donne plus de place à son contenu, tout en abaissant la pression gastrique. De plus, en abandonnant l'Anectine, j'élimine les myalgies (dou-leurs musculaires) postopératoires qui sont causées par les myoclonies (mini-convulsions) provoquées par l'Anectine et non complètement éliminées par le Versed ou autres médicaments expérimentés à cet égard. Ces myoclonies amènent une décharge de potassium (K+) dans la circulation et ce K+ peut provoquer des arrêts cardiaques surtout chez les enfants. Aussi, l'Anectine cause de la myoglobinurie avec possibilité d'atteinte ré-nale. Enfin, l'Anectine est un déclencheur de l'hyperthermie maligne. Même si cet accident est rare (1 cas sur environ 20 000 anesthésies), il n'est jamais agréa-ble de le rencontrer.»

Le remplacement de l'Anectine par le Pavulon m'a incité à modifier un peu ma technique de ventilation. Dès que l'action du Pavulon commence à se faire sentir, je ventile le patient avec le ventilateur mécanique, tout en évitant l'insufflation gastrique. L'expérience rend cette tâche facile.

Lorsque les chirurgiens me voient ventiler ainsi, ils me demandent si j'intube le patient ou si je procède seu-lement avec le masque. Je leur réponds que je prends plus de temps pour intuber car je ne donne pas d'Anectine, et que je ventile avec le respirateur parce que je suis paresseux !

Du même coup, je me suis habitué à permettre au personnel et aux chirurgiens de commencer certaines manœuvres, avant mon intubation trachéale, lorsque la situation le permet : positionnement du patient, badigeonnage et mise en place des champs opératoires. Ainsi, il n'y a pas de perte de temps ni d'inconvénient pour le patient. Évidemment... je requiers toute cessation d'activité au moment où je décide d'intuber le patient.

J'ai toujours retenu deux exceptions où j'utilise encore l'Anectine. La première est pour les césariennes, où la chirurgie doit commencer le plus tôt possible pour ne pas avoir un bébé trop anesthésié. La deuxième est l'intubation à séquence rapide, où l'intubation doit être faite le plus tôt possible, avec manœuvre de Sellick (compression du larynx) pour éviter les régurgitations d'un estomac plein vers les bronches.

Avec l'arrivée du Vécuronium (Norcuron), avec lequel le temps d'attente pour l'intubation est beaucoup plus court qu'avec le Pavulon et qui ne donne aucune tachycardie, contrairement au Pavulon, ma technique d'abandon de l'Anectine est devenue plus populaire. Depuis l'arrivée du Rocuronium (Zémuron), qui requiert juste un peu plus de temps que l'Anectine pour l'intubation, ma technique se généralise.

Quant au Tracrium et au Mivacron, ce sont eux aussi des non-dépolarisants comme le Norcuron et le Zémuron. Mais ces deux curares libèrent de l'histamine. Depuis mon expérience de Chandler avec le Tracrium chez un patient anesthésié pendant quinze minutes pour des extractions dentaires, je n'emploie plus ni l'un ni l'autre.

En fait, ce patient a présenté une bronchoconstriction majeure par histaminolibération qui m'a obligé à un traitement intensif pendant plus d'une heure, provoquant cette remarque de l'infirmière : « Docteur, faites-vous toujours vos anesthésies comme celle-là ? » (!)

Toutefois, les circonstances nous obligent quelquefois à changer d'idée. C'est ce qui m'est arrivé aux Îles-de-la-Madeleine lors d'une période de remplacement en février 2004. Le Zémuron n'étant plus disponible par absence de livraison, j'ai dû m'adapter au Mivacron en perfusion. La technique perfusionnelle, contrairement au bolus, réduit les risques de réactions allergiques et comme je l'ai dit au représentant lors de la journée des résidents de l'A.A.P.Q le 27 mars 2004 : « Revenez vite sur le marché avec le Rocuronium (Zémuron), car vous allez perdre la pôle position... »

Avec ces diverses techniques de curarisation au cours de ma vie d'anesthésiste, j'ai toujours eu des patients bien curarisés. J'ai rarement entendu dire par un chirurgien : « Le patient n'est pas relâché, il pousse ! »...

INDUCTION EN ANESTHÉSIE

La période d'amorce de l'anesthésie, que l'on appelle l'induction, est une phase très importante. Le patient est souvent craintif à cause de l'inconnu dans lequel il sera bientôt plongé. Le patient autonome et indépendant est désemparé à la pensée qu'une autre personne prendra charge de sa vie et qu'il perdra même temporairement la maîtrise de ses réactions. L'éventuel coma pharmacologique le hante et augmente son inquiétude. Il faut donc rassurer et réconforter le patient qui sera sous nos soins.

J'aime dérider l'atmosphère souvent tendue des salles d'opération et provoquer le rire. C'est pourquoi il m'arrive de me présenter ainsi au patient : « Monsieur, je suis le docteur Boivinovitch. Je suis votre anesthésiste. Au Québec, on m'appelle le docteur Boivin... » Ou bien, j'interviens ainsi : « Vous êtes bien chanceuse Madame, vous avez le meilleur anesthésiste de la salle », en prenant bien soin de vérifier auparavant si je suis le seul anesthésiste présent dans la salle ! Le patient sourit...

Un beau jour, j'entre dans une salle d'opération. Le patient arrive du court séjour. À la première question, je reçois comme réponse : « Euh ! Aa !, Gné-gné !, Gnan-gnan-gnan », accompagné d'abondants gestes désordonnés et de grimaces indescriptibles. Je regarde l'infirmière brossée et lui dis en cherchant son approbation : « C'est un patient plutôt... plutôt... plutôt... », sans oser le qualifier plus précisément. « Oui ! » répond l'infirmière. « C'est un patient plutôt... plutôt... plutôt... » Et moi de répondre : « Ah ! Oui, je vois bien qu'il est plutôt... » Depuis ce temps, on appelle des « Plutôts » les débiles profonds ayant un quotient intellectuel comparable à celui de certains de nos politiciens. Quand je suis appelé pour anesthésier un patient dans une salle et que l'infirmière me dit : « C'est prêt, Docteur Boivin, votre patient est un Plutôt... », je sais à quoi m'attendre...

Même si la moquerie n'a pas toujours bon goût, j'avoue avoir, à quelques reprises, imité un « Plutôt » par des gestes incohérents et des expressions vocales incompréhensibles en réponse à des questions précises. À la réaction de mes auditeurs, il appert que j'aurais certains talents d'imitateur, surtout de « Plutôts » !

Dans les années 70, à l'instar de mes confrères, je développe une certaine dextérité pour l'intraveineuse. Je décris une technique à quatre temps que j'enseigne aux infirmières.

J'accepte alors volontiers de servir de cobaye. En regardant mes élèves traverser la peau de mes deux membres supérieurs, j'offre silencieusement mon corps à la science...

Comptant sur mon expérience en intraveineuse, la paresse peut-être aussi aidant, j'ai souvenance d'avoir épaté à plusieurs reprises le docteur Guy Gélinas la nuit, en obstétrique. Après avoir induit la patiente au masque, je lui plaçais un cathéter dans une veine du pli du coude gauche, tout en demeurant assis sur mon banc à sa tête. Il s'agissait donc de la technique « à l'envers, de la main gauche... ». À une autre patiente, je me souviens d'avoir appliqué cette technique « à l'envers, de la main gauche et sans garrot... », aux applaudissements du docteur Gélinas !

Il ne s'agissait pas là d'un miracle ni d'une habileté hors de l'ordinaire. Non ! J'avais tout simplement affaire à des parturientes au réseau veineux dilaté par un fort volume sanguin.

L'injection intraveineuse de substances anesthésiques, Propofol, Fentanyl ou Alfentanyl, Zémuron et Versed m'a permis de pratiquer certains tours de passe-passe, soit l'induction avec quatre seringues dans la même main sans aide et sans contamination. Ce n'est pas sorcier. C'est de la pratique tout au plus. Il faut être discret, car si le patient voit cet arsenal thérapeutique, il demandera à coup sûr : «Vais-je recevoir tout ça, Docteur ?» Je lui répondrai alors calmement : « Non, seulement un petit peu de chaque seringue... » Lentement, le patient tombe dans les bras de Morphée le sourire aux lèvres.

L'induction à la gaze alcoolisée... est utilisée chez les patients craintifs. Après avoir désinfecté l'embout du « veno-set », je déploie la petite gaze alcoolisée et l'agite de la main gauche à la vue du patient pour attirer son attention. De la main droite, j'injecte l'anesthésique en disant : « Plus la gaze s'agite rapidement, plus le sommeil est proche ! » Et le patient de fixer attentivement cette petite gaze en oubliant ses craintes. Puis le tour est joué et l'on s'endort comme par magie avec le minimum d'anxiété. Au réveil, la vérité doit quand même être rétablie !

Une autre de ces techniques d'induction non publiée dans les *texbooks* d'anesthésie... est la technique du « poil de l'avant-bras » ! Sans savoir s'il y a des ursidés dans ma famille, je dois avouer que la nature a fait chez moi une inversion en me dotant d'une peau chevelue et d'un cuir glabre... Profitant de cette abondance pileuse sur mes avant-bras, j'ai mis au point... la technique d'induction au « poil de l'avant-bras... » ! Pendant que j'injecte l'hypnotique de la main droite, à l'insu du patient, je passe lentement mon avant-bras gauche velu sous son menton, en lui disant que ce geste procure le sommeil... Même s'il n'en croit rien, il s'endort calmement, intrigué par ce geste.

L'induction en anesthésie pédiatrique est pour moi un des grands plaisirs que m'a procuré ma profession. Sur le plan théorique, j'aurais aimé procéder à l'induction des enfants en présence des parents. J'ai pu procéder ainsi, soit à la salle d'urgence, soit dans la salle de dentisterie opératoire ou même dans la salle d'O.R.L., lorsque le parent est un habitué des techniques stériles en salle d'opération. Cette humanisation des soins a toujours été très appréciée par les parents, le personnel médical et infirmier.

Pour l'induction par inhalation, je demande toujours à l'enfant s'il veut faire dodo en respirant quelque chose qui sent un peu mauvais ou avec une petite piqûre. La plupart des enfants choisissent de dormir en respirant... L'enfant a donc fait un premier choix. Le deuxième choix est entre la position couchée ou assise. Si la mère assiste, l'enfant a gagné sur trois points. C'est alors le temps de la négociation. « Si tu es gentil, le docteur ne te fera pas de bobo, pas de piqûre. Si tu ne pleures pas, tu vas pouvoir rester assis et ta maman va demeurer avec toi. Si tu pleures, ta maman va avoir de la peine et elle va être obligée de sortir de la salle. » Habituellement, ce chantage professionnel... réussit à merveille et tout est calme. Contrairement à l'induction intraveineuse, l'induction par inhalation requiert le silence absolu. Les infirmières chevronnées savent que le bruit est perçu avec une plus grande intensité pendant une telle induction et d'emblée, elles s'efforcent de faire le moins de bruit possible avec les instruments pendant ce court moment. Je demande à la mère de tenir la main de l'enfant et de ne pas parler. Comme doucement je chante une berceuse, toute parole autre que la mienne distrait l'enfant et je perds mon contact privilégié avec lui. À propos des berceuses, je dirais que ma mère Annette Labranche avait une voix bien supérieure à la mienne. Elle chantait régulièrement en solo aux mariages. Un de mes plus chers souvenirs est de l'entendre chanter :

« C'étaient deux amants, qui rêvaient d'amour lointain (bis) »

« Ils s'en sont allés au pays des exilés (bis) », alors que j'étais couché dans ses bras, à l'âge de quatre ou cinq ans dans la vieille chaise berçante du fumoir, à Portneuf. Je m'endormais après deux ou trois répétitions de cette berceuse.

C'est ma chanson préférée à l'induction par inhalation chez les enfants. La berceuse *C'est la poulette grise* arrive bonne deuxième. J'ai rarement le temps de chanter plus de trois couleurs de poulettes !

À La Tuque, en mission, comme dirait mon ami le docteur J-J. Gélinas, j'anesthésie un jeune Indien pleurnichard et très agité. Je commence à chanter ce refrain scout :

« Ging Gang Go, Légo Légo Noska, Ging Gang Go, Ging Gang Go » (bis)

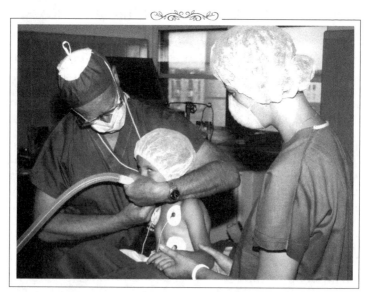

Induction
par inhalation en anesthésie pédiatrique.

« Héla ! Héla chalma ! Héla chalma hélaho » (bis)

« Chilibic, Chilibic, Chilibic. Oumba, Oumba, Oumba... WACK ! »

L'enfant se calme aussitôt.

De retour à ma chambre d'anesthésiste, je dis à ma compagne José que j'ai chanté en indien pour anesthésier un jeune autochtone. José est émerveillée. « Je savais que tu parlais français, anglais et espagnol, mais j'ignorais que tu parlais indien ! Mais au fait, es-tu bien certain que c'est en indien ? »

Je lui réponds : « Je vais aller rencontrer les parents pour le savoir ! » Après avoir chanté ce refrain à la mère, elle m'avoue candidement n'y rien comprendre. « Peut-être que c'est de l'ancien indien », me dit-elle. Je ne parle donc pas l'indien !

Un jour, une infirmière des soins intensifs me demande d'anesthésier son jeune fils pour amygdalectomie. Elle désire assister à l'induction. J'acquiesce avec plaisir. En retour, je lui demande les paroles de *Passe-Partout*, chanson fétiche de son fils. À l'induction, je chantonne :

« Passe-Montagne aime les papillons,

Les souliers neufs et les beaux vestons,

Passe-Carreau culbute, saute et tourne en rond

Où sont mes amis ? Ils sont ici. Ils sont ici. Ils sont ici. »

Succès bœuf ! Induction sans histoire.

À l'induction des enfants, comme les mères qui endorment leurs bébés, j'ai l'habitude de bercer les enfants en position assise et plus ou moins rapidement selon le rythme de mes berceuses. Pendant que l'Halothane autrefois, et le Sévoflurane maintenant, s'engage entre mes mains servant de masque, en quelques secondes le sommeil survient. C'est alors que la mère, satisfaite, quitte la salle et que je procède à l'intraveineuse et à l'intubation trachéale le cas échéant. Avec un léger sourire, je dis solennellement : « Un autre miracle de l'anesthésie moderne ! »

L'ANALGÉSIE EN ANESTHÉSIE

L'entraînement donné à l'Hôtel-Dieu de Québec par les docteurs F. Hudon et A. Jacques dans les années 50 comporte un volet intéressant sur l'analgésie en douleur chronique. Les diverses techniques d'infiltrations avec anesthésiques locaux nous sont enseignées. J'aime cette facette de l'anesthésie et je m'y applique dès le début de ma pratique à Trois-Rivières.

Je pratique des blocs stellaires, des péridurales thérapeutiques, des blocs nerveux sus-épineux, sus-orbitaires ou du nerf d'Arnold, etc.

Avec l'arrivée du docteur Vincent Dubé en 1976, nous décidons de pratiquer des blocs veineux à la Guanéthidine, principalement comme traitement de la dystrophie sympathique réflexe aux membres supérieurs ou inférieurs. Quelques mois après le départ du docteur Dubé pour aller pratiquer aux États-Unis, un patient présente un infarctus du myocarde le lendemain d'un bloc à la Guanéthidine.

Les cardiologues incriminent ce bloc dans la genèse de l'infarctus. Il s'agit, à mon avis, d'une accusation gratuite mais qui affecte à tel point l'anesthésiste concerné qu'il décide, suivi des autres membres du département, de ne plus faire de blocs à la Guanéthidine. Je suis convaincu que l'accident est pure coïncidence et que cette approche thérapeutique rend service à beaucoup de patients. Comme nous formons un groupe unifié (*pool*), je demande aux autres membres du département l'autorisation de continuer seul à faire ces blocs thérapeutiques. Permission accordée ! Les demandes de consultation augmentent rapidement, au point où je dois faire un ou deux blocs à la Guanéthidine presque quotidiennement. Cela représente pour moi un surplus de travail important. Comme les revenus générés par ces blocs thérapeutiques appartiennent au groupe, il est accepté au sein du département d'anesthésie de me libérer des autres infiltrations thérapeutiques pour mieux équilibrer le travail entre tous les anesthésistes.

Au cours de ces années, j'ai fait plus de 500 blocs à la Guanéthidine sur environ 150 patients. Disons que cette voie d'approche dans le traitement de la dystrophie sympathique avait ses détracteurs et ses protagonistes. Étant le seul à faire ces blocs à Sainte-Marie, même dans mon département, il y avait des sceptiques. Un de mes confrères anesthésistes peu croyant..., ayant subi un échec dans un cas de dystrophie sympathique évident après quinze blocs stellaires, me demande en consultation pour des blocs à la Guanéthidine. Quasi-miracle... Après trois blocs survient une amélioration majeure. Comme je le disais aux patients, les blocs à la Guanéthidine ne sont pas miraculeux, mais ils diminuent au moins de moitié le temps requis pour la guérison d'une dystrophie carabinée. Ces blocs sont encore populaires aujourd'hui, même si cette technique est une grande consommatrice de temps.

Le souci de traiter la douleur chronique, souvent difficile à juguler, m'a rendu intolérant vis-à-vis la douleur aiguë postopératoire, plus facile à maîtriser. C'est l'utilisation de l'Alfentanyl i.v., en salle de réveil à raison de 7 à 10 mg/kilo qui m'a donné le plus de satisfaction. Lorsque je suis assuré que le narcotique est rendu dans la circulation du patient, je lui indique sur ma montre l'endroit où se trouve la trotteuse, et je lui dis : « Lorsque la trotteuse sera revenue au point de départ, votre douleur sera disparue. » Le patient fixe ma montre. Dans 90 % des cas, le miracle s'accomplit et le patient sourit. Puis j'administre de la morphine i.v. qui prendra la relève de l'analgésie lorsque l'effet de courte durée de l'Alfentanyl sera passé.

À cause de mon algophobie — aversion à la douleur —, et de mes succès avec l'Alfentanyl, les infirmières de la salle de réveil m'appellent « l'anesthésiste anti-douleur ! ». Chères amours !

L'HÔPITAL UNIQUE

En 1982 prend fin la discrétion journalistique sur les supposées guerres intestines entre les médecins des deux hôpitaux. Ils reviennent à la charge et montent en épingle les divergences d'opinion sur le développement de la médecine dans les deux hôpitaux.

Ceci fait l'affaire des décideurs gouvernementaux et leur permet de retarder de nouveau les immobilisations requises aux soins électifs et d'urgence à Trois-Rivières.

Las de cette situation, les médecins des deux hôpitaux, secondés par leurs conseils d'administration et le Centre régional de santé et de services sociaux (CRSSS), s'entendent pour favoriser un hôpital unique à Trois-Rivières, soit à Sainte-Marie ou à Saint-Joseph.

L'argument de mésentente entre les médecins ne tient plus. Mais le ministre des Affaires sociales, le docteur Camille Laurin, s'oppose à cette idée d'hôpital unique.

Il choisit plutôt, dans son désir de régionalisation, l'idée d'hôpitaux complémentaires, c'est-à-dire l'ophtalmologie, l'oto-rhino-laryngologie, l'urologie, la cardiologie, la pneumologie, la néphrologie, la médecine générale, la rhumatologie, la gastro-entérologie, la dermatologie et la chirurgie vasculaire à Saint-Joseph, alors que la neurologie, la neurochirurgie, la pédiatrie, la traumatologie, l'endocrinologie, la gynécologie, l'obstétrique et la psychiatrie seraient à Sainte-Marie.

Il ne pouvait trouver une solution plus sujette à remettre la balle au milieu des deux camps médicaux, qui ont déjà opté pour l'hôpital unique.

À la suite de l'imposition unilatérale par le ministre Laurin du concept d'hôpitaux complémentaires le 10 août 1984, de nombreux articles paraissent dans *Le Nouvelliste* et *L'Actualité médicale* pour fustiger cette prise de position. Le docteur Yvon Dontigny, alors président du C.M.D.P. de Sainte-Marie, exprime « sa grande déception et l'amertume de ses collègues face à la décision ministérielle ».

Dans *L'Actualité médicale*, les docteurs Dontigny et Michel Neveu, deux grands protagonistes de l'hôpital unique, dénoncent l'hôpital complémentaire et à défaut d'un hôpital unique, ils exigent deux hôpitaux complets.

Dans *Le Nouvelliste*, l'astuce du ministre Laurin pour diviser à nouveau les médecins est vertement condamnée par le docteur Louis Germain, alors chef du département de chirurgie à Sainte-Marie.

Le lendemain, dans la tribune libre, le docteur Jean Albert, anesthésiste, s'inquiète sérieusement de l'avenir des anesthésistes de Sainte-Marie, car leur travail se limiterait à l'anesthésie pour la traumatologie et l'obstétrique, deux spécialités où l'urgence, de jour et de nuit, devient l'activité quasi exclusive.

Le docteur Michel Neveu, ophtalmologiste, écrit que deux hôpitaux complémentaires ouvriront la porte à « un véritable nid à chicane et que le recrutement de jeunes spécialistes y sera très difficile ».

Il considère « le 10 août 1984 comme un triste jour dans l'histoire des soins de santé pour la région trifluvienne ».

Dans un autre article du *Nouvelliste*, le docteur Jean-Jacques Gélinas, endocrinologue, qualifie la décision de « concept dépassé, véritable non-sens, principe abandonné depuis longtemps en France ». Il estime qu'à défaut d'hôpital unique comme premier choix, « le deuxième choix serait deux hôpitaux complets plutôt que deux demi-hôpitaux ».

Puis le docteur Guy Morin, gastro-entérologue et chef du département de médecine à Sainte-Marie, s'oppose fermement, le 12 septembre 1984, à revenir à la case départ rejetée en 1982 et craint de voir deux demi-hôpitaux « devenir un genre de CLSC entre Québec et Montréal ».

Enfin, toujours en septembre 1984, dans une lettre ouverte au *Nouvelliste*, à mon tour, je reprends les arguments de mes confrères pour réclamer « ...un hôpital unique : solution idéale à cette fameuse obsession de la régionalisation. Sinon : deux hôpitaux complets. Deux hôpitaux complémentaires seraient comme si on demandait aux gens de chez nous d'envoyer leur crâne à Sainte-Marie et leur ventre à Saint-Joseph…» Je ne comprends pas pourquoi « nous ne mériterions pas deux hôpitaux complets alors qu'il y en a quatre à Sherbrooke ».

Très peu d'articles signés par les médecins de Saint-Joseph paraissent dans *Le Nouvelliste*. En fait, la distribution des services aux deux centres hospitaliers satisfait les médecins de Saint-Joseph.

« Sainte-Marie aurait l'urgence, l'obstétrique et la neurochirurgie, alors que nous aurions la plupart des autres spécialités, y compris la cardiologie avec une option pour la chirurgie cardio-thoracique à venir », se disent-ils.

Le CRSSS, qui avait donné son appui inconditionnel à l'hôpital unique, « change son capot de bord » et donne son accord de principe au plan Laurin. (*Le Nouvelliste*, septembre 1984)

La compétition reprend de plus belle, à la grande satisfaction du Ministère. Les deux hôpitaux se retrouvent de nouveau obligés de « tirer sur la couverte » chacun de leur côté.

Sous la direction du docteur Yvon Périgny, chef du département de chirurgie, les médecins de Saint-Joseph doivent faire la grève pour obtenir la rénovation de leur bloc opératoire construit en 1939.

À Sainte-Marie, l'urgence est à la salle d'urgence…

Alors que le 10 août 1984, le concept de l'hôpital unique à Trois-Rivières devait subir un enterrement de première classe, diacre et sous-diacre par le ministre Camille Laurin, ce concept a continué à germer sous terre.

En effet, après de nombreuses discussions entre les intervenants de Trois-Rivières et du Ministère, il a été décidé de revenir à l'idée d'un hôpital unique, et ce, sur le site de l'Hôpital Sainte-Marie.

On a donc procédé dans un premier temps au transfert de plusieurs services médicaux et chirurgicaux de l'Hôpital Sainte-Marie vers l'Hôpital Saint-Joseph pour faciliter à Sainte-Marie la construction de l'unité d'oncologie et du bloc opératoire ainsi que la relocalisation de plusieurs services médicaux et administratifs.

En décembre 2004 a eu lieu le rapatriement de la salle d'urgence et de la plupart des services médicaux du centre hospitalier Saint-Joseph vers le nouvel hôpital unique sur le site de l'Hôpital Sainte-Marie, qui prend le nom de Centre hospitalier régional de Trois-Rivières (C.H.R.T.R.).

Si nous étions en 1940 alors que tous les centres hospitaliers portaient des noms de saints, ce nouvel hôpital se nommerait sûrement l'Hôpital de l'Enfant-Jésus de Trois-Rivières et ses parents l'Hôpital Sainte-Marie et l'Hôpital Saint-Joseph en seraient fiers...

Le bon sens a prévalu et les efforts de tous les intervenants des années 80 associés au travail de tous les décideurs des années 90 n'ont pas été vains.

SAGA DU BLOC D'URGENCE À SAINTE-MARIE

80 % de mes activités comme président du Bureau médical de Sainte-Marie en 1985 et 1986 ont été centrées sur « l'urgent déblocage du bloc d'urgence... ».

Cette véritable saga politique a eu deux épisodes particulièrement aigus, soit à l'automne 1985 et à l'été 1986.

Les problèmes majeurs de débordement aux salles d'urgence de Sainte-Marie sont régulièrement dénoncés dans les médias, par les médecins, les administrateurs et les éditorialistes.

Le 10 septembre 1985, le docteur Raymond Létourneau, généraliste, se plaint des conditions lamentables auxquelles les urgentologues de Sainte-Marie sont astreints.

Depuis plusieurs années, notre plan d'un bloc d'urgence est prêt et discuté avec les autorités du Ministère. De nombreuses promesses nous sont faites ; de nombreuses décisions sont prises puis remises à plus tard.

Nous passons à l'action. J'institue un comité de stratégie. Son porte-parole est le docteur François Bellefeuille et les autres membres sont les docteurs Guy Lafontaine, Guy Morin et Guy Croisetière.

Une pétition de mille noms est signée en un rien de temps et envoyée au Ministère.

Rien ne bouge.

Nous en arrivons aux menaces de grève. Dans un éditorial du *Nouvelliste* le 1er octobre 1985, Claude Bruneau appuie sans restriction notre décision, qu'il qualifie d'ultimatum de la population.

Enfin, le 2 octobre 1985, le ministre annonce une subvention de 14 millions pour les urgences de Sainte-Marie et de Saint-Joseph, dont sept millions pour Sainte-Marie.

« Ceci a permis d'éviter de justesse une grève des médecins à Sainte-Marie », peut-on lire dans les journaux. J'y déclare moi-même : « La marmite aurait tout simplement sauté si la subvention n'avait pas été annoncée... »

Toutefois, monsieur Chevrette, voulant probablement nous narguer, déclare : « Je n'ai nullement cédé au chantage, je n'ai fait que suivre le processus normal de négociation… » Mais nous, nous savons bien qu'à la suite d'une grève à Saint-Joseph pour la rénovation du bloc opératoire, la menace d'une nouvelle grève a eu un impact majeur deux mois avant les élections !

Le 22 octobre 1985, même si j'ai peur à un ballon politique, je déclare dans *L'Actualité médicale* que « nous avons eu gain de cause ».

La première étape est terminée. Tout est réglé ? (!)

En décembre 1985 ont lieu les élections. Robert Bourassa est élu et le Parti libéral refuse d'accepter les décisions de l'ancien ministre Chevrette. Énième retour à la case départ et la situation de l'urgence à Sainte-Marie se dégrade toujours.

Le 19 février 1986, le docteur Yves Parent, directeur des services professionnels (DSP), déplore dans *L'Actualité médicale* la situation chronique intenable de l'urgence à Sainte-Marie.

Le 22 février 1986, dans *Le Nouvelliste*, Claude Masson intitule son éditorial : « Urgence… aux urgences ».

Puis le docteur Gilles Vincent, urgentologue à Sainte-Marie, écrit : « Urgence : vent de panique ».

Le 28 février 1986, je soumets à la nouvelle ministre, madame Thérèse Lavoie-Roux, tout le dossier des études, démarches et décisions antérieures reliées à la construction de notre bloc d'urgence. Tergiversations et immobilisme au ministère des Affaires sociales (MAS).

Le 14 mai 1986, j'obtiens une entrevue à Québec avec madame Roux, pour discuter de notre bloc d'urgence avec notre président du conseil d'administration, André Brousseau et le directeur général de l'hôpital, Mathieu Vaillancourt. Elle nous assure le décret de conception du bloc d'urgence avant le 15 juin.

Le 15 juin : encore aucune réponse... Le 16 juin 1986, à titre de président du Bureau médical, j'adresse une lettre à madame la ministre, en lui rappelant ses promesses du 14 mai...

Madame la ministre nous répond qu'elle débloque 2,8 millions de dollars pour remédier aux problèmes d'engorgement des urgences dans les deux hôpitaux trifluviens au lieu des 15 millions de dollars requis.

Dans *L'Actualité médicale* du 23 juillet 1986, avec le CRSSS et les administrations hospitalières, nous continuons à exiger pour Saint-Joseph la construction de l'unité de gériatrie active et du bloc d'urgence pour Sainte-Marie.

Devant la menace de mettre à exécution notre échéancier de retrait des services, soit :

1) Le lundi 18 août 1986, à 8 heures : fermeture de la salle d'urgence et des cliniques externes, du service de cardiologie et de l'obstétrique.

2) Le mercredi 20 août s'ajoute aux fermetures du 18 août la fermeture du bloc opératoire, des laboratoires, de la médecine interne, de la pédiatrie, de la radiologie, de la dentisterie et de la santé communautaire.

... le 14 août, je suis convoqué au bureau de la ministre. Je m'y rends avec les quatre membres de mon comité de négociation. La secrétaire de la ministre m'avertit que madame Roux veut me rencontrer seul, c'est-à-dire sans les membres de mon comité.

Je réponds : « Dites à madame Roux que si mes confrères ne m'accompagnent pas, je retourne à Trois-Rivières... » Madame Roux acquiesce à ma demande.

En entrant dans la salle de réunion, je constate ce que j'avais anticipé : dix technocrates à dossier épais sont présents pour seconder madame Roux.

Je présente mes revendications et à cinq médecins, nous confondons les dix technocrates de madame Roux, ce que je n'aurais certes pas pu faire seul. Cinq contre dix, ça va, mais seul contre dix, je suis battu !

Nous sortons de la réunion avec la promesse de la mise à exécution immédiate de notre projet de construction du bloc d'urgence.

Mais la ministre, dans une lettre à André Brousseau, assujettit sa décision à l'obligation d'atteindre l'équilibre budgétaire.

Après des négociations intensives, nous acceptons de suspendre pour 24 heures l'arrêt de travail prévu pour permettre à la ministre et au CRSSS de trouver une solution immédiate au problème d'engorgement à l'urgence par l'ajout de lits, et pour avoir l'assurance que l'équilibre budgétaire n'affecterait pas les services aux malades. La situation traîne en longueur et nous sommes obligés de mettre à exécution notre plan de grève.

Après quatre heures de retrait de services à l'urgence, le 19 août, toutes nos attentes sont comblées et nous reprenons le travail.

Par une grève de quatre heures, rendue obligatoire par un blocage gouvernemental systématique, nous terminons cette saga du bloc d'urgence à Sainte-Marie pour le moment...

Un loustic a dit...

Un loustic a déjà dit que le droit mène à tout, pourvu qu'on en sorte...

Pour le parodier, je dirai que l'anesthésie mène à tout, même sans en sortir...

En effet, pendant la pratique de ma spécialité, je suis amené à occuper temporairement deux postes de responsabilité médicale. En plus de la présidence du Bureau médical en 1972, 1985 et 1986, de la chefferie en anesthésie de 1959 à 1969, de la présidence de nombreux comités du C.M.D.P, de la vice-présidence de l'A.A.P.Q. en 1972-1974 et de ma nomination comme délégué du C.M.D.P au conseil d'administration de l'Hôpital Sainte-Marie, j'ai été chef du département de chirurgie par intérim et DSP pendant trois semaines.

Entre le décès du docteur Maurice Duhaime et la nomination du docteur André Martel au poste de chef du département de chirurgie, je suis nommé par intérim chef de chirurgie. Sans abuser de l'autorité qui m'est alors conférée, j'en profite pour demander à un chirurgien de se soumettre à un règlement que je tentais vainement et depuis longtemps, à titre personnel, de lui faire appliquer. Tout se passe dans le respect mutuel avec la main de fer recouvrant mon gant de velours...

En 1972, pendant ma première année à la présidence du C.M.D.P., le docteur Yves Parent, DSP, prend des vacances de trois semaines au Portugal et je suis mandaté par le conseil d'administration pour le remplacer. Le syndicat des employés de l'hôpital déclenche une grève générale et le conflit s'envenime. Lors d'une période de négociation où le C.A. et l'exécutif syndical discutent dans deux bureaux séparés par le corridor du deuxième « A », je deviens le porte-parole du C.A. J'apporte au syndicat les exigences du C.A. pour éviter l'injonction. J'avise le chef syndical que ces conditions sont l'ultime position du C.A. Si on refuse, c'est l'injonction. Le syndicat refuse et la décision de l'injonction est prise sur-le-champ, au grand désappointement du chef syndical, qui croyait à une stratégie de la part du C.A.

Pendant ce conflit, j'agis surtout en pacificateur. J'apporte le cognac dans la roulotte syndicale pour offrir à mes amis, infirmiers et préposés, une potion calmante des passions et des émotions...

Je convaincs un infirmier de la salle d'opération que je respecte particulièrement de ne pas donner suite à son projet de faire sauter le centre hospitalier à la dynamite. Je lui soumets amicalement que ce sentiment destructeur détruira aussi sa propre vie et qu'en prison, il ne pourra plus procéder à son mariage prévu dans quelques mois. Même si sa rage est grande, la considération qu'il me porte et mes arguments réussissent à le calmer. Après le règlement du conflit, il m'en remerciera sincèrement.

Durant cette grève, je dois aussi tempérer certains de mes confrères, qui ont tendance à harceler les piqueteurs.

Cette expérience de négociateur et de pacificateur ne m'a pas déplu. Et le C.A. m'a récompensé en m'offrant après le règlement du conflit un fusil de calibre « 12 » automatique, de marque Whetherby Magnum, de belle valeur, à la suggestion de mon ami le docteur Jean Albert. J'ai toujours cru que cette arme se voulait un cadeau au chasseur que je suis... plutôt qu'un rappel de la violence liée au conflit syndical !

LA VISITE PRÉANESTHÉSIQUE

Avant l'ère du court séjour, de la chirurgie en externe, de l'anesthésie ambulatoire, de la chirurgie d'un jour ou du virage ambulatoire — ce sont tous des synonymes —, la plupart des anesthésies sont faites pour des patients hospitalisés. Il est donc, en cette période, de bonne tenue professionnelle que l'anesthésiste rende au patient une visite préanesthésique la veille de l'opération. Idéalement, l'anesthésiste devrait voir lui-même les patients qu'il aura à anesthésier le lendemain.

Sauf dans les centres de chirurgie spécialisés, 80 % des patients à anesthésier électivement sont de classe 1 dans la classification de l'American Society of Anesthesiologists (A.S.A.). Qu'il y ait ou non visite pour ces patients en bonne santé a peu d'incidence clinique. Toutefois, sur le plan psychologique, c'est souvent le jeune patient en excellente condition physique et pour lequel la chirurgie prévue est peu extensive qui a le plus besoin d'explications sur l'anesthésie et de support psychologique.

Si j'anticipe un tant soit peu d'anxiété chez un patient lors de ma visite, je tiens à le rassurer et à le faire rire si possible. Après mon questionnaire et mon examen, avant de le quitter, je lui serre la main en disant : « Sentez-vous passer la confiance ? », en indiquant de ma main gauche le chemin emprunté par la confiance pour se rendre jusqu'à lui..., soit de mon épaule droite vers son épaule droite en arrêtant mon index à la fourchette sternale. Deux types de réactions à ce geste sont possibles. Certains patients me disent carrément : « Oui Docteur ! », en me regardant dans les yeux comme si un courant divin venait de passer dans tout leur être ! À ce moment, je n'insiste pas et je n'ai qu'à dire : « Ne soyez pas inquiet, je vais m'occuper de vous demain matin. » La plupart du temps, les réactions à ce passage de la confiance, surtout si j'esquisse un léger sourire, est un rire franc. La détente désirée envahit alors le patient. Lorsqu'une infirmière en salle d'opération veut savoir si le patient a déjà été examiné par moi, elle lui demande : « Est-ce que le docteur Boivin vous a fait passer la confiance hier ? »...

Quand un patient très anxieux me demande s'il peut mourir de l'anesthésie, je lui réponds : « En fait, personne n'est assuré d'être en vie dans deux heures. Mais dans votre cas, demain les risques sont moins grands de mourir d'anesthésie ou de chirurgie que de traverser la rue des Forges à l'heure du trafic... » Cette comparaison tranquillise habituellement le patient, surtout s'il n'a pas peur du trafic !

Bien entendu, j'insiste régulièrement sur la moins grande toxicité des nouveaux produits utilisés en anesthésie et sur les grands développements du monitorage en anesthésie. Lors de cette visite, il m'arrive de demander des examens additionnels de laboratoire ou de radiologie qui, si jugés essentiels, peuvent retarder d'une journée la chirurgie. Quelquefois, une consultation préopératoire est demandée en cardiologie, en neurologie ou autre spécialité médicale si elle est jugée utile à ma conduite anesthésique.

Je me souviens d'une dame Laflamme que j'examine la veille en vue d'une néphrectomie droite. Cette patiente est référée à l'urologue pour douleur sous-costale droite. À l'auscultation pulmonaire, je constate un murmure vésiculaire complètement aboli à la base pulmonaire droite. Je demande une radiographie pulmonaire, en disant à la patiente qu'elle ne sera peut-être pas opérée le lendemain si mon diagnostic d'épanchement pleural est confirmé par la radiographie. Effectivement, la radiographie confirme mon diagnostic et cette patiente n'a jamais été opérée pour son rein ! Selon cette patiente, rencontré en mai 1999 à Magog, lors d'une fin de semaine de bridge, je lui aurais sauvé la vie ! « Il ne faudrait pas exagérer, lui dis-je, mais je vous ai sûrement sauvé un rein ! »

ÉDUCATION MÉDICALE CONTINUE (É.M.C.)

Selon moi, un médecin qui ne se ressource pas est dépassé après cinq ans. Quels sont donc les modes de ressourcement susceptibles de maintenir un anesthésiste à jour ?

Évidemment, le plus facile est la lecture des revues médicales spécialisées canadiennes, américaines ou européennes. De ces lectures naissent les clubs de lecture, où sont présentés chaque semaine des résumés d'articles. Personnellement, je lis toutes mes revues, mais de tels clubs de lecture n'ont existé que sporadiquement à Sainte-Marie en anesthésie.

La présentation scientifique lors de nos réunions départementales s'inspire de cas cliniques enrichissants.

Les soupers ou dégustations de vins et fromages offerts par les compagnies pharmaceutiques aident à nous renseigner sur les nouveaux produits utilisés en anesthésie en nous faisant profiter des connaissances de conférenciers universitaires. L'aspect social et gastronomique n'est pas non plus à dédaigner même si souvent, d'autres professionnels en sont jaloux... J'en suis un amateur assidu. Une polémique, au début de 2001, a mis en cause cet aspect de l'É.M.C. Mon opinion est assez claire sur ce sujet. Quant aux soupers-conférences payés par une compagnie pharmaceutique qui présente un nouveau produit en relation avec le thème de la conférence, je suis parfaitement d'accord. Bien sûr, l'objectivité du conférencier est primordiale et tel est habituellement le cas. Pour ce qui est des voyages toutes dépenses payées, associés au ski ou à la plage, il m'apparaît que la pression subie par les médecins est anormale et que les coûts sont exagérés. Un sentiment de dette peut facilement être ressenti par le médecin et influencer sa pratique.

Assister aux congrès est très important pour maintenir nos connaissances sur la recherche en anesthésie, les sciences de base, les nouveaux produits pharmaceutiques et les divers appareils reliés à l'anesthésie. Le nombre de congrès auxquels j'ai assisté est environ un à deux par année de 1960 à l'an 2003, soit plus de 60 congrès.

Les cours postgradués doivent faire partie de notre É.M.C. Vers 1975, je participe au « refresher course » de McGill en anglais. Il m'est difficile de comprendre parfaitement certains conférenciers avec un accent spécial ou une élocution très rapide. Mais tout compte fait, je mémorise à nouveau un tas de notions de base et j'apprends beaucoup de nouvelles techniques.

Quelques années plus tard, avec mon confrère le docteur Jean Albert, je participe à un cours sur l'É.C.G. à Toronto.

Les abonnements mensuels aux cassettes audio et vidéo commentées par des universitaires reconnus sont des moyens d'É.M.C. utilisés par beaucoup de spécialistes.

Depuis plusieurs années, j'assiste annuellement à la journée d'É.M.C. de l'A.A.P.Q., à Québec ou à Montréal. De tous les outils mis à notre disposition pour parfaire notre É.M.C., le stage en salle d'opération avec des anesthésistes de centres universitaires est celui que j'ai toujours privilégié.

En 1964, par l'intermédiaire du docteur Marianne Martel, anesthésiste de notre département, et de son mari le docteur André Martel, chirurgien général, je passe une semaine à Boston où je suis attendu par le docteur Morris Nicholson. Il est un ami intime des Martel et chef anesthésiste à la clinique Lahaie. J'y passe une semaine des plus intéressantes.

Le lundi, au New-Baptist Hospital, le docteur Nicholson m'amène avec lui pour une série de dix électrochocs. À chacun des électrochocs, le docteur Nicholson utilise une technique différente pour impressionner son jeune collègue canadien...

Le lendemain, je suis au New-Deaconness Hospital. Le mercredi, le docteur Nicholson me prend un rendez-vous au Peter Bent Brigham Hospital, où un grand manitou de l'anesthésie américaine m'attend : le docteur Leroy Vandam. Il me fait visiter son département d'anesthésie. J'assiste à une péridurale faite par un résident. Je vois bien qu'il n'a pas mon expérience... J'assiste quand même en spectateur intéressé.

Je suis surtout surpris par la présence du cyclopropane, gaz explosif qui est disparu de nos salles d'opération grâce à mon article sur l'élimination des risques d'explosion en anesthésie, publié dans le *Journal* de l'Association canadienne des anesthésistes. Évidemment, les Américains n'ont pas lu cet article écrit par un jeune Québécois prétentieux ! De plus, comme ce produit est encore largement utilisé à cette période aux États-Unis, le système du docteur Vandam, pour porter à terre toutes les charges électrostatiques susceptibles de s'accumuler en salle d'opération, est très sophistiqué : planchers conducteurs, ohmmètre placé à l'entrée de chaque salle d'opération, couvre-chaussures conducteurs obligatoires, mise à la terre de tous les appareils, incorporation de graphite conducteur dans les ballons, masques, tuyaux d'anesthésie et enfin de nombreux avis de mise en garde contre les explosions. Je trouve cela très beau, mais en moi-même, je réalise que nous avons trois ans d'avance sur ce sujet.

Le jeudi commence par un cours théorique à la clinique Lahaie à sept heures. Puis je passe la journée en salle d'opération avec d'autres anesthésistes de la clinique. Le soir, j'assiste à la première de *My Fair Lady*, comédie musicale très drôle, selon les rires de l'assistance... Anglais difficile à comprendre ou connaissance inadéquate de la langue ? Je n'ose répondre. De toute façon, je ne comprends pas un traître mot, mais je ris quand même toute la soirée d'entendre rire les autres...

Le vendredi, j'ai un rendez-vous au Mass General Hospital avec le docteur Bendixen, ami du docteur Nicholson. C'est un anesthésiste en recherche et dès mon arrivée dans son laboratoire, il est déjà à travailler sur un chien. Une thoracotomie a été faite pour placer des électrodes sur le myocarde. Il étudie l'action du pentothal sur le myocarde du chien. À sa demande, je me brosse les mains et m'habille stérilement pour l'assister pendant trois heures. Un an plus tard, je lis dans une revue américaine d'anesthésie l'article de ce chercheur, qui expose les conclusions de sa recherche. Un oubli, sans doute... Mon nom n'apparaît pas dans l'article comme collaborateur...

L'après-midi se passe dans les salles d'opération du « Mass General », avec des anesthésistes chevronnés.

Semaine magnifique sur le plan scientifique. Certes, quelques techniques m'apparaissent dépassées, mais les échanges d'idées avec plusieurs anesthésistes d'écoles très variées me seront utiles pendant plusieurs années.

À Toronto, par l'intermédiaire du docteur Jean-Claude Martin, chef résident en orthopédie au St. Michaels Hospital, je passe quelques jours en anesthésie dans les salles d'opération de cet hôpital. Jean-Claude et son épouse sont très gentils pour moi. Il me rend vite familier avec les anesthésistes de cet hôpital.

À Québec, c'est avec le docteur André Grenier de l'Hôpital Saint-Sacrement et le docteur Laurent Marceau de l'Enfant-Jésus que je me permets certains jours de rafraîchissement en anesthésie.

Je ne dois pas oublier non plus l'Hôpital Notre-Dame de Montréal, où travaillait mon ami le docteur Rosario Denis. J'y canule ma première sous-clavière, et je passe avec lui plusieurs journées dans les salles d'opération.

Mais l'endroit par excellence où je fais au moins huit stages d'une semaine à même mes vacances pour rafraîchir mes connaissances est l'Institut de cardiologie de Montréal. Les docteurs Bernard Payment, Jean-Guy Maillé, Marcel Boulanger et Jean Taillefer m'y ont toujours reçu avec empressement. C'est là que très tôt je place mes premières canules artérielles et mes premières jugulaires internes. Les discussions intéressantes avec ces anesthésistes universitaires me sont toujours très utiles. À mon avis, ces stages de résidents valent, pour moi, plus que bien des congrès. Le soir, je lis mes bouquins dans ma petite chambre de résident sans fenêtre et à sept heures, je suis aux soins intensifs pour voir l'évolution des opérés de la veille avant de retourner en salle d'opération pour huit heures.

Je visite quelquefois l'Hôpital Royal Victoria avec le docteur Germain Houle et le Montreal Neurological Institute (M.N.I.) avec le docteur David Trop. Les points de vue de ces anesthésistes amis et de formation anglo-saxonne m'aident à avoir des vues plus universelles de ma spécialité.

Lorsqu'un anesthésiste en a l'opportunité, un autre moyen de parfaire son É.M.C. est de participer à des études multicentriques. En raison de mon intérêt connu pour les produits d'élimination rapide en anesthésie ambulatoire, les Laboratoires Janssen me demandent de participer à une étude sur l'Alfentanyl (Alfenta) avec 49 confrères d'hôpitaux canadiens. On me demande d'étudier des cas de ligature tubaire selon un protocole défini par la compagnie en utilisant l'Alfenta. J'exécute ce travail et nous sommes convoqués au Hilton de Québec le 2 octobre 1988 pour présenter nos résultats. Le photographe est là… Nous sommes neuf anesthésistes de la province de Québec. Le docteur Luc Perreault préside le symposium. Les autres participants sont les docteurs André Grenier, Jean-Pierre Baribeault, Jean-Pierre Tétreault, Hugues Germain, Jean-François Hardy, Claude Goulet et René Truchon. Les conclusions de notre symposium n'ont jamais été publiées ! Je crois que nos résultats étaient voisins de ceux publiés dans les symposiums de Vancouver, de Calgary et de Toronto. La compagnie n'a probablement pas voulu publier une quasi-répétition. Malgré tout, la préparation de cette mini-conférence m'a amené à étudier à fond l'Alfenta, qui m'a servi quotidiennement en anesthésie par la suite. La présentation de conférences à des congrès, en raison de la réflexion et des lectures requises pour ce genre d'activité, a été pour moi un excellent mode d'É.M.C. Je me souviens entre autres d'avoir présenté à Montréal, à un congrès de l'A.A.P.Q, un travail sur « La spirométrie simplifiée », qui a par la suite été publié dans le *Mauricien Médical*.

À Québec, j'ai présenté vers 1986 à un autre congrès de l'A.A.P.Q, « 500 cas de bloc à la guanéthidine dans la dystrophie sympathique ». J'ai repris ce travail pendant une heure devant 125 techniciennes en thérapie de réhabilitation réunies en congrès à Québec. Pendant ma conférence, j'ai souvenance d'avoir demandé à l'auditoire, après trente minutes : « Levez-vous, vous êtes sûrement fatiguées de la position assise. Nous allons maintenant faire ensemble quelques mouvements de la technique Boivin… À ne pas confondre avec la technique Nadeau ! » Pendant quelques minutes, je leur fais prendre des respirations profondes associées à des mouvements de contraction-relaxation de la musculature des membres supérieurs et inférieurs. Toutes souriantes et détendues, elles sont prêtes à m'écouter pendant une autre demi-heure. Après ma conférence, je constate avec plaisir que Johanne Lafrenière, fille de mon ami Jean et Francine Gélinas, fille de mon autre ami Jean-Jacques, étaient présentes et qu'elles ont bien apprécié mon exposé. J'espère qu'elles vont le dire à leur père !

Mes deux conférences données à Paris sur l'anesthésie ambulatoire m'ont aussi obligé à revoir toute la littérature sur ce sujet et ont contribué à parfaire mes connaissances médicales. Une autre voie d'É.M.C. accessible à peu d'anesthésistes est d'agir comme correcteur aux examens de la Corporation ou du Collège Royal. Pendant quatre ans, soit avec le docteur Henri Durant ou le docteur Marcel Boulanger, je suis mandaté comme correcteur aux examens du certificat du Collège Royal en anesthésie. Cette responsabilité m'oblige à présenter chaque année mes suggestions aux deux examens écrits, du genre essai. Je dois de plus maîtriser parfaitement les réponses aux questions retenues par le comité après avoir consulté toute la littérature pertinente et les *texbooks* sur ces sujets. Expérience enrichissante sur le plan scientifique. À l'écrit, si le candidat est faible et que sa note est sous la note minimale, je décide qu'il a échoué, sans oublier les conséquences de ma décision et la faiblesse du système d'examen. Le système d'examen à choix multiples établi un peu plus tard m'apparaît plus objectif et plus facile à corriger. À l'examen oral, face au candidat, j'ai peine à le bloquer et je préfère le questionner très longtemps plutôt que de le faire échouer. Cette attitude comporte toutefois des risques. Par exemple, ce candidat que le docteur Boulanger et moi questionnons pendant vingt minutes pour réaliser que ses connaissances sont minimes. Ce candidat doit pratiquer en Ontario et contrairement au Québec, l'Ontario reconnaît le certificat du Collège Royal comme seul examen donnant droit de pratique en anesthésie. Nous décidons donc de continuer le questionnaire plutôt que de conclure à l'échec.

Nous posons des questions de plus en plus élémentaires. Après cinquante minutes d'examen oral, les connaissances du candidat nous paraissent médiocres. Nous décidons de lui octroyer quand même son diplôme un peu malgré nous, en raison de la durée de l'entrevue et des exigences de pratique en Ontario. Quelques mois plus tard, au congrès de l'A.A.P.Q. à Montréal, j'apprends que notre candidat dit à qui veut l'entendre : « Boulanger et Boivin sont des correcteurs dégueulasses et inhumains. Ils m'ont gardé pendant une heure aux derniers examens du Collège Royal.» Je rencontre le jeune anesthésiste au sortir d'une conférence et je lui lance :

– Comme ça, on est des cochons Boulanger et moi ?

– Euh ! euh ! Vous m'avez gardé pendant une heure... Ce n'est pas humain !

– Comment ? Ce n'est pas humain ? On a été trop humains, trop faibles. On aurait dû te faire échouer après quinze minutes d'examen. Mais comme tu avais besoin de ce diplôme pour pratiquer en Ontario, on a continué à te questionner. Les dernières questions, après quarante-cinq minutes, étaient tellement élémentaires qu'un étudiant de première année de médecine y aurait répondu correctement. On a alors décidé de te donner ton diplôme. Tu ne l'as pas gagné... on te l'a donné !

Estomaqué par mon intervention, penaud et confus, le jeune spécialiste venait d'apprendre une vérité crue.

« De plus, lui dis-je, continue à étudier et à lire toutes tes revues, sinon dans un an tu seras un anesthésiste totalement incompétent et dangereux !»

Après quatre ans de correction au certificat du Collège Royal, je démissionne pour deux raisons : d'abord, je crois avoir fait ma part pour mon association. Deuxiè-mement, je veux faire cesser la rumeur voulant que les « bonzes » en anesthésie sont correcteurs à vie, alors que bien des jeunes pourraient prendre la relève...

Si j'ai toujours été attentif à mon É.M.C., j'ai aussi collaboré activement à l'É.M.C. de mes confrères, les praticiens généraux. C'est pourquoi dès 1960, avec la bienveillante approbation du docteur André Pothier, directeur médical d'alors, les docteurs Jean-Charles Matteau, Camille Pellerin et moi-même organisons des cours de perfectionnement pour les praticiens généraux du Centre-du-Québec tous les samedis en matinée. Au premier cours, je parle d'anesthésie obstétricale. Les présences à ces cours, qui se donnent pendant environ six ans, dépassent souvent 120 médecins. Les généralistes viennent d'aussi loin que La Tuque, Saint-Casimir, Louiseville, Arthabaska, Deschambault, Saint-Pierre-les-Becquets, etc. Je me souviens d'un certain samedi où je discours sur un analeptique respiratoire surtout indiqué dans l'intoxication aiguë aux barbituriques. Ce produit s'appelle l'Émivan. Le jeudi précédant ma conférence, mon ami le docteur Maurice Duhaime, chirurgien, installe une dissection veineuse sur un chien de onze livres que j'ai obtenu de la Société protectrice des animaux. Par cette veine ouverte, j'injecte une forte dose de pentothal, j'intube le chien et le ventile manuellement à l'Ambu jusqu'à l'apparition de la respiration spontanée. Cela dure 25 minutes. Une heure plus tard, je reprends l'expérience mais cette fois, après le pentothal, je donne une dose d'Émivan proportionnelle au poids. En cinq minutes, la ventilation spontanée réapparaît.

Fort de cette pratique et armé de la dissection faite par le docteur Duhaime, je présente ma conférence le samedi matin sur l'intoxication aiguë aux barbituriques. Au moment de mon expérience avec le nouvel analeptique, on apporte le chien. Je lui injecte la même dose de pentothal que le jeudi précédent. À cause de cette forte dose, je procède à l'intubation trachéale sans curarisation, au grand émerveillement de la foule ! Je dis à l'auditoire : « Parce que je l'ai expérimenté il y a deux jours, normalement je ventilerais ce patient... pendant 25 minutes. Toutefois, avec l'Émivan, la respiration spontanée reviendra dans cinq minutes. » En attendant le miracle !, qui effectivement se réalise, un médecin me fait cette remarque : « Si ce produit est aussi bon que vous le dites, Docteur Boivin, pourquoi ne pas lui donner du vent complet au lieu de l'Émivan ? » Excellente façon de dérider l'auditoire ! Cette conférence a été suivie d'une publication en français et en anglais sur l'intoxication aiguë aux barbituriques.

Lors de ces cours d'É.M.C. pour les généralistes, j'ai aussi l'occasion de parler de physiologie respiratoire. Au milieu de cette conférence où je discours sur la « compliance pulmonaire », un médecin me demande la définition du mot « compliance ». Je suis un peu surpris, j'hésite et ne parviens pas à énoncer une vraie définition. Au même moment, mon confrère anesthésiste le docteur Jean Albert entre dans la salle de conférences. Je lui demande s'il a en tête la vraie définition. D'un trait, le docteur Albert répond : « C'est l'unité de volume par unité de pression. » Personne n'a compris, mais tous, moi en particulier, sommes très contents d'avoir enfin une réponse catégorique !

Le mot « compliance » est un terme abstrait qui se définit mal, mais qu'avec l'expérience je définirais ainsi : « La compliance pulmonaire est l'état de tonicité de la musculature bronchiolaire qui permet l'accès aux poumons d'un volume d'air déterminé lorsqu'on applique une unité de pression sur cette colonne d'air. » En fait, c'est l'état de souplesse de l'arbre bronchiolaire. Plus la musculature bronchiolaire est souple, plus la compliance est élevée, donc plus le volume d'air qui pénètre dans les poumons est grand lorsqu'on applique une unité de pression sur la colonne d'air de l'arbre respiratoire.

Au temps de ces cours du samedi matin arrivent sur le marché des respirateurs portatifs, petits appareils à pression positive intermittente. Ces appareils sont utilisés à domicile pour des traitements d'inhalothérapie aux insuffisants respiratoires. J'apprends par mes lectures qu'une compagnie de Phoenix en Arizona fabrique un de ces nouveaux appareils appelé le ventilateur « Thompson ». Je téléphone à Phoenix. Je soumets à la compagnie qu'un de ces appareils me serait utile en démonstration lors d'une conférence donnée aux praticiens généraux. Deux semaines plus tard, je reçois aux douanes un colis de Phoenix. Je paie 40 $ pour le dédouanement. Je donne ma conférence en insistant sur l'utilité de cet appareil américain en exposition. L'intérêt pour cette nouveauté est grand, mais je ne connais pas le nombre d'appareils que la compagnie a vendu au Québec à la suite de ma conférence...

Un moyen d'améliorer ses connaissances médicales est de s'astreindre à publier des articles dans les diverses publications mises à notre disposition.

À la suite de mon article publié pendant mon entraînement à l'Hôtel-Dieu de Québec intitulé « Feu et explosions en anesthésie », à mon arrivée à Sainte-Marie, je demeure préoccupé par ce risque de complication en anesthésie. L'Halothane, anesthésique volatil puissant et non explosif, est disponible en anesthésie depuis quelques années et je suis d'avis qu'avec ce produit, on pourrait éliminer les deux sources de feu et d'explosion en salle d'opération, soit l'éther et le cyclopropane. Je soumets mon hypothèse de travail au docteur Dufresne, alors directeur médical adjoint de la compagnie Ayerst, distributrice de ce produit à Montréal. C'est un homme d'affaires doublé d'un humanisme raffiné. Il est intéressé par mon projet. Ses connaissances acquises au sein du comité de rédaction du *Journal* de l'Association médicale canadienne me seront d'une aide précieuse. Avec mes associés les docteurs Roland Hould et Jean Albert, nous comparons une série de 200 anesthésies consécutives où l'éther et le cyclopropane sont exclus du protocole d'anesthésie, avec une autre série de 200 anesthésies consécutives où l'éther et le cyclopropane font partie de l'armamentarium anesthésique. Il n'y a pas plus de morbidité dans une série que dans l'autre. Nous publions donc notre travail dans le *Journal* de l'Association canadienne des anesthésistes, avec comme titre « Élimination des risques d'explosion en anesthésie ». Parmi les nombreux tirés à part requis, je me souviens des douze copies réclamées par l'Hôpital Laval de Québec, où venait de survenir une explosion en salle d'opération.

Pendant mon cours d'anesthésie, je publie dans les *Cahiers* de l'Hôtel-Dieu un article sur un liquide volatil, le Vinéthène. Ce produit aura une vie éphémère...

Dès mon arrivée à Trois-Rivières, je suis intéressé par la prévention et le traitement des complications pulmonaires postopératoires. Au tout début des années 60, j'organise donc le premier service d'inhalothérapie au cœur du Québec. Je travaille fort dans ce domaine de l'inhalothérapie et vers 1970, je suis invité à donner une conférence à l'Université Laval. Mon thème est l'organisation d'un service d'inhalothérapie. Le docteur Paul Hamelin, anesthésiste de l'Hôpital Saint-Joseph et chargé du service d'inhalothérapie de son hôpital, est invité comme moi à donner une conférence lors de ce symposium. Quelques mois plus tard, nos deux textes sont publiés dans le *Laval Médical*. En 1972, un nouvel article sur l'inhalothérapie paraît dans le *Laval Médical*. En comparant les articles du docteur Paul Hamelin et le mien avec le nouvel article sur le même sujet, je constate un cas de plagiat quasi intégral. Mis à part l'introduction, la conclusion et une page de texte, je réalise que trois pages sont intégralement tirées de mon article et qu'une page et demie est une copie littérale de l'article du docteur Hamelin. À ce moment, je suis membre du conseil d'administration de l'A.A.P.Q., en qualité de représentant régional. Lors d'une réunion régulière du conseil d'administration, l'auteur de l'article est assis à mes côtés. Je lui soumets les trois textes en lui disant : « Docteur ! J'ai toujours cru à un grand professionnalisme de votre part. Toutefois, cet article signé par vous est un cas de plagiat éhonté. Je suis très surpris qu'en plus de nous plagier intégralement, vous ne daigniez même pas insérer, en bibliographie, le nom du docteur Paul Hamelin et le mien... » Surpris, humilié et repentant, l'auteur m'explique que cet article a été préparé par des résidents et qu'à sa courte honte, il n'a même pas vérifié l'authenticité des textes. Sur ce, il me promet qu'on ne l'y reprendrait plus !

En 1966, toujours dans l'esprit d'É.M.C. pour les praticiens généraux, je publie avec les docteurs R. Hould et J. Albert un fascicule intitulé « Anesthésie régionale pour le praticien ». La préparation de ce fascicule m'oblige à parfaire mes connaissances. Par la demande d'exemplaires, il faut croire que cette publication a servi à nos confrères.

Je citerai un dernier article intitulé « Le Propanolol en pré-induction de l'anesthésie ». Dans cet article écrit en 1980, je rapporte le cas d'une patiente qui a présenté de nombreuses extra-systoles ventriculaires lors d'une intervention pour chirurgie nasale nécessitant de la xylocaïne intraveineuse pendant plusieurs heures aux soins intensifs après l'opération. Un an plus tard, j'ai à anesthésier la même patiente pour révision de sa chirurgie nasale. Surtout à cause de son anxiété, son rythme cardiaque et sa tension artérielle sont très élevés. Même si, à cette période, à cause des dangers d'infarctus du myocarde, on n'oblige plus les patients à cesser l'Indéral pendant les deux semaines qui précèdent l'anesthésie, beaucoup d'anesthésistes craignent l'anesthésie des patients sous bêta-bloqueurs. Dans ce cas précis, je crois que l'indication est excellente et j'administre de l'Indéral en pré-induction. Sauf pour ce qui est de l'Indéral, j'utilise la même technique utilisée par mon confrère lors de la première anesthésie et aucune extra-systole ne survient. Je décide de publier cette expérience dans le *Journal* de l'Association canadienne des anesthésistes. Mon article est refusé ! Un des membres du comité de lecture me fait la remarque suivante : « Perfect example of verbiage and unproven statements. » J'ai droit pendant plusieurs années aux taquineries de mes confrères, surtout quant au verbiage...

Je tire trois conclusions à la suite de cet article qui n'a jamais paru. D'abord, l'Indéral est très utile immédiatement avant l'anesthésie pour prévenir l'arythmie ventriculaire chez un patient hypertendu et tachycarde. À plusieurs reprises dans ma pratique, je l'ai utilisé en pré-induction. J'aurais dû présenter ce travail sous la forme de « À propos d'un cas ». Enfin, l'intérêt qu'il y a à écrire un article scientifique comme moyen d'É.M.C. n'est pas relié à sa publication mais plutôt à sa préparation !

Pour terminer ce chapitre, je dirais que presque tous les moyens d'É.M.C. ci-haut consignés peuvent servir au programme de maintien du certificat ou au perfectionnement professionnel permanent (P.P.P.).

MES QUATRE SAGAS EN ANESTHÉSIE

Au cours de ma vie d'anesthésiste, en plus de la saga du bloc d'urgence à Sainte-Marie, j'ai été au cœur de quatre autres sagas : l'anesthésie obstétricale, les prémédications « standards » n° 1, n° 2 et n° 3, les techniciens-inhalothérapeutes en anesthésie et la ventilation à la salle de réveil.

L'anesthésie obstétricale

À son origine, l'Hôpital Sainte-Marie est un centre mère-enfant pour les filles-mères du Pavillon Joly de Trois-Rivières-Ouest.

Le docteur J.L. Beaudry, obstétricien, est le premier chef de ce département obstétrical. Il fait les accouchements des filles-mères et de ses patientes privées à Sainte-Marie. Il se dévoue avec amour, adresse, compétence et probité aux soins de ces patientes. Graduellement, les gynécologues-obstétriciens, les docteurs Guy Gélinas et Jacques Gouin, se joignent à lui pour faire des accouchements et surtout des césariennes et des curetages utérins.

Puis les praticiens généraux, les docteurs Pierre Dostaler, Roger Caron, Georges Grenier, Réal St-Onge, Pierre Houle et d'autres viennent faire des accouchements à Sainte-Marie.

En 1959, lors d'une de mes premières réunions du Conseil des médecins (C.M.D.P. par la suite), le docteur B. y rapporte un cas de décès néonatal à la salle d'accouchement.

« Est-ce que l'anesthésiste était présent ? » demande le jeune docteur Boivin !

Croyant à une attaque personnelle de ma part, le docteur B. bondit : « Vous apprendrez, Docteur Boivin, que j'ai la compétence pour m'occuper personnellement des nouveaux-nés. Il n'y a jamais d'anesthésiste à mes accouchements et cela va toujours très bien. Ce cas-là est un cas d'exception... »

Il n'en fallait pas plus pour que le nouvel anesthésiste se sente honteux d'avoir posé cette question. J'aurais voulu me voir assis en dessous de la table de conférence !

Peu à peu, pour les cas plus compliqués, on requiert mes services soit pour l'anesthésie générale de la mère, soit pour prendre soin du bébé.

Lors de l'arrivée du docteur Roland Hould en juillet 1959, le nombre d'anesthésies générales en obstétrique va en augmentant.

Le docteur Jean Albert est accepté dans notre service d'anesthésie à l'été 1963 et nous décidons alors d'offrir le service de l'anesthésie épidurale simple en obstétrique. Peu soucieux d'avoir à me lever la nuit, tout en travaillant à huit heures le lendemain, je suis tellement convaincu de l'utilité de l'épidurale en obstétrique que je ne refuse aucune invitation à participer aux cours prénataux pour vanter les avantages de cette technique d'anesthésie régionale. C'est avec plaisir que je donne des cours prénataux de façon bénévole. Comme récompense et en guise de remerciements on m'offre, à quelques reprises, une bouteille de vin...

Imbu de jeunesse et de théories scientifiques, je ne réalise pas dans quel guêpier je me suis délibérément jeté avec mes associés.

En peu de temps, notre service dessert tous les cas d'obstétrique jour et nuit. Nous sommes débordés et la pénurie d'anesthésistes, déjà présente en 1977, rend le recrutement impossible. Le personnel en obstétrique et les médecins deviennent habitués de nous voir à tous les accouchements et sont de plus en plus exigeants. L'insolence de l'infirmière est souvent au rendez-vous. « Docteur Boivin, cela vous a pris bien du temps pour arriver, la patiente est souffrante, vous savez ! Cela fait déjà quinze minutes qu'on vous a appelé. »

Quand on est déjà debout et à l'ouvrage, on oublie facilement que l'anesthésiste appelé à son domicile, la nuit, doit d'abord se vêtir, prendre sa voiture et se rendre jusqu'en salle d'obstétrique. La patiente elle-même est souvent entraînée à nous faire des reproches !

« On voit bien Docteur que ce n'est pas vous qui souffrez, autrement vous vous seriez dépêché ! » De telles interpellations nous exaspèrent, mes confrères anesthésistes et moi. Évidemment, la fatigue physique, la réception peu chaleureuse et le sentiment de frustration nous rendent facilement de mauvaise humeur.

Le 22 novembre 1977, je suis de garde. Après avoir travaillé au programme régulier jusqu'à vingt heures, je vais en obstétrique à une heure du matin et je reviens chez moi. Je retourne en obstétrique à trois heures. À cinq heures, je reçois un autre appel à mon domicile pour l'obstétrique. Il s'agit d'une multipare. Aucune pathologie obstétricale ni souffrance fœtale anticipée. Je suis exténué et craignant que ma fatigue soit un handicap majeur à l'intégrité des décisions que je devrai prendre à partir de huit heures en salle d'opération, je fais dire au praticien général que je ne peux pas me rendre à cause de ma grande fatigue.

L'accouchement naturel a lieu normalement et sans incident. Mais le praticien général suggère à la patiente de porter plainte contre moi au président du conseil d'administration avec copie au directeur général de l'hôpital, au président de la Corporation des médecins, au médecin représentant le C.M.D.P. au conseil d'administration, au directeur des services professionnels, à la présidente du CRSSS, au médecin accoucheur, et au chef du département de médecine interne !

Le Collège des médecins étudie la plainte et, le 7 avril 1978, on me semonce ainsi : « Votre département d'anesthésie assure la garde en obstétrique. Vous deviez donc vous rendre à l'hôpital, même au troisième appel de nuit. Si vous étiez trop fatigué, vous deviez avertir votre chef de département ou demander à un autre de vos confrères de vous remplacer. Cette remarque vous est adressée dans un but positif et nous espérons que vous en tiendrez compte. »

Mon orgueil et mon intégrité professionnelle sont blessés à vif.

Trois semaines plus tard, je réponds avec un peu d'ironie à cette lettre de ma corporation professionnelle. « Monsieur le Docteur X. Je tiendrai compte de la remarque positive que vous avez bien voulu m'adresser, relativement à la plainte de madame A.J. Je suis heureux qu'en guise de sanction vous ne m'ayez pas privé du privilège (!) de faire de la garde en obstétrique… Veuillez agréer, Monsieur, l'expression de mes sentiments les plus distingués. »

Je réalise soudainement que mort ou vivant, je dois répondre à tous les appels d'obstétrique. Je comprends bien le raisonnement théorique de ma corporation professionnelle. Il est clair que pour un grand département de plusieurs membres, la position de ma corporation est logique. Mais dans le contexte d'un département de quatre membres, en « pool », se faire remplacer oblige à remettre la garde et à risquer de passer une autre nuit blanche. Comme un des membres de notre département nous a donné sa démission et qu'il nous est impossible de recruter de nouveaux anesthésistes, je constate que la seule solution est de cesser mes prestations dans ce secteur d'activité, comme le font les anesthésistes de plusieurs centres hospitaliers de la province.

Je convoque donc les trois autres membres du département d'anesthésie et les avertis que je cesse mes activités en anesthésie obstétricale, même si ma proportion de revenus venant du « pool » doit considérablement baisser. Les trois autres anesthésistes décident de faire comme moi. Nous convenons de réunir les gynécologues, car nous voulons qu'ils soient les premiers avertis de notre décision.

Ils sont stupéfiés et décontenancés par notre prise de position irrévocable. Ils ne croyaient jamais que nous pourrions faire comme à l'Hôpital Maisonneuve et à l'Hôpital Sainte-Thérèse de Shawinigan où, à cette période, les anesthésistes ne répondent qu'aux cas d'urgence, soit les accouchements pathologiques et les cas de souffrance fœtale.

Sachant que la plupart de nos gynécologues ont eu un entraînement aux États-Unis et ont appris à faire des rachi-anesthésies basses en obstétrique, nous voulons être bons pères et ne pas laisser leurs patientes sans possibilités d'anesthésie régionale. Nous préparons à leur intention une technique simplifiée d'anesthésie rachidienne basse (*saddle block*). Pendant quelques mois, nous acceptons de leur enseigner cette technique auprès de leurs patientes. Notre association d'anesthésie nous reproche alors d'enseigner à d'autres spécialistes une technique propre à notre spécialité. Ces reproches s'estompent vite lorsque nous expliquons le bien-fondé de notre démarche.

Notre décision est mieux acceptée par les praticiens généraux, qui suivent la vogue de l'accouchement sans anesthésie.

Comme les rachi-anesthésies augmentent en obstétrique, le pourcentage de céphalées postponctions dure-mériennes s'élève et le nombre de pansements sanguins épiduraux (*blood patch*) que nous acceptons de faire pour traiter ces céphalées, à la demande des gynécologues, surprend un peu les inspecteurs de la corporation. Au sujet des pansements sanguins épiduraux, j'aimerais ajouter ici en commentaire que c'est la formule thérapeutique qui m'a le plus impressionné dans ma pratique anesthésique. L'effet est plus rapide qu'une injection intraveineuse, parce que l'action n'est pas pharmacologique, mais mécanique. L'injection dans l'espace épidural de huit à douze millilitres de sang préalablement prélevé au patient comprime la dure-mère et pousse le liquide céphalo-rachidien vers le cerveau, réduisant ainsi la céphalée. Les résultats sont donc instantanés, sans pour être toujours permanents. Habituellement, l'orifice laissé par l'aiguille dans la dure-mère est bouché par le sang et la perte de liquide céphalo-rachidien, à l'origine de la céphalée, cesse. D'autres pansements sont quelquefois requis pour une guérison définitive.

Continuons notre exposé sur l'anesthésie obstétricale…

Graduellement, les gynécologues accouchent sans rachi-anesthésie, sans anesthésie ou avec le bloc des nerfs honteux et l'anesthésie locale comme dans beaucoup de centres obstétricaux. Deux ans après la cessation de notre implication en obstétrique, nous allons rarement en salle d'accouchement, nous avons de meilleures nuits de sommeil et nous sommes plus dispos pour le programme régulier en salle d'opération.

J'écris alors au comité des plaintes la lettre suivante :
« Messieurs, j'aimerais par la présente remercier les membres du comité d'examen des plaintes qui, en avril 1978,

m'ont reproché d'avoir été absent pour une anesthésie obstétricale, alors que j'étais à court de sommeil à cinq heures du matin. Comme à ce moment notre politique était de déléguer un membre du département d'anesthésie à tous les accouchements, j'aurais dû me faire remplacer, quitte à passer possiblement une autre nuit blanche pour remettre cette garde.

À la suite de ce blâme, j'ai compris qu'il ne fallait pas compter sur personne, surtout pas sur ses pairs, pour comprendre le lourd fardeau d'un département d'anesthésie de quatre membres couvrant, en plus du programme régulier, une garde d'urgence en orthopédie et neurochirurgie, et 1200 accouchements par an.

Dans les mois qui ont suivi votre recommandation, nous avons donc décidé de ne plus être présents en obstétrique, sauf pour les grossesses à risque, comme dans beaucoup d'autres hôpitaux de la province de Québec.

Avec cette nouvelle politique, nous sommes rarement appelés en obstétrique la nuit et aucune plainte ne vous est adressée contre nous.

Merci, Messieurs, de m'avoir ouvert les yeux il y a deux ans et de m'avoir probablement ainsi permis de prolonger ma vie d'anesthésiste…»

Je n'ai jamais eu d'accusé de réception de ma lettre. Et pour cause !

Les années passent et quand je suis demandé occasionnellement pour faire une péridurale en obstétrique, je suis agréablement surpris d'entendre l'infirmière m'accueillir ainsi :

« Bonjour, Docteur Boivin, comme cela fait longtemps que je vous ai vu en obstétrique. On s'ennuie beaucoup de vous. Je suis contente de vous voir. Votre plateau pour l'épidurale est prêt. Vous êtes chanceuse, Madame, vous allez voir que le docteur Boivin va vous enlever vos douleurs rapidement. Il est assez habile !»

Des rougeurs pudiques me montent au visage. Quelquefois, c'est la patiente qui intervient : « Merci beaucoup, Docteur, vous avez été bien gentil de vous déranger pour venir me geler. Je sais que vous êtes bien occupé en salle d'opération.» La nuit, j'entends souvent ceci : « Je m'excuse de vous avoir dérangé dans votre sommeil, Docteur Boivin.»

Curieusement, le sentiment de rendre service avec un personnel et une patiente polis et reconnaissants font vite oublier l'heure de sommeil perdue.

Durant les années 80, à plusieurs reprises les gynécologues font, sans succès, des pressions pour obliger les membres du département d'anesthésie à augmenter le nombre d'indications pour l'épidurale continue en obstétrique. La pensée d'une nouvelle coercition et le souvenir d'une période très dure font craindre aux anesthésistes un affaiblissement des positions prises antérieurement. N'eut été de cette crainte de l'exagération de la part des accoucheurs, je demeure convaincu que certaines patientes auraient pu et auraient dû bénéficier de l'épidurale en obstétrique.

Heureusement, l'arrivée de nouveaux anesthésistes et la disparition du « pool » ont permis de reprendre ce service à la clientèle obstétricale.

Les pré-médications standards

Durant mes années d'entraînement en anesthésie à l'Hôtel-Dieu de Québec, je constate, au moins une fois par mois, une erreur de pré-médication.

Prescription difficile à lire

Plusieurs médecins ont la renommée bien méritée d'écrire illisiblement. Comme je le dis souvent : « Un médecin doit pouvoir être lu facilement. On ne peut obliger personne à une calligraphie d'artiste, mais pour le bien du patient et à cause des implications légales, une prescription devrait toujours être lisible. »

Ceci n'est pas toujours le cas et je suis témoin, à l'Hôtel-Dieu, de plusieurs erreurs causées par une mauvaise calligraphie.

Distraction

Fatigué de sa journée, l'anesthésiste peut, par distraction, se tromper dans le dosage du produit prescrit, même si cela ne devrait pas survenir.

Concentrations différentes

Je me souviens d'avoir vu un patient très somnolent avant l'induction à l'Hôtel-Dieu de Québec. Après contrôle, nous constatons que la pré-médication se lit comme suit :

Démérol 100 mg I.M.
Atropine 0,4 mg I.M. 1 heure avant l'anesthésie.
Bénadryl : 5 cc I.M.

Rien d'anormal si le patient reçoit 5 cc de Bénadryl à 10 mg/cc Mais le patient a reçu 5 cc de Bénadryl à une concentration de 50 mg/cc, soit 250 mg !

Afin d'éviter ces erreurs et pour sauver du temps, tout en fournissant un service personnalisé et professionnel, en 1962, je propose l'idée de la pré-médication standardisée à mes confrères.

Ensemble, nous nous entendons pour établir trois formules de pré-médications, qui à notre avis devraient satisfaire 90 % de notre clientèle adulte, soit :

1) Pré-médication standard n° 1
   Le patient doit demeurer à jeun à partir de minuit.
   Au coucher : Noludar 300 mg Per-os.
   Demain, par voie i.m. 1 heure avant l'anesthésie :
   Démérol 100 mg
   Atropine 0,4 mg
   Bénadryl 50 mg
   Signé : J.-Ls. Boivin, M.D.

2) Pré-médication standard n° 2
   Le patient doit demeurer à jeun à partir de minuit.
   Au coucher : Noludar 300 mg Per-os.
   Demain, par voie i.m. 1 heure avant l'anesthésie :
   Démérol 50 mg
   Atropine 0,4 mg
   Bénadryl 50 mg
   Signé : J.-Ls. Boivin, M.D.

3) Pré-médication standard n° 3
   Le patient doit demeurer à jeun à partir de minuit.
   Au coucher : Noludar 300 mg Per-os.
   Demain par voie i.m. 1 heure avant l'anesthésie :
   Atarax 50 mg
   Atropine 0,4 mg
   Signé : J.-Ls. Boivin, M.D.

La pré-médication standard n° 1 s'adresse principalement aux adultes de moins de 60 ans en bonne santé et pesant plus de 60 kilos.

La pré-médication standard n° 2 s'adresse surtout aux adultes de moins de 60 ans et pesant moins de 60 kilos. La pré-médication standard n° 3 est habituellement prescrite aux patients plus âgés, non souffrants et à ceux à qui nous ne désirons pas donner de narcotiques.

Lors de notre visite pré-anesthésique, nous prescrivons une pré-médication hors standard, c'est-à-dire personnalisée, si nous le jugeons indiqué.

En tant que chef du service, après entente avec mes associés, je fais distribuer à tous les postes pouvant être appelés à donner des pré-médications une copie de ces trois pré-médications standardisées. Cet avis est daté et signé par moi-même, en qualité de chef de service.

Rapidement, le pharmacien vient me dire que d'après la loi, le nom et la dose des narcotiques doivent être consignés au dossier spécifiquement pour chaque patient.

J'écris au ministère de la Santé à Ottawa. Je leur explique notre façon de procéder et leur demande une autorisation. La réponse est claire :

« En autant que la liste des pré-médications standards datée et signée par le chef de service est affichée au poste d'infirmières où est prescrite la dite pré-médication, C'EST LÉGAL... »

En voilà assez pour satisfaire aux exigences de notre DSP et de notre pharmacien !

Toutefois, à plusieurs reprises, lors de la visite des inspecteurs de la Corporation des médecins, des questions sont soulevées au sujet de cette ordonnance non habituelle. L'avis du ministère de la Santé satisfait aux exigences des plus scrupuleux.

Cette pratique a éliminé les erreurs pendant trente ans, tout en suivant l'évolution scientifique...

En effet, ces pré-médications sont régulièrement révisées par les membres de notre service, soit pour ajouter une nouvelle pré-médication, en modifier le dosage, retrancher ou encore changer un médicament.

Par un calcul rapide, disons que la standardisation de nos prescriptions pré-anesthésiques nous a épargné en trente ans environ six mois de travail anesthésique, calculé comme suit : au minimum, dix pré-médications à écrire par jour à l'Hôpital Sainte-Marie. Nous sauvons au moins 45 secondes par pré-médication en utilisant le standard. Donc 450 secondes par jour et 2250 secondes par semaine, soit 37,5 minutes par semaine. Pendant 52 semaines, ceci donne 1950 minutes, soit 32,5 heures par an. Pendant 30 ans nous avons épargné 975 heures. En calculant 40 heures par semaine, ceci implique 24,3 semaines, soit près de six mois de travail !

Il est à noter qu'entre 1962 et 1992, il était habituel de prescrire une pré-médication assez élaborée. Avec le développement de l'anesthésie ambulatoire, graduellement, la pré-médication, même pour les patients hospitalisés, est devenue moins élaborée. Et actuellement, la pré-médication est souvent absente.

Évidemment, la pré-médication standardisée n'est plus requise aujourd'hui.

LES INHALOTHÉRAPEUTES EN ANESTHÉSIE

Dès le début de ma pratique anesthésique, je réalise que nous avons une aide technique sporadique et non spécialisée. Les radiologistes, les pathologistes et les biochimistes ont leurs techniciens. Le chirurgien a son assistante à l'interne et à l'externe. Dans toutes les techniques reliées à l'orthopédie, à la cardiologie, à la pneumologie, à la gastro-entérologie, etc., une aide technique est apportée.

En anesthésie, l'infirmière en externe, quand elle en a le temps et le désir, daigne aider l'anesthésiste pour l'induction. Aussitôt le tube endotrachéal en place, elle continue de s'occuper des demandes du chirurgien. S'il entre dans la salle pendant l'intubation, elle se sent obligée de quitter l'anesthésiste pour attacher la blouse chirurgicale... Stress et frustration chez l'endormeur !

En 1968, je fais partie d'un comité d'étude sur les auxiliaires en anesthésie, dont le président est le docteur Léon Longtin. Les autres membres sont les docteurs H. Lamontagne, Rosario Denis, Henri Drolet, Laberge, Joyal et Brindle. Nous recevons des mémoires des anesthésistes de l'Hôpital Maisonneuve, de l'Hôtel-Dieu de Québec, du Centre hospitalier de Loretteville et de nombreux autres centres hospitaliers.

Sous l'égide de l'A.A.P.Q, le docteur Drolet et moi allons à Boston, à la Clinique Lahaie, pour étudier ce qui se fait en aide anesthésique avec les « nurses anesthesists ». Nous fournissons un rapport au conseil d'administration de l'A.A.P.Q.

Durant cette période, le docteur Luc Perreault est très actif dans le domaine. Il prépare de nombreux documents, principalement un programme de cours. Le ministère de l'Éducation, sous la recommandation de l'A.A.P.Q., accepte d'ajouter un volet anesthésique au cours de technique en inhalothérapie qui se donne déjà dans certains cégeps.

En 1973, les premiers diplômés en technique anesthésique arrivent sur le marché du travail. Les hôpitaux universitaires, déjà bien nantis en aide anesthésique avec les résidents, se servent les premiers.

En 1977, alors qu'à Montréal et à Québec les budgets permettent l'engagement d'inhalothérapeutes en anesthésie, nous, à Sainte-Marie, sommes encore à tenter de négocier la présence de cette aide technique, mais sans succès. Je suis très déçu, surtout en raison de mon implication dans ce dossier depuis 1968.

Un anesthésiste de notre département nous quitte et la pénurie en anesthésistes nous empêche de combler le poste.

Nous sommes en face d'un dilemme. Continuer à faire deux anesthésies simultanées ou engager nous-mêmes nos propres inhalothérapeutes. Nous optons pour la deuxième solution. Nous engageons trois inhalothérapeutes : Céline Beaulieu, Carole Gauvin et Gaëtane Ricard. Nous leur donnons le salaire de leur convention sans les bénéfices marginaux.

En apprenant cette nouvelle, l'A.A.P.Q. s'empresse de nous blâmer. Le conseil d'administration craint de voir se généraliser le paiement de l'aide technique à même nos revenus. Nous leur expliquons que si jamais cela se réalisait, nous en serions très heureux. Les inhalothérapeutes seraient nos employés et nous pourrions avoir une plus grande mobilité des heures de travail. Nous négocierions ensuite des unités techniques avec la R.A.M.Q., comme pour les techniciens en clinique privée de radiologie. Mais nous sommes certains que les syndicats hospitaliers n'accepterons jamais une telle brèche dans leur hégémonie syndicale.

Quelques mois plus tard, je suis convoqué à Montréal pour une réunion du comité des techniques en anesthésie. À l'ordre du jour, je vois que l'item 7 est intitulé : « Problème des techniciens à l'Hôpital Sainte-Marie de Trois-Rivières ». J'explique notre point de vue à la satisfaction des membres du comité. À la pause-café, j'apprends d'un autre anesthésiste que certains départements d'anesthésie remettent à leur hôpital le salaire de leurs techniciens inhalothérapeutes, faute de budget adéquat. De retour à la réunion, je demande la parole : « Monsieur le Président, j'ai accepté les blâmes des membres du comité au sujet des inhalothérapeutes, il y a quelques minutes. Toutefois, j'aimerais porter à votre attention que tout ce que nous avons fait est ouvert, franc et honnête. Par ailleurs, certains départements d'anesthésie font comme nous, mais de façon indirecte, c'est-à-dire qu'ils paient à l'hôpital le salaire versé à certains de leurs techniciens et ils ne sont pas blâmés, car ils ne sont pas à l'ordre du jour de la réunion ! J'ai droit à des excuses du président de la réunion. Je me sens tout de même un peu mouchard...

Tel que prévu, en mai 1978, le docteur Jean Albert, chef du département, et moi sommes convoqués au bureau de maître Jean Normand, avocat du Centre hospitalier Sainte-Marie.

Le chef syndical, venu de Montréal, n'accepte pas notre initiative et il est convenu, à notre satisfaction, que l'hôpital nous remettra la somme d'argent déjà utilisée pour payer nos inhalothérapeutes pendant les huit derniers mois et qu'à l'avenir, elles seront payées par l'hôpital. Notre problème est réglé et nous avons de l'aide technique pour tous nos cas.

Au départ de Gaëtane, Danielle Baril la remplace. Graduellement, selon les besoins du département d'anesthésie, Andrée Guillemette et Carole Levasseur viennent se joindre à notre groupe d'inhalothérapeutes. Ces cinq inhalothérapeutes se sont avérées voisines de la perfection et exerçaient encore leur profession en 2002 au Centre hospitalier régional de Trois-Rivières.

VENTILATION À LA SALLE DE RÉVEIL

À la fin des années 70, à l'Hôpital Sainte-Marie, nous avons déjà plusieurs ventilateurs mécaniques à la salle de réveil, contrairement à la plupart des autres centres hospitaliers. Nous croyons que la décurarisation accélérée en fin d'anesthésie dans la salle d'opération comporte plusieurs inconvénients, et nous plaçons nos patients curarisés sous ventilation mécanique en salle de réveil. Nos raisons sont les suivantes :

1) Les patients à haut risque du point de vue cardiorespiratoire reçoivent moins de prostigmine, ce qui implique moins de sécrétions bronchiques, sources d'atélectasie postopératoire. Ils reçoivent aussi moins d'atropine, cause possible de tachycardie et d'ischémie coronarienne.

2) Les patients qui ont reçu beaucoup de curare pour la chirurgie abdominale, ou qui en ont reçu en fin de chirurgie pour la fermeture de la plaie, risquent de se

recurariser si l'on précipite la décurarisation et ils bénéficient d'une ventilation en salle de réveil.

3) Cette technique facilite une meilleure élimination des vapeurs anesthésiques et autres hypnotiques susceptibles de déprimer la respiration lorsque l'extubation est plus précoce. Il y a donc moins de bronchospasmes postextubation.

4) Le protoxyde d'azote s'élimine plus facilement sans danger d'anoxie de diffusion.

5) Dans certains cas, cette option thérapeutique accélère la sortie de la salle d'opération et favorise un meilleur déroulement du programme opératoire.

Conscients des avantages de la ventilation mécanique, de janvier 1977 au 22 décembre 1977, nous augmentons jusqu'à 25 % le nombre de nos patients ventilés en salle de réveil après la chirurgie. Nous sommes les seuls dans la province à procéder ainsi. Durant cette période, nous ne réclamons aucun honoraire à la Régie pour ces actes, même si un de ses représentants nous indique un code tarifaire auquel nous aurions droit. Nous croyons qu'un aussi grand nombre de cas n'avait probablement pas été prévu pour ce code et nous ne voulons pas abuser du système. Le 2 août 1979, lors d'une entrevue que j'obtiens avec le président de la Régie, le docteur Martin Laberge, une entente intervient entre la Régie et le docteur Albert, alors chef de notre département d'anesthésie, pour régler notre grief. Nous sommes taxés « d'éplucheurs de livres de tarifs ». On nous accuse même d'être les seuls « à avoir le pas », comme dans l'armée. Nous répondons que dans l'avenir, beaucoup d'anesthésistes agiront comme nous à cause des avantages cliniques de cette méthode et que dans l'armée, lorsque le général change de pas, pendant deux secondes, il est le seul à avoir le nouveau pas ! Puis 50 000 soldats changent de pas ! Sans vouloir passer pour des généraux de l'armée, nous expliquons à nos détracteurs qu'en 1965, nous étions les seuls à avoir le pas, c'est-à-dire à n'employer en anesthésie ni éther ni cyclopropane, par crainte des explosions. En 1970, tous les anesthésistes avaient le même pas.

N.B. : Il faut étroitement surveiller l'analgésie chez ces patients ventilés en salle de réveil, car il y a risque d'avoir des patients conscients, curarisés, intubés et souffrants.

L'arrivée de relaxants musculaires non dépolarisants à action très courte et d'anesthésiques volatils d'élimination plus rapide rend cette technique moins nécessaire aujourd'hui. Toutefois, aujourd'hui, il n'est plus scandaleux de ventiler certains patients en salle de réveil !

MES TROIS BONS COUPS

Si je voulais me gonfler comme la grenouille de Lafontaine, je dirais que j'ai eu des milliers de bons coups...

Si je regardais tout ce que j'ai fait en anesthésie avec l'œil d'un médecin pratiquant en 1920, je qualifierais presque de miraculeuses toutes ces anesthésies où j'ai fait sombrer dans le coma en une minute et pendant quinze minutes, trois heures ou dix-huit heures, plus de 30 000 patients pour les ramener tôt après l'opération à un état de conscience alerte.

Certes, il m'est arrivé souvent, après une journée d'anesthésie, de revenir à mon domicile content d'avoir posé tel ou tel geste favorisant un déroulement heureux de mes anesthésies.

Comme tout anesthésiste, des bons coups, j'en ai fait plus d'un. J'aimerais en rappeler trois particulièrement spéciaux.

———————— ⟨⟨⟨✽⟩⟩⟩ ————————

Le premier est le cas de René Boisvert. En 1960, il travaille dans la cour de triage de la gare ferroviaire, lorsqu'il se fait écraser les deux jambes entre deux wagons qu'il voulait rattacher l'un à l'autre.

À son arrivée à l'hôpital, le chirurgien doit lui amputer un membre à la cuisse. L'autre membre est fracturé et en piètre état. Après de nombreuses interventions orthopédiques et plusieurs pansements faits sous anesthésie générale pour tenter de sauver ce membre restant, le patient se présente au bloc opératoire pour la énième fois. Je suis dans la salle n° 1, pratiquant une anesthésie à une patiente du docteur Guy Gélinas, gynécologue. Par la porte ouverte, je vois passer une civière et je dis à N.V. : «Ton patient a le teint gris. Il a l'air en mauvaise condition.»

« C'est vrai, répond N.V., mais il ne s'agit que d'un changement de pansement et ce sera très court. »

Quinze minutes plus tard, on me demande d'urgence dans la salle n° 1V.

En entrant dans la salle, je regarde le patient et je dis : « C'est un arrêt cardiaque ? » On me dit que le cœur s'est arrêté pendant l'administration du Pentothal.

En 1960, le massage cardiaque par voie interne, c'est-à-dire après ouverture du thorax, est préféré au massage externe qui devient, au cours des années suivantes, la technique de choix pour initier le traitement de l'arrêt cardiaque.

Je déclare : « Il faut faire un massage cardiaque. »

Il n'y a pas de chirurgien dans la salle. Je demande un bistouri. Au moment où la religieuse me donne le bistouri, le chirurgien entre dans la salle en tenant bien hautes ses mains brossées. « Veux-tu procéder, lui dis-je, ça prend une thoracotomie pour masser le cœur. » Il me répond rapidement : « Comme tu es déjà prêt à intervenir, continue. Ça va aller plus vite. » Sans hésiter, je fais une incision de six pouces entre la cinquième et la sixième côte gauche. Cela ne saigne pas et je vois le cœur en arrêt. Je faufile ma main non gantée dans le thorax et je saisis le cœur qui, immédiatement, reprend ses battements avec un tonus de plus en plus fort.

Je me retourne, triomphant, et j'ordonne avec une pointe d'humour : « Qu'on fasse venir un chirurgien pour fermer la plaie ! »

Le docteur Gélinas a terminé son opération dans la salle n° 1 et vient assister le chirurgien pour la fermeture de la plaie. L'intervention orthopédique est annulée. Après deux ou trois autres anesthésies générales couronnées de succès, monsieur Boisvert sort de l'hôpital. Il ne présente aucun problème infectieux au niveau de la plaie chirurgicale thoracique, ni aucun déficit neurologique. Il faut croire que j'ai la main propre et rapide ! En novembre 2001, lors d'un de mes passages à l'Hôpital Sainte-Marie, je rencontre René Boisvert au volant de sa voiture. Je lui demande alors la permission de placer mes doigts sur sa cicatrice thoracique...

Le 12 février 1966, je reçois un appel de Jules Carignan à six heures du matin. Thérèse Carignan, ma belle-sœur, a accouché de Marie-Josée le 5 février 1966. Elle est de retour chez elle depuis quelques jours et elle saigne abondamment. Devant la panique de Jules au téléphone, j'ordonne : « Fais-la immédiatement conduire en ambulance à la salle d'opération de Sainte-Marie. » Je téléphone au docteur Guy Gélinas, son gynécologue, et je me rends en vitesse à l'hôpital. Il est 6 h 45. Je procède à l'anesthésie générale pour le curetage utérin devant extraire le cotylédon placentaire, demeuré en place lors de l'accouchement et causant cette hémorragie. Pendant le curetage, l'hémorragie continue. J'administre du sang sous pression, car le cœur accélère et la tension artérielle baisse. Comme le programme opératoire ne commence qu'à huit heures et que, par bonheur, peu de salles sont occupées ce jour-là, il y a beaucoup de personnel disponible au bloc opératoire.

L'hémorragie n'est pas jugulée. La situation se corse… Les infirmières savent que la patiente est ma belle-sœur et elles accourent dans la salle pour nous aider. C'est avec diligence qu'elles répondent à mes demandes : « Garde, Lactate Ringer 1000 cc s.v.p. ; un autre cathéter n° 16 s.v.p. Garde, donnez 50 mg de Bénadryl i.v. s.v.p. ; demandez au labo de préparer huit unités de sang, s.v.p. ; préparez deux unités d'albumine humaine ; placez cette unité de sang dans l'hémokinétitherm — appareil pour réchauffer le sang — ; Garde, envoyez cet échantillon de sang au labo et demandez le taux de fibrinogène.

Une autre transfusion sous pression, Garde ; éphédrine 50 mg dans 10 cc de NaCl s.v.p. Garde, donnez-en 10 mg i.v.

Le rapport du labo indique une afibrinogénie. Le pouls est rapide, à 150 battements par minute et la pression artérielle est difficilement prise à ± 40 mm de pression. La décision de l'hystérectomie d'urgence est prise, même si l'hypovolémie est majeure.

Avec du sang, de l'albumine, du Lactate Ringer, du fibrinogène venant des hôpitaux Sainte-Marie, Saint-Joseph et Cloutier, avec la néo-synéphrine, une bonne ventilation, une anesthésie légère et des gynécologues qui effectuent l'hystérectomie en un temps record, graduellement, la pression artérielle — longtemps non perceptible au sphygmomanomètre — et le pouls, filant à ± 160 battements par minute, retournent à la normale.

C'est avec émotion que je retrouve Thérèse à la salle de réveil avec des signes vitaux voisins de la normale.

Tout en remerciant du fond du cœur toutes ces infirmières qui m'ont si activement et si habilement secondé, je n'oublie pas l'être supérieur qui a guidé ma conduite.

J'ai droit à des félicitations et à des remerciements du chirurgien. Thérèse et Jules m'en gardent une reconnaissance profonde.

———————— ❧❧❧ ————————

Vers la fin des années 70, madame Colette Lesieur Duplessis subit un traumatisme au genou droit lors d'une chute en ski au Mont-Sainte-Anne. Trois jours après l'accident, madame Duplessis est inscrite à l'horaire pour une réparation des ligaments croisés du genou droit et je suis l'anesthésiste désigné.

Je procède à une induction douce et sans incident. Au moyen d'une bande élastique d'Esmack — bandage de caoutchouc qu'on étire des orteils jusqu'à la cuisse pour chasser le sang —, les infirmiers font l'exsanguination du membre. Puis le garrot est mis en place. Subitement, je constate un arrêt cardiaque. Massage cardiaque externe ; liquides i.v. ; vasoconstricteurs ; atropine i.v., etc. Retour graduel des signes vitaux après de longs moments de grande inquiétude.

J'annule la chirurgie et je porte un diagnostic d'arrêt cardiaque par embolie pulmonaire massive.

Les caillots formés dans le membre inférieur, immobilisé pendant trois jours, et chassés vers les poumons par l'exsanguination du membre avec la bande d'Esmack, sont, selon moi, la cause de cette embolie pulmonaire suivie d'un arrêt cardiaque. Je demande une radiographie pulmonaire, qui s'avère négative. Je demande alors au radiologiste s'il est possible qu'une radiographie ne puisse pas déceler la présence d'une embolie pulmonaire très récente. À mon grand désappointement, il déclare avec emphase qu'une embolie pulmonaire provoquant la symptomatologie décrite serait normalement diagnostiquée sur la radiographie pulmonaire.

Je suis tellement certain de mon diagnostic que je cherche un autre moyen de le prouver. Je téléphone au docteur Jean-Jacques Gélinas pour lui demander une cartographie pulmonaire. C'est lui qui est en charge de la médecine nucléaire. Il me répond que sa technicienne est à Drummondville, mais que devant la gravité du cas, il va la faire revenir au département. Je me rends moi-même en médecine nucléaire avec la patiente. Par l'injection d'isotopes radioactifs, nous constatons avec stupéfaction deux grosses embolies pulmonaires, ainsi que plusieurs petites embolies. « Félicitations pour ton diagnostic, le Père », me dit Jean-Jacques, en me serrant la main.

Cette patiente avait tout ce qu'il fallait pour rencontrer saint Pierre !

C'est avec une pointe d'ironie que je montre la cartographie au radiologiste.

Je viens de traiter en urgence ma première embolie pulmonaire avec succès.

MES TROIS MAUVAIS COUPS...

Un ami m'a dit dernièrement : « Jean-Louis, si tu parles de tes mauvais coups dans ton livre, tu en as pour cinq cents pages ! Avec un tel ami, je n'ai pas besoin d'ennemis...

En pleine période d'entraînement en anesthésie à l'Hôtel-Dieu de Québec, vers les années 1956-1957, je suis à faire une péridurale continue. L'aiguille qui doit servir d'introducteur au cathéter épidural est une aiguille « Tuohy ». Il s'agit d'une grosse aiguille n° 16 ou 17 d'environ 10 cm de long, dont l'extrémité est mousse pour diminuer les risques de perforer la dure-mère. L'orifice est situé sur le côté de l'aiguille. Quand le cathéter bute au bout de l'aiguille, il prend un angle droit pour sortir par l'orifice latéral et pénétrer dans l'espace épidural. Il est déconseillé de tirer sur le cathéter pendant que l'aiguille est en place dans l'espace épidural, car il y a danger de le couper sur le tranchant de l'orifice de l'aiguille.

Malgré la connaissance de cet aspect technique, avec hésitation quoique avec assez de fermeté, le jeune étudiant que je suis retire le cathéter de l'introducteur, pour constater qu'il s'est coupé et qu'un bout de cathéter est demeuré dans l'espace épidural !

Oh ! oh !, dit-il en grec..., car le jeune homme parlait cette langue... Appel immédiat au patron, le docteur Fernando Hudon.

Toujours protecteur et rassurant pour ses élèves, le docteur Hudon me dit : « Premièrement, ta technique est stérile. Deuxièmement, les risques d'une chirurgie lombaire chez ce patient cardiaque de 88 ans pour extraire cette parcelle de cathéter sont plus grands que les risques d'infection ou de dommage neurologique par ce bout de cathéter restant. Après tout, ce ne devrait pas être plus incommodant pour le patient qu'un stimulateur cardiaque sous-cutané ou une greffe artérielle de téflon...

Pendant 10 jours, j'ai suivi ce patient quotidiennement et pendant trois mois, nous nous sommes enquis occasionnellement de son état. Aucune complication n'est survenue, ni aucune action en justice.

Par la suite, je n'ai jamais plus retiré de cathéter sans retirer l'aiguille en même temps !

———————— ❦ ————————

Un vendredi après-midi de juin à la fin des années 60, j'ai à faire une péridurale thérapeutique à un praticien général de mes amis pour troubles vasculaires des membres inférieurs.

Je suis un peu nerveux et pressé, car je pars pour la pêche au Club Petit Saguenay ce jour même avec des amis.

À la fin de ma technique, soudainement, je constate que mon patient se sent mal, qu'il est prêt à perdre conscience. Je conclus à une injection intra-rachidienne de xylocaïne au lieu d'une injection péridurale. Une rachianesthésie totale est imminente, c'est-à-dire que le patient sera paralysé au complet avec arrêt respiratoire et chute des signes vitaux. Je dois donc rendre le patient inconscient avec une injection de Pentothal i.v., intubation trachéale, ventilation mécanique et vasoconstricteurs au besoin pour maintenir la tension artérielle.

Aussitôt pensé, aussitôt fait. Aucune complication à la suite de cette mésaventure. Mais je dois retarder mon départ pour la pêche de quelques heures, c'est-à-dire tant que mon patient n'a pas éliminé la xylocaïne et que tout soit rentré dans l'ordre.

J'ai eu droit à quelques extra-systoles, et mon ami s'est souvenu d'avoir été endormi rapidement pendant ma technique de péridurale thérapeutique...

La pêche a été excellente !

À la fin de ma deuxième année consécutive à la présidence du Bureau médical de l'Hôpital Sainte-Marie, soit en août 1986, nous sommes en conflit avec madame Delavoie-Roux, ministre de la Santé, au sujet de la construction de notre bloc d'urgence. Nous sommes en menace de grève et je dois être interviewé vers onze heures sur CHEM télé 8, au sujet de notre grève...

Ce conflit, très médiatisé, me stresse. Je ne suis pas familier avec cette sorte de vie publique. Mon travail d'anesthésiste s'en ressent. Je suis nerveux, plus impatient et plus distrait que normalement.

Vers dix heures, je dois faire un bloc brachial à une patiente pour une décompression d'un tunnel carpien au poignet gauche.

Alors qu'habituellement, je suis affable, je salue la patiente, je me présente et j'explique tout ce que je vais faire, ce matin-là, j'arrive auprès de la patiente pour faire mon bloc brachial sans me présenter, ni même lui dire bonjour. Préoccupé par les évènements, je badigeonne l'épaule droite à la bétadine et je commence à injecter mon anesthésique local en interscalénique. Après l'injection de 7 cc, j'ai un « flash ». Je stoppe l'injection et retire l'aiguille. Je réalise que j'ai commencé mon bloc du mauvais côté. Pour avoir fait pendant cinq ans des centaines de blocs à la guanéthidine pour traiter la dystrophie sympathique en installant d'abord un soluté du côté opposé à la pathologie, selon la technique, machinalement, j'ai commencé mon bloc du côté opposé à la chirurgie.

Je vais donc voir le neurochirurgien et lui dis que je vais procéder à une anesthésie générale pour sa patiente. En raison de la possibilité de blocage des nerfs phréniques innervant le diaphragme, une nouvelle injection à gauche, c'est-à-dire du côté de la pathologie, pourrait apporter des problèmes respiratoires et cela est contre-indiqué.

L'anesthésie générale et le réveil se passent normalement. Quelques semaines plus tard, je reçois une lettre de cette patiente, où elle me demande 2000 $ pour atteinte à son intégrité physique par un acte non indiqué.

Je communique immédiatement avec mon assureur, l'Association canadienne de protection médicale. Malgré ma demande, on refuse tout règlement hors cour dans cette affaire. Mes conseillers n'admettent aucune responsabilité de ma part parce qu'il n'y a eu aucune négligence de ma part, ni aucun préjudice à la patiente.

Quelques semaines plus tard, le neurochirurgien m'annonce que sa patiente présente une dystrophie sympathique au membre opéré. Il s'agit d'une pathologie caractérisée par un débalancement du système nerveux sympathique périphérique après un traumatisme souvent mineur à un membre. Des douleurs, des troubles trophiques et des troubles vasculaires caractérisent cette maladie qui peut conduire à l'atrophie. Cela peut durer de six mois à deux ans.

Comme je suis à ce moment le seul anesthésiste à Trois-Rivières à faire des blocs à la guanéthidine, le neurochirurgien me demande en consultation pour que je procède à ce mode thérapeutique chez sa patiente.

Quelques jours avant cette demande, je reçois de l'avocat de la patiente une action en justice de 25 000 $ pour dommages et intérêts.

Comme il ne s'agit pas d'un cas d'urgence, je n'ai aucune obligation de traiter cette patiente, considérant surtout son attitude belliqueuse à mon égard. Elle devra donc recevoir ses traitements à Montréal pendant les mois qui suivent.

En rétrospective, je suis bien heureux de ne pas avoir fait de bloc brachial du côté opéré. Avec son caractère récriminateur, j'ai la certitude qu'elle aurait ciblé mon bloc brachial comme agent causal de sa dystrophie sympathique.

Plus d'un an après cet événement, l'avocat de mon association de protection médicale me rejoint au téléphone et me demande si j'accepte un règlement final de 550 $ payé par l'association.

« Que oui ! », lui dis-je, et rapidement, afin qu'on oublie cet incident !

Courtes anecdotes
de ma pratique anesthésique

SERREZ-MOI LA MAIN

En 1961, je procède à une anesthésie avec le docteur J.B. Leblanc en vue d'une cholécystectomie chez un ancien combattant. Malgré le tube gastrique et les anti-émétiques usuels, le patient vomit pendant deux jours dans la période postopératoire. Ces vomissements incoercibles glissent dans ses bronches et il présente une broncho-pneumonie d'aspiration. Je ne comprends rien à son cas. En bibliothèque, où je cherche l'étiologie de cette pathologie, je trouve dans *Principles of internal medecine* de Harrison qu'il s'agit probablement d'un cas assez rare de « maladie de Steinert ». J'apprends par cœur les signes de cette entité pathologique et je retourne à la chambre du patient accompagné du docteur Leblanc. « Je crois qu'il s'agit d'une maladie de Steinert », lui dis-je avec assurance. Voyant la calvitie frontale du patient, je déclare : « Il doit avoir de petits testicules. » Je lève la couverture pour découvrir deux mini-testicules. Le docteur Leblanc est ébahi… Je dis au patient : « Serrez-moi la main. » Il la serre et ne peut lâcher prise, découvrant ainsi la clef du diagnostic, c'est-à-dire une difficulté à décontracter un muscle après sa contraction. Je dis au docteur Leblanc : « C'est à coup sûr un cas de maladie de Steinert, c'est-à-dire de dystrophie myotonique. Le docteur Leblanc est émerveillé du diagnostic posé par ce jeune Fellow en anesthésie !

Fier moi aussi d'avoir trouvé la cause de ces vomissements intra-bronchiques reliés à la régurgitation gastrique, je désire publier ce cas. Je paie 40 $ de frais postaux pour faire venir de la bibliothèque de l'Université de Montréal toute la littérature concernant l'anesthésie dans la maladie de Steinert. Malheureusement, après avoir retiré toutes les informations pertinentes et retourné les documents à la bibliothèque, je n'ai pas le temps (ou le courage !) d'écrire un article pour publication dans le *Journal* de la Société canadienne d'anesthésie portant sur le dix-septième cas à être rapporté dans la littérature médicale.

Un diagnostic rare

Un jour, un anesthésiste commence un « cas de crâne ». Ce jargon médical veut dire : commencer l'anesthésie d'un patient qui doit subir une craniotomie pour tumeur cérébrale, anévrisme ou autre. Cette expression a toujours fait sourire mon gendre Robert Fortier qui, à chaque appel téléphonique pendant mes périodes de garde, me disait : « Jean-Louis, je crois que tu vas avoir un cas de crâne ! »

L'anesthésiste a beaucoup de difficulté à placer son cathéter i.v. Après quatre ou cinq tentatives, il m'appelle à l'aide. « C'est curieux, me dit-il. Je ne comprends rien. Je suis certain que mon cathéter est dans la veine et dès que j'installe le soluté, la veine s'obstrue et rien ne va plus. »

D'un geste assuré et élégant, au premier essai je canule une veine avec un gros cathéter n° 16. J'enlève le stylet. Le sang coule librement, même après l'ablation du garrot. Avant de connecter le soluté au cathéter, heureuse initiative, je laisse couler du soluté sur le sang pour m'assurer qu'il n'y a pas d'obstruction de la tubulure. En effet, c'est très curieux. Le sang devient comme en ébullition. Éclair de génie !, je déclare : « Ce n'est pas du soluté, c'est du peroxyde... D'où vient cette bouteille de sérum ? » Aussitôt, une jeune infirmière me répond : « C'est moi qui ai apporté le soluté à l'anesthésiste. La bouteille était sur cette table. » Je constate alors que cette jeune infirmière, au lieu de donner à mon confrère une vraie bouteille de soluté, lui a donné une bouteille recyclée avec du peroxyde d'hydrogène. Économie de bouts de chandelles de la sœur économe... En laissant couler le soluté sur le sang, l'apparition des bulles m'a suggéré le diagnostic. L'infirmière est confuse. L'anesthésiste me remercie, le chirurgien sourit et je sors satisfait de la salle.

On peut ajouter ici que l'arrivée sur le marché des sacs en chlorure de polyvinyle (PVC) pour les solutés a éliminé ces rares erreurs médicales.

APPENDICECTOMIE D'URGENCE

Lors de mes premières années de pratique, le chef de chirurgie de l'Hôpital Sainte-Marie est le docteur Maurice Duhaime. Chirurgien très compétent, ayant son diplôme d'Associé du Collège Royal et une maîtrise en chirurgie, il exerce aussi sa profession à l'Hôpital Comptois de Louiseville.

Lorsque l'anesthésiste, le docteur Yvon Morinville, est absent et que le docteur Duhaime doit intervenir en urgence, il me demande souvent si je peux aller avec lui pour anesthésier ses patients.

Une fin de journée, il requiert mes services pour une appendicectomie d'urgence. Je lui réponds : « Très bien, je pars immédiatement avec mon épouse et je t'attendrai à l'Hôpital Comptois. »

Lentement, avec ma Météor 1950 noire, je me dirige vers Louiseville lorsque je vois dans mon rétroviseur une voiture qui me dépasse à très haute vitesse. Quelques secondes plus tard, une voiture de police me double encore plus rapidement. « Oh ! oh ! dis-je à Jeanine, le bon Maurice va se faire arrêter. » Effectivement, un peu plus loin, Maurice est en conversation avec la police, sur le bord de la route. Soudainement, tel un Spoutnik, la voiture de police me dépasse à 150 km/h. Maurice suit à la même vitesse. Avec sa main, il me fait signe de le suivre. Le policier aperçoit ce mouvement de la main et croit que Maurice lui demande d'aller encore plus vite en raison de la gravité du cas. Et vlan, les voilà partis pour la gloire à une vitesse infernale... J'accélère. La Météor frémit sous la pression de l'accélérateur. Nous sommes presque en vol plané. Jeanine a les deux pieds au fond du tapis comme pour freiner et me lance un ordre de ralentissement sans équivoque ! Nous arrivons à l'hôpital longtemps après eux, mais au sourire de Maurice, je vois bien que je ne suis pas en retard !

L'ANESTHÉSIE EN COSTUME DE BAIN...

À la fin des années 60, durant ma période de camping avec ma tente Cabanon, j'ai souvenance de l'avoir installée près du petit lac des Forges pendant trois étés sur un terrain appartenant à monsieur Baribeau. Un soir de grosse chaleur du mois de juillet, avec mes beaux-frères Jules Carignan, Gérard Gauthier et Yvon Poirier, nous prenons le café en regardant sauter les petites truites sur le lac face à notre tente. Nous relaxons en costume de bain en cette belle fin de journée.

Soudain, un violent crissement de pneus nous fait sursauter. Rapidement, nous courons à la clôture face au tournant de la côte. Une voiture vient de heurter une jeune fille en bicyclette. La blessée gît dans son sang au milieu de la route. Yvon me dit : « Jean-Louis, tu es de garde en anesthésie ! » et en deux temps trois mouvements, avec l'aide de Gérard, il me soulève et me projette dans la rue. Je constate une hémorragie importante à la région cervicale. Je demande de l'aide pour transporter la patiente sur le côté de la route, alors qu'une dame me crie de ne pas toucher à la patiente. Elle se calme en apprenant que cet homme en costume de bain est bien un médecin !

Sans relâcher une seconde la compression manuelle de la veine carotide externe, j'accompagne cette accidentée en ambulance jusqu'à l'Hôpital Sainte-Marie et même jusqu'en salle d'opération. J'enfile rapidement les vêtements d'usage sur mon costume de bain et j'anesthésie la patiente pendant qu'un infirmier continue la compression. Le chirurgien répare la plaie. Mes beaux-frères m'ont dit au retour à la tente que je lui avais sauvé la vie. « N'exagérons rien. Disons que je lui ai probablement sauvé quelques transfusions sanguines ! »

LES QUAIS

Moult fois, après une journée en salle d'opération ou après un accouchement la nuit, je suis allé faire un tour sur les quais pour parler avec les débardeurs, converser avec des marins étrangers ou pratiquer mon espagnol avec des Mexicains. Histoire de me relaxer et de respirer un peu l'air du large.

Un beau matin de juillet, à cinq heures, après une péridurale en obstétrique, je stationne ma Météor noire, vieille de plusieurs années, près de la rampe du quai. Au large, un long navire lève l'ancre. Eh bien ! me dis-je, je vais avoir un peu d'action.

Le navire se dirige tout droit vers moi. Je sors de ma voiture et on me lance les amarres. Je les dépose autour du taquet. Les marins m'envoient la main en guise de remerciements. Je viens d'amarrer mon premier océanique. Comme on ne voit pas souvent de médecins de si bonne heure sur les quais, on m'a pris pour l'arrimeur !

TITUS DE PORTNEUF

Le docteur André Martel, excellent chirurgien capable d'humour raffiné et de taquinerie amicale, est malheureusement décédé dans la jeune quarantaine. Il m'appelait souvent « Titus de Portneuf ». J'ai toujours cru qu'il s'agissait d'une taquinerie moqueuse, jusqu'au jour où j'ai lu dans le dictionnaire que Titus a été un empereur romain très aimé et surnommé « les délices du genre humain », à cause de sa propension à faire du bien tous les jours. Cher André, il connaissait son histoire romaine. Heureusement, il ne m'a jamais surnommé « les délices de la salle d'opération » ! J'en aurais été que trop flatté !

Même une âme calme peut se fâcher...

J'ai vu au moins une fois dans tous ses états... un anesthésiste qui avait la renommée d'un homme calme et peu enclin aux sautes d'humeur. Au retour d'une tournée pré-anesthésique, rouge de colère, il nous raconte sa conversation avec une patiente.

– Monsieur, est-ce qu'il faut être docteur pour faire de l'anesthésie ?

– Bien non, Madame, n'importe qui peut faire de l'anesthésie...

– Comme ça, mon fils de 18 ans qui ne travaille pas, est-ce qu'il pourrait en faire ?

– Certainement Madame, il n'a qu'à se présenter demain à huit heures à la salle d'opération...

À son retour au salon des médecins du bloc opératoire, l'anesthésiste nous dit, encore estomaqué par cette conversation : « Avez-vous déjà vu une femme aussi niaiseuse ? »

Ma Sœur ?

Le docteur Malone (décédé) était un chirurgien de langue anglaise qui parlait français avec beaucoup d'expressions « franglaises ». Un jour, il dit à la religieuse du poste des infirmières : « Ma Sœur, est-ce que je pourrais avoir une petite relation avec vous dans le passage ? »

Évidemment, le docteur Malone voulait discuter en privé avec cette religieuse de l'état d'une de ses patientes. Il l'a fait avec une sœur au front rouge !

On va les avoir les Anglais !

Ce même docteur Malone, un jour, assistait un chirurgien plutôt lent lors d'une cholécystectomie. Après trois heures de traction sur les écarteurs, le docteur Malone prend un petit repos. Le chirurgien, satisfait du travail accompli et pour annoncer la fin de l'opération, s'écrie : « On va les avoir, les Anglais ! » Le docteur Malone reprend aussitôt : « Je ne sais pas si tu vas tous les avoir, mais tu es à la veille d'en avoir un ! » Cette phrase a bien détendu l'atmosphère.

Fracture de côte

Au cours des années où l'électrochoc était une thérapie souvent utilisée en psychiatrie, je termine une anesthésie pour un de ces traitements avec le docteur Jean Veillette, psychiatre. En sortant de la salle, je le soulève dans mes bras et je lui dis : « Jean, tu es mon meilleur. » Jean me dit : « Je crois que tu m'as cassé une côte ! »

Effectivement, la radiographie nous montre une fracture de côte sans déplacement ! « Tu pourrais me serrer moins fort », me dit Jean.

Plancher glissant !

J'arrive à la salle de réveil avec un patient anesthésié. Un chirurgien accapare deux infirmières pour faire un plâtre. Il y a de l'eau et du plâtre un peu partout autour de la civière de l'accidenté. Je dis au chirurgien assez vertement que la salle de réveil n'est pas une salle de plâtre, et que la salle d'urgence est le lieu tout désigné pour ces actes. Le chirurgien me trouve un peu agressif. Il me dit : « Sais-tu, Jean-Louis, on va t'appeler l'anesthésiste dramaturge. » Je lui réplique sur le vif : « Sais-tu, Docteur X, on va t'appeler le chirurgien égocentrique. » En disant ces mots, je me retourne vivement pour sortir de la salle et je glisse sur du plâtre. Je me retrouve le ventre à terre. Le chirurgien esquisse un sourire. Je rage, mais l'infirmière me comprend. Il n'y a jamais eu par la suite de plâtre dans la salle de réveil !

FACE AU MUR

Au cours de mes 34 années de pratique anesthésique à l'Hôpital Sainte-Marie, j'ai œuvré avec cinq différents responsables du bloc opératoire. Deux religieuses d'une belle efficacité et d'une grande collaboration ont eu longtemps la charge administrative du bloc. Pendant plusieurs années, garde Louise Grondin a tenu avec fermeté, diplomatie et compétence les rênes de ce département. À la fin de ma carrière, Albert Turcotte, infirmier ayant toutes les qualités pour diriger un bloc opératoire, en contrôle l'administration. Homme vif et alerte, presque toujours au pas de course, il sait respecter les intérêts des divers groupes œuvrant à la salle d'opération. En aucune circonstance au cours des années passées à travailler avec ces personnes responsables, je n'ai eu le moindre accrochage. Au contraire, à cause du respect mutuel de nos compétences, à plusieurs reprises j'ai contribué avec eux à bloquer dans l'œuf des conflits imminents. On ne saurait en dire autant d'une religieuse qui, au cours des années 80, a été responsable du bloc pour une courte période. Cette religieuse d'une forte carrure, autoritaire et sans aucun tact, dirigeait le bloc avec une main de fer sans gant de velours... Durant son règne..., j'ai été témoin de trois accrochages. Je l'ai vu crier à tue-tête à un grand orthopédiste de petite taille : « Face au mur ! ». Admettons qu'elle était énervée par l'annonce de trois gros cas d'urgence, mais nous nous sommes bien bidonnés de voir le fier chirurgien face au mur, tenant bien haut ses mains fraîchement brossées.

LE GENDARME

Quant à moi, je me souviens de deux prises de bec avec cette religieuse responsable du bloc. Ayant appris que j'avais retenu par le bras la religieuse responsable du département de radiologie en lui demandant de ne pas oublier d'envoyer chercher le prochain patient à anesthésier, sœur « gendarme » me sert cette semonce : « Tu as pris sœur X par le bras. Elle est cardiaque et cela l'a bien énervée. J'ai envie de mettre les avocats après toi ! »

Mes copains ont bien ri. Moi aussi. Comme je cours bien fort, ses avocats ne m'ont jamais rejoint...

DITES-ME-LE AVANT !

Cette même sœur avait pris l'habitude de commander, sans nous en parler, des tubes endotrachéaux, des aiguilles, des masques ou d'autre matériel propre à l'anesthésie. Un jour, devant l'achat de canules oro-pharyngées, je lui fais cette remarque : « Ma Sœur, les canules que vous avez achetées sont très bonnes. Mais à l'avenir, j'aimerais que vous me consultiez avant de faire d'autres achats.»

«Tu ne les aimes pas les canules ? OK d'abord.» me répond-elle.

Petite erreur de ma part... Elle a bloqué mes commandes pendant six mois !

Un tube naso-trachéal, s.v.p.

Il y a plusieurs années, une infirmière m'assiste pour l'anesthésie d'un cas de plastie nasale. Vivement, je lui demande un tube naso-trachéal pour l'intubation. Elle part rapidement en chercher un dans une autre salle. À son retour, elle réalise que le chirurgien doit travailler dans le nez et que je dois intuber par la bouche et non par le nez. Elle n'accepte aucunement cette taquinerie de ma part et sort de la salle en pleurant de rage. J'ai beau tenter de la convaincre qu'il s'agit tout simplement d'une de mes nombreuses taquineries, peine perdue. Il m'a fallu plusieurs mois pour lui faire accepter qu'il n'y avait aucune méchanceté de ma part. J'ai sûrement réussi à la convaincre, car nous sommes par la suite devenus d'excellents amis et avec Jocelyne Bujold, elle était dans l'organisation du party avec les infirmières lors de mon départ de Sainte-Marie.

Quiproquos

Toute allusion à l'aspect sexuel de la vie alimente facilement la conversation et fait sourire bien des gens. Les verbes ayant un sens vague comme faire, mettre, venir, être prêt, etc., sont souvent utilisés dans le langage populaire pour parler du sexe. Pour étayer ces dires, je rappellerai deux anecdotes survenues au bloc opératoire.

Docteur, je suis prête!

Je demande à une infirmière de la clinique de la douleur de m'avertir, au salon des médecins, lorsque tout sera prêt pour mon patient devant avoir une péridurale thérapeutique pour lombo-sciatalgie.

Un peu plus tard, à l'intercom, d'une voix forte, l'infirmière m'interpelle : « Docteur Boivin, vous pouvez venir, je suis prête... »

Fou rire de tous les confrères présents... En fait, tout était prêt pour ma technique épidurale. Il y en a qui ont l'esprit mal tourné !

L'as-tu fait aujourd'hui?

Garde France Bélair aime s'entraîner pour les sports. Moi aussi. Nous prenons la décision ferme de faire tous les jours trois minutes de chaise — le dos appuyé au mur, les cuisses à angle droit avec les jambes. Cet exercice est excellent pour tonifier les quadriceps et permettre une descente sans arrêt dans la Paradeuse au Mont-Sainte-Anne... Souvent, en salle d'opération, nous nous informons mutuellement de notre persévérance à l'entraînement.

Un jour, dans une salle d'opération, je lui dis :

– L'as-tu fait aujourd'hui France ?

– Oui, Docteur, deux fois. Et vous ?

– Bien non, je ne l'ai pas fait. On pourrait peut-être le faire ensemble ?

– Ce serait une bonne idée.

Chirurgiens, infirmières et inhalothérapeutes froncent les sourcils et sont fortement intrigués, jusqu'au moment où nous leur parlons de notre entraînement pré-ski !

Aiguille intra-artérielle/Aiguille intra-rachidienne

Un jour, un peu déçu de ma performance, je sors de la salle d'opération après quatre tentatives infructueuses de mise en place d'une canule artérielle. J'arrive face à face avec le docteur Yvon Bazin qui, lui, sort de sa salle après plusieurs tentatives infructueuses de mise en place d'une aiguille intra-rachidienne. Nous décidons d'un commun accord de changer de salle, histoire de nous relaxer… Quelques minutes plus tard, nous nous retrouvons de nouveau dans le corridor. Yvon a placé ma canule au premier essai et moi j'ai repéré l'espace sous-arachnoïdien du premier coup.

Morale de cette histoire : il ne faut pas s'entêter quand une autre main est disponible pour nous remplacer !

DOCTEUR, JE NE COMPRENDS PAS VOTRE ÉCRITURE !

Les médecins ont la réputation d'écrire illisiblement. On ne peut toutefois généraliser cette assertion. Si nous écrivions tous comme le cardiologue, le docteur Claude Bourque, il n'y aurait aucune plainte contre la calligraphie médicale. Malheureusement, certains médecins sont complètement illisibles. De vrais pattes de mouche ! Quelquefois, on peut admirer la plus simple expression de l'écriture, c'est-à-dire une ligne ondulée.

Trop pressés ? paresseux ? malhabiles ? irresponsables ? ou désir inavoué de cacher son ignorance ? Que sais-je ? Aux pharmaciens qui ont à déchiffrer ces hiéroglyphes, quelle admiration je porte !

J'ai souvenance du temps où j'étais correcteur aux examens du Collège Royal. Pendant ces quatre années, deux avec le docteur Marcel Boulanger et deux avec le docteur Durant de Québec, j'ai à décider du sort de mes jeunes confrères. Ma plus grande déception est de ne pas comprendre l'écriture de l'élève. Je me souviens de m'être arraché les yeux ou d'avoir montré la copie à mon épouse pour savoir si elle pouvait lire le texte. L'élève a-t-il voulu me cacher son ignorance, ou bien a-t-il écrit la bonne réponse ? Je ne puis le dire. Je suis désarçonné, placé dans un dilemme. En toute justice, je ne puis donner de points sans savoir ce qui est écrit. Faut-il attendre l'examen oral pour porter un jugement ?

J'ai toujours pensé qu'il est impoli, voire même irresponsable, d'écrire illisiblement. J'ai moi-même une calligraphie irrégulière. « Vous écrivez mal, Docteur » me disent certaines infirmières. Ce à quoi je réponds : « Je n'ai pas une main d'artiste, Garde, mais vous devez avouer qu'il est très facile de me lire. »

On ne peut exiger d'une personne une belle main d'écriture. C'est autre chose que de ne pas pouvoir être lu. Pour plus de clarté, j'ai toujours dicté mes consultations.

Un jour, je suis aux soins intensifs à lire une consultation que j'avais demandé en cardiologie avant une anesthésie. Il s'agit d'un griffonnage de deux pages. J'essaie de lire. Impossible. Je devine un mot ici et là. Je ne comprends aucune phrase. Énervé et irrité, je regarde la signature pour constater que l'auteur, fruit du hasard, est face à moi. J'en profite pour lui dire : « Je suis bien malheureux, Docteur. Je ne puis te lire. C'est triste, car tu as dû prendre au moins vingt minutes pour écrire cette longue consultation. C'est inutile de perdre ainsi ton temps, car personne ne peut te lire. Tu es pourtant un cardiologue intelligent et très compétent. J'aurais aimé lire ton opinion pour mieux connaître mon patient. Comme j'ai quelques années de plus que toi, je me permets de te faire une suggestion. Il ne s'agit pas d'un conseil, car je sais par expérience que les conseils ne sont jamais suivis. Voici ma suggestion : « En te servant du dictaphone, tu sauverais au moins dix minutes par consultation et nous pourrions bénéficier de ta science... »

Quinze jours plus tard, encore aux soins intensifs et devant à peu près le même personnel, je m'adresse officiellement au même médecin : « Félicitation, Docteur, j'ai lu une de tes consultations ce matin. J'ai grandement apprécié tes opinions sur le patient. J'ai pu te lire avec facilité, car ta dictée a été très bien dactylographiée. » Sa fierté l'empêche de faire des commentaires. Son honnêteté ne lui fera jamais abandonner le dictaphone...

Itinérance

Quand je prononce le mot ITINÉRANCE, ma pensée se rend immédiatement dans le métro de Montréal... Je dis, en badinant, que je vis dans une rampe de métro et que j'arrondis mes fins de mois en y jouant de la clarinette !

En 1970, notre contrat d'association (*pool*) est strict. Tous les montants d'argent gagnés par notre travail doivent être versés au « pool ». Le motif de ce règlement est d'empêcher un anesthésiste de dépenser ses énergies pour une rémunération personnelle et d'être moins efficace rendu à son travail pour le groupe à Sainte-Marie. Les vacances doivent être utilisées pour se reposer, se changer les idées mais non pour faire un travail rémunéré. Cette clause nous amène à refuser à un de nos associés d'ouvrir une clinique privée de varices s'il veut rester membre de la société d'anesthésie.

Vers 1975, nous voulons accepter le docteur Vincent Dubé comme membre de notre groupe d'anesthésistes. Après la lecture de notre contrat d'association, le docteur Dubé ne voit qu'une seule objection à sa signature. Il désire faire occasionnellement de l'itinérance en anesthésie durant ses vacances et il trouve injuste d'avoir à remettre au « pool » les revenus ainsi gagnés. Nous avons un grand besoin de ses services et c'est un homme très compétent. Pour ne pas le perdre, nous décidons de suspendre l'application de cette clause dans notre contrat.

MANIWAKI

Dès le mois de septembre suivant, le docteur Dubé, pendant ses vacances, remplace l'anesthésiste de Maniwaki. Il apprend qu'il n'y a personne pour remplacer l'anesthésiste pendant la semaine suivante. Selon la liste de garde de l'Hôpital Sainte-Marie, il réalise que je suis en vacances durant cette semaine-là et m'offre de commencer à faire du remplacement en anesthésie. Mon goût de l'aventure et de l'inédit m'incite à accepter cette semaine de travail à Maniwaki.

Jeanine et moi logeons au Motel La Désert, du nom de la rivière La Désert. Le cousin germain et ami de mon père, le docteur Philippe Poliquin, décédé en 1994, a longtemps pratiqué à Maniwaki. Sans être spécialiste, il y a fait de l'obstétrique, de la pédiatrie et de l'anesthésie. Jeanine et moi sommes invités à souper chez lui. Il ne pratique plus la médecine et se plaint amèrement des conditions difficiles dans lesquelles il a pratiqué sa profession. Me montrant le foyer, il m'indique qu'il y a brûlé plus de 50 000 $ de comptes avant l'assurance-maladie. Il trouve presque aberrant le montant que je reçois comme itinérant... Il me trouve chanceux et je l'approuve. Tout ce qu'il nous raconte sur ses nombreux exploits médicaux nous enveloppe d'admiration et de rires.

Cette première expérience d'anesthésie en périphérie m'enchante et je me promets de récidiver.

LA SARRE

À la fin des années 70, La Sarre, à plusieurs reprises, me reçoit comme itinérant. J'y remplace le docteur

Michel De Maupeau, un médecin avec un bon jugement et de belles connaissances en anesthésie. En chirurgie, le docteur Paradis a son hydravion personnel et connaît tous les lacs de la région. Joseph Tsasa, directeur général, est un Zaïrien fort sympathique qui me reçoit avec mon épouse soit pour le souper, soit pour une épluchette de blé d'Inde.

En février 1995, je révise mon classeur itinérance pour y découvrir dans mon dossier de La Sarre un chèque de 2 739,10 $ libellé à mon intention et daté du 6 décembre 1991... Je téléphone à monsieur Lortie de la Régie. Il me conseille de retourner ce chèque pour qu'on puisse m'en envoyer un nouveau !

En rétrospective, je réalise qu'en décembre 1991, après les cinq mois de chimiothérapie de mon épouse Jeanine, j'étais inquiet et très distrait. Le sombre pronostic envahissait mes pensées et pourrait expliquer cet oubli grossier.

ALMA

Durant les années 1983 et 1984, à maintes reprises, je vais à Alma remplacer le docteur Yvon Dubé. Yvon est un bourreau de travail, un gars de service qui, par ailleurs, se plaît à contester les décisions de l'administration hospitalière. Évidemment, ces petits conflits ne sont pas sans l'user prématurément. Yvon aime bien parler de finances et me suggère d'acheter de l'or comme placement sûr. J'achète donc sur papier quatre onces à ± 500 $ l'once. De ce 2000 $, j'ai récupéré dix ans plus tard environ 1600 $. Cela n'a pas été mon meilleur placement. Je ne lui en ai jamais voulu. J'ai toutefois réalisé que comme moi, Yvon ne connaissait pas tout en finances !

ROBERVAL

J'ai droit à une autre mésaventure financière reliée à mes remplacements en anesthésie à Roberval. À cet hôpital, on est généreux pour les anesthésistes. On nous accorde 100 $ par jour pour nos frais de subsistance, au lieu d'environ 50 $ par jour dans les autres hôpitaux. Mauvaise surprise ! Cinq ans plus tard, le ministère des Finances du Québec fait une vérification comptable à l'Hôpital de Roberval et s'oppose à cette générosité. On n'accepte que 50 $ par jour. Et on me cotise pour la différence. On me réclame donc environ 1000 $ de capital et 1000 $ d'intérêts !

CHANDLER

En décembre 1987, le docteur Francis Rémillard, avec qui j'ai travaillé à La Sarre, est chirurgien remplaçant à Chandler. Le DSP, le docteur Gage Clapperton, cherche un anesthésiste. Le docteur Rémillard lui suggère de téléphoner au docteur Boivin de Trois-Rivières. « Boivin, dit-il, c'est mon confrère, je l'appelle tout de suite. » J'accepte donc ce nouveau défi...

Un beau souvenir à Chandler est la réussite en dix minutes d'un bloc brachial interscalénique chez un patient présentant un important rétrognatisme, c'est-à-dire des conditions d'intubation endotrachéale extrêmement difficiles. Il doit subir une réduction ouverte d'une fracture de l'humérus. Il est minuit et je suis à l'ouvrage depuis huit heures du matin, soit seize heures d'affilée. La tentation de lui faire une anesthésie générale est grande, mais je la crois trop risquée. Grâce à ce bloc brachial interscalénique, tout se passe très bien. L'orthopédiste de

Sacré-Cœur me dit : « Il faut bien venir à Chandler pour voir un si beau bloc interscalénique. À Sacré-Cœur, on ne voit pas cela très souvent. » Je ne le crois pas, connaissant la compétence de mes confrères, mais je suis tout de même très fier de cette technique qui m'a probablement épargné un problème majeur.

C'est aussi à Chandler qu'il m'arrive un incident qui aurait pu tourner au tragique.

Un soir, après avoir anesthésié et intubé mon patient, nous le plaçons en position ventrale. Trouvant le patient trop avancé vers le haut de la table et sans m'avertir, l'infirmier tire sur les deux pieds du patient. Mon tube endotrachéal, déjà fixé à l'oreiller par un diachylon, sort de la trachée alors que mon patient est curarisé. Urgence !

Heureusement, je constate rapidement cette erreur de l'infirmier et pour la première fois de ma vie, je réintube un patient en position ventrale au lieu de le retourner sur le dos. Expérience ? Habileté ? Chance ? Probablement un peu des trois !

CHIBOUGAMAU

En juillet 1991, Jeanine et moi décidons de nous rendre à Chibougamau pour voir notre fils Marc qui y travaille comme géophysicien, son épouse Julie et nos trois petits-fils : Simon, Étienne et Thomas. Selon mon habitude, j'aime bien visiter les centres hospitaliers en voyage. Le vendredi matin, je me rends au bloc opératoire de l'hôpital. « Vous êtes anesthésiste ? me dit l'infirmière. Je suis certaine que notre anesthésiste le docteur Pauline Ricard aimerait bien vous voir… » Dix minutes plus tard, Pauline arrive au bloc.

– C'est le bon Dieu qui vous envoie, Docteur ! Je cherche en vain, depuis deux semaines, quelqu'un pour me remplacer. Je veux aller à la pêche au doré avec mon ami…

– Eh bien ! Je ne suis pas venu travailler à Chibougamau. Je suis venu voir mes petits-fils. De plus, je n'ai aucun privilège à votre centre hospitalier.

– Cela ne changera rien à votre visite ; vous n'aurez pas plus d'un appel d'ici dimanche midi. Dans quinze minutes, je reviens avec vos privilèges de pratique et dimanche midi, je vous donnerai des filets de doré.

Un peu estomaqué, je pars de l'hôpital avec le téléavertisseur. En arrivant chez Marc, je dis à Jeanine : « Je suis de garde pour quarante-huit heures. »

Tout s'est passé comme Pauline l'a dit : seulement un téléphone, du filet de doré et assez d'honoraires pour payer l'essence ! Je suis allé remplacer à plusieurs reprises par la suite à Chibougamau. Si le programme opératoire n'est pas lourd, nous devons toujours être prêt à prendre en charge de graves cas d'urgence en raison de l'éloignement de ce centre hospitalier.

GRAND-MÈRE

L'alpha et l'oméga de ma pratique anesthésique. En effet, j'y fais mon premier stage en anesthésie avant d'entrer à l'Hôtel-Dieu de Québec pour y suivre mon cours et en fin de carrière, j'y retourne à plusieurs reprises comme itinérant.

MONT-LAURIER

De Mont-Laurier, j'ai des souvenirs tristes et des souvenirs joyeux. Au printemps 1992, Jeanine est sous chimiothérapie et je demande pour elle une consultation au docteur Péloquin, oncologue. Je suis assuré de l'excellence des protocoles utilisés par mon ami le docteur Michel Baribeau, mais par acquis de conscience, je lui demande de la voir. Le docteur Péloquin m'avoue n'avoir rien à ajouter à la thérapie en cours. C'est une période triste où je pleure souvent.

En août 1993, j'ai rencontré José Hotte depuis un mois, et elle vient me rejoindre pour passer une semaine avec moi. Ce deuxième voyage de noces est évidemment un des souvenirs les plus heureux de ma vie. Mont-Laurier est une belle ville très active. La pêche le printemps, les concerts dans les parcs durant l'été, la chasse à l'automne et le carrefour des motoneigistes durant l'hiver. Le docteur François Dufour, généraliste, y pratique l'anesthésie. Il a fait de nombreux stages d'études à Montréal et il pratique l'anesthésie en exclusivité depuis plusieurs années. Il a un bon jugement, est très compétent et suit l'évolution scientifique. Je le considère beaucoup.

LA TUQUE

Je passe moult semaines comme itinérant à l'Hôpital Saint-Joseph de La Tuque.

Le vendredi 24 décembre 1993, je dois terminer ma garde à seize heures. J'ai réservé un chalet de ski à Sutton et le réveillon doit s'y faire. À quatorze heures, les ambulances se suivent à l'urgence. Le docteur Charles Grégoire, chirurgien, me demande à 15 h 15 pour intuber un jeune patient de onze ans, comateux, victime d'un accident de la route et qui doit être conduit en ambulance à l'Hôpital Sainte-Marie.

Depuis plusieurs semaines, j'ai avisé que je devrai quitter l'hôpital à seize heures. Mais les accidentés continuent d'affluer à l'urgence. Le docteur Philippe Gilbert, DSP, fait les cent pas dans le corridor. Il est nerveux. Il n'y aura pas d'anesthésiste avant huit heures le lendemain, car mon remplaçant ne pourra arriver avant le jour de Noël à huit heures. Le docteur Gilbert me supplie de rester jusqu'au lendemain. Je téléphone à José et lui explique la situation. « Je comprends bien cela, me dit-elle. Il faut s'attendre aux imprévus quand on est la compagne d'un médecin. » Son attitude me réconforte et je prends la décision d'assurer la garde jusqu'à l'arrivée de mon remplaçant. Je suis bien déçu de ne pouvoir être du réveillon à Sutton, mais mon professionnalisme l'emporte. Le docteur Gilbert est très heureux et me remercie vivement. J'arrive à Sutton pour le souper de Noël, grandement attendu par José, les enfants et les petits-enfants.

À La Tuque comme à Chibougamau, il y a beaucoup d'Indiens. Ils sont souvent très obèses. C'est un véritable défi que de pratiquer une épidurale continue en obstétrique pour une Indienne de 300 livres, avec qui aucune conversation n'est possible, celle-ci ne parlant ni français ni anglais. Il s'agit de faire asseoir la patiente sur le côté de la table et de lui montrer comment on fait le dos rond (dos de chat). Puis je regarde la tête, le pli fessier et au point de croisement de deux lignes imaginaires, l'une verticale et médiane, l'autre horizontale en région lombaire, je dirige l'aiguille vers le haut à un angle de 55 degrés. Avec l'expérience, le succès est fréquent. Toutefois, cette technique n'est pas écrite dans les « texbooks » d'anesthésie !

Saint-Vincent de Paul (Sherbrooke)

En 1994, dans l'attente de la fusion avec l'Hôtel-Dieu de Sherbrooke, les anesthésistes de Saint-Vincent de Paul se trouvent subitement à court de main-d'œuvre. Pour permettre au docteur J. Guy Voyer de prendre une vacance bien méritée, j'accepte une semaine de remplacement en anesthésie.

Lorsque je suis arrivé au bloc, le lundi, avec mon large sourire, les infirmières ont bien apprécié cela. Elles m'ont dit : « Nous n'avons pas vu sourire un anesthésiste depuis très longtemps...» Les relations chirurgiens-anesthésistes étaient très tendues. Le mercredi, je suis en charge de l'anesthésie en chirurgie vasculaire. Trois cas sont au programme : un pontage aorto-bifémoral, une endartériectomie carotidienne et un pontage fémoro-poplité sous rachi-anesthésie. J'ai la responsabilité d'un résident de quatrième année. N'ayant pas placé de cathéter de Swan-Gantz depuis un certain temps, je décide de pratiquer moi-même cette technique en expliquant le moindre de mes gestes au résident. Je lui donne quelques trucs sur la mise en place de la canule artérielle et discute avec lui des aspects théoriques de l'anesthésie de nos deux premiers patients. Ce genre d'anesthésie n'est pas monnaie courante dans la pratique d'un itinérant. Évidemment, j'ai lu la veille pour rafraîchir mes connaissances et pour épater mon résident...

Pour le troisième cas, je lui offre de faire la rachi sous ma surveillance. Il s'exécute. Après dix minutes de vaines tentatives, il me demande de me brosser les mains pour lui venir en aide. L'expérience aidant, je traverse la dure-mère au premier essai devant un résident impressionné...

Ce stage en hôpital universitaire me permet de rafraîchir mes techniques de monitorage invasif tout en donnant un peu d'enseignement à un résident. Ce dernier semble d'ailleurs bien l'apprécier puisque le lendemain, c'est encore avec moi qu'il choisit de travailler.

Durant cette semaine, j'ai à travailler avec deux chirurgiens de fort tempérament, mais vu mon âge et mon doux caractère..., je m'en suis fait des collaborateurs dévoués. Un stage comme celui-là est très valorisant, quoique plus stressant qu'en hôpital périphérique.

BAIE-COMEAU

De mes remplacements à Baie-Comeau, je garde d'excellents souvenirs du bloc opératoire et surtout d'un chirurgien général extrêmement affable : le docteur Richard Nadeau. Alors propriétaire de la brasserie Les Trois Barils, en plus d'être très bon chirurgien, il est membre du Club Richelieu. Deux années consécutives, je participe à la vente annuelle des petits pains Richelieu avec lui. Il s'occupe bien de moi, soit pour m'applaudir en me voyant réussir un « 178 » aux petites quilles, soit pour m'accompagner en motoneige pour une belle randonnée de fin de journée.

LAC-MÉGANTIC

L'Hôpital Saint-Joseph du Lac-Mégantic est un endroit recherché tant par les semi-retraités que par les membres actifs pour l'itinérance en anesthésie. Ce n'est pas l'aspect monétaire qui attire. Non, c'est d'abord l'aspect anesthésique. La charge de travail est limitée et les mauvais risques anesthésiques ou chirurgicaux sont référés à Sherbrooke. Donc peu de stress professionnel. Toutefois, j'ai souvenance d'avoir intubé d'urgence, un soir, un accidenté en obstruction respiratoire presque complète avec la bouche ensanglantée à la suite d'un traumatisme majeur du visage. Mon expérience m'a sûrement aidé.

Le chalet réservé à l'usage de l'anesthésiste est tout près de l'hôpital et situé sur la rive d'un beau lac de 25 kilomètres de long. L'anesthésiste peut y amener sa famille ou inviter des amis. Tout est si près de l'hôpital qu'avec son téléavertisseur, il peut, dans ses heures de loisir, jouer au golf, faire du canot, aller à la cabane à sucre ou admirer une vue féerique de la ville, le soir, à partir du Club Aramis. Avec une graine d'imagination, de cet endroit on peut y voir un paysage du nord de l'Italie, le lac Majeur ou le lac de Côme, par exemple.

Lac-Mégantic, 1998.
À droite : le chalet réservé aux anesthésites.

Une fois, à la fin de mars, la vue de quelques voitures circulant au beau milieu du lac m'incite, moi aussi, à y faire une petite course spéciale. D'abord, je m'arrête ici et là pour converser avec quelques amateurs de pêche blanche à la truite. Puis je conduis ma Mazda MPV à 100 km/h sur ce lac gelé, non sans tenter quelques 360 degrés, à la grande stupéfaction de ma compagne Josée... Deux semaines plus tard, lors d'un autre séjour au Lac-Mégantic, pas question de rouler sur le lac. La glace n'y est plus !

NICOLET

Il n'y a rien de particulier dans les remplacements que j'ai acceptés à l'Hôpital de Nicolet, si ce n'est que j'ai été le dernier à y anesthésier des patients avant le changement de vocation de ce centre hospitalier.

LA MALBAIE

En septembre 1996, j'accepte de prendre ma retraite avec l'allocation de fin de carrière négociée entre la Fédération des médecins spécialistes du Québec (FMSQ) et le ministère des Affaires sociales. Je crois alors ma carrière d'anesthésiste terminée.

La mise à la retraite d'environ 60 anesthésistes aggrave la pénurie d'effectifs en anesthésie.

Le MAS s'entend donc avec la FMSQ et l'A.A.P.Q. pour un rappel au travail de quinze anesthésistes retraités. En janvier 1997, je suis mandaté par le président de l'A.A.P.Q., le docteur O'Donnell Bédard, et le vice-président de la FMSQ, le docteur Yves Dugré, pour former cette équipe de dépannage. On me demande dans la même foulée d'accepter la garde en anesthésie du 1er au 8 février au Centre hospitalier de La Malbaie...

Je deviens donc le premier anesthésiste retraité à reprendre le boulot pour les dépannages d'urgence.

À La Malbaie, dans un condominium face à la mer où virevoltent les goélands, où naviguent de petits groupes de macreuses à ailes blanches et où le paysage change continuellement, quelle délectation visuelle ! En effet, les roches noires chargées de varech qui grossissent à vue d'œil à la faveur de la marée descendante apparaissent durant l'hiver comme des blocs monolithiques de glace ressemblant à des menhirs.

Le jour de l'Action de grâces 1997, par la fenêtre du condominium, je vois passer une ambulance, une deuxième ambulance puis une troisième vers Pointe-au-Pic. « Il doit y avoir un grave accident », dis-je à José.

À ce moment, la sonnerie du téléphone retentit. On me demande d'urgence, car plusieurs blessés d'un accident d'autobus survenu aux Éboulements sont attendus. Avec le chirurgien de garde, plusieurs infirmières et le responsable de la banque de sang, nous attendons patiemment l'arrivée de la première ambulance. Seulement des morts... aucun blessé vivant. Une deuxième, puis une troisième ambulance arrivent. Aucun patient vivant...

On nous apprend que les quatre ou cinq survivants ont été transportés à l'Hôpital de Baie-Saint-Paul pour être transférés à Québec après stabilisation des signes vitaux. Je regarde dans un des nombreux sacs verts descendus par les ambulanciers. Je suis ébranlé à la vue des membres déchiquetés, arrachés, des corps décapités, des yeux exorbités me regardant d'une tête sans corps. La salle d'urgence est devenue une immense morgue. En dépit de ma vaste expérience avec des accidentés de toutes sortes, je suis estomaqué devant cette scène macabre. Je suis envahi par un immense sentiment d'impuissance et de chagrin. Ces sacs verts remplis de membres en lambeaux, ces grandes mares de sang sur le plancher, ces visages ébahis d'ambulanciers et cette odeur de chair humaine meurtrie m'enveloppent d'une sensation jamais ressentie auparavant. Le lendemain matin, une odeur de cadavre hante l'hôpital pendant que de grands camions réfrigérés ramassent les corps, sous le regard des curieux.

Pendant un autre de mes séjours à La Malbaie, j'utilise mon statut de médecin anesthésiste venant rendre service à la population de La Malbaie, pour obtenir de monsieur Cabot des billets d'entrée pour visiter ses jardins renommés. Quelle belle visite à ce jardin magnifique ! Encore un privilège de docteur !

À peu de distance de La Malbaie, il y a un restaurant appelé le Bootlegger. C'est un ancien repaire clandestin de vente de boisson au temps de la prohibition. Le propriétaire y chante des chansons du terroir en s'accompagnant sur sa guitare. Sa belle-mère, déguisée en tenancière du temps, fait office de guide. Par un escalier truqué, elle nous conduit au rez-de-chaussée, où les murs amovibles servaient jadis à cacher la boisson de contrebande pour ainsi berner les policiers. Excellente ambiance et très bon repas.

Après une autre semaine de remplacement à La Malbaie, José et moi nous rendons aux Hautes-Gorges sur la rivière Malbaie, derrière Sainte-Agnès. En kayak, nous parcourons ces six kilomètres de rivière à eau calme bornés de chaque côté par une montagne abrupte haute de cent mètres. Véritable paysage féerique s'illuminant d'éclairs et bourdonnant de coups de tonnerre tonitruants durant un orage violent qui nous force à nous cacher dans une petite grotte. Après l'orage, nous ressemblons à deux êtres préhistoriques sortant de leur caverne. Au retour, calmement nous voguons, emportés par un léger courant et la propulsion de nos pagaies. Quel beau souvenir !

JONQUIÈRE

À Jonquière, l'épouse du docteur Pierre-Paul Paquet, qui a œuvré pendant de nombreuses années à Jonquière comme anesthésiste et qui est maintenant décédé, m'assiste en anesthésie. Comme elle sait que Pierre-Paul était mon grand ami et confrère d'entraînement à l'Hôtel-Dieu de Québec, en bonne inhalothérapeute qu'elle est, elle me rend la tâche facile.

GASPÉ

Juillet 1998. Le docteur Thierry Pétry cherche un anesthésiste remplaçant pour lui permettre de participer au triathlon (nage-vélo-canot) dont il est le président organisateur à Gaspé. Je le remplace durant la fin de semaine.

Tout anesthésiste itinérant doit être prêt à rencontrer un personnel nouveau, des habitudes différentes, des modes personnalisés d'organisation du travail, des appareils ou des moniteurs différents et un arsenal pharmacologique particulier. Il doit donc aimer l'inédit, l'aventure et l'expérience nouvelle. Un mécanisme d'adaptation doit être chez lui une qualité primordiale. Durant cette fin de semaine à Gaspé, j'ai à expérimenter ce mécanisme d'adaptation. En effet, lors d'une césarienne, pour ma rachi-anesthésie, je ne veux pas utiliser de xylocaïne, produit avec lequel je suis familier. Mes lectures récentes m'ont appris que la marcaïne à 0,75 % serait moins susceptible de provoquer des problèmes neurologiques. Même si je n'ai aucune expérience avec la marcaïne rachidienne, je dois m'exécuter. Par ailleurs, je connais très bien la pharmacologie et la posologie de cet anesthésique local. Le défi est intéressant, surtout avec la chirurgienne gynécologue comme assistante pour ma technique rachidienne... Tout se passe très bien. La patiente est heureuse, la gynécologue aussi et le bébé me remercie !

AMOS

En 1998 et en 1999, je travaille à plusieurs reprises à l'Hôpital d'Amos. C'est un centre hospitalier régional très actif. Cinq orthopédistes y concentrent la chirurgie élective et urgente de toute la région. Il y a aussi un bon département d'obstétrique. Après un programme régulier d'au moins huit heures, la garde n'est pas de tout repos.

Lors d'une fin de semaine, mon programme d'urgence débute le samedi à 10 heures le matin pour se terminer presque sans interruption 18 heures plus tard, soit le dimanche matin à 4 heures. Je me rends à l'hôtel et après quelques heures de sommeil, je recommence un nouveau programme opératoire d'urgence de 10 heures à 18 heures. J'en ai un peu ras le bol, mais je ne suis pas trop fatigué, jusqu'au moment où je vois, à la salle d'urgence, cinq accidentés de la route arrivant en ambulance. C'en est trop. Je ressens subitement ma fatigue de la tête jusqu'aux pieds. Je vois bien que je dois dormir un peu. Je téléphone donc au docteur Hugues Germain, chef du département d'anesthésie. Il m'avait informé de ne pas hésiter à recourir à son aide au besoin. Je lui demande s'il peut me remplacer jusqu'à minuit afin de m'octroyer quelques heures de sommeil. Il accepte de bonne grâce. Très généreux, il me laisse dormir toute la nuit. Le lundi matin à 9 heures, je me rends à la salle d'opération pour lui remettre le téléavertisseur, car je viens de terminer ma semaine de remplacement. Il m'apprend qu'il a réussi à se coucher à 3 heures du matin, après l'anesthésie de trois cas d'orthopédie et une césarienne. Je connaissais sa compétence. Je constate de plus qu'il a la jeunesse, une grande capacité de travail et surtout qu'il est un chic gars se plaisant à rendre service. Merci Hugues !

À Amos, deux autres évènements particuliers stimulent mes glandes surrénales.

Césarienne d'urgence

Je suis appelé vers 21 heures pour une césarienne d'urgence. La patiente est déjà dans la salle d'opération. Le bébé est bradycarde. Les infirmières s'affairent en vitesse. Le mari est dans la salle d'opération. Une infirmière me demande : « Faites-vous une péridurale, Docteur Boivin ? » Je réponds : « Eh bien ! je préfère une générale à cause de l'urgence fœtale. » Le mari me dit : « J'aimerais une péridurale pour ma femme… » et la patiente me dit : « Je m'attendais à une péridurale, Docteur Boivin. » En raison de l'urgence de faire la césarienne, cette insistance à me suggérer une technique que je ne privilégie pas me contrarie. En compromis, je suggère une rachi-anesthésie qui requiert beaucoup moins de temps pour l'analgésie. La patiente accepte. Malheureusement, une scoliose importante me fait échouer la technique. Je décide donc de revenir à ma première option : l'anesthésie générale, qui est acceptée de bonne grâce. Tout va très bien, le bébé est en bonne santé et la mère s'éveille rapidement et sans douleur. À ce moment, j'apprends que ma patiente est le docteur Diane Allen, gynécologue, et que son mari est le docteur Daniel Lévesque, lui-même O.R.L. à l'hôpital ! Je suis surpris et surtout déçu que la chirurgienne gynécologue, le docteur Pascale Gaudet, ne m'en ait pas informé plus tôt. Elle croyait sûrement que j'étais déjà au courant. Maintenant, je comprends mieux l'insistance de la patiente et de son époux, quoique je demeure convaincu d'avoir agi selon des principes médicaux valables.

Méprise

En fin d'après-midi, ce 3 juin 1999, j'anesthésie un homme de 325 livres, diabétique et mari d'une infirmière de la salle d'opération. Il m'avoue avant l'anesthésie qu'il ne veut pas de régionale et que sa plus grande crainte est la douleur postopératoire. Sous anesthésie générale, l'ablation de l'ongle incarné du gros orteil se fait sans problème. En raison de son seuil de tolérance à la douleur peu élevé et de son poids, comme analgésique postopératoire, je prescris deux mg de Dilaudid i.v. et sous-cutané à la salle de réveil. Le patient présente une diminution de son rythme respiratoire à six par minute et une légère désaturation de son hémoglobine. Je corrige facilement cette dépression avec le Narcan 0,2 mg i.v. à deux reprises. Une minute plus tard, la respiration se maintient à 10 par minute avec une bonne saturation de son hémoglobine. Je retourne le patient sur l'étage. Peu après, l'infirmière vient me dire à la salle d'opération que le patient respire encore à un rythme de 6 par minute, qu'il est conscient mais somnolent. Je suis dans un dilemme. Si je lui donne à nouveau du Narcan, il risque de devenir souffrant et il va falloir lui redonner des narcotiques, car son seuil de douleur est très bas. Je dis à l'infirmière de le surveiller étroitement et de lui donner Narcan 0,4 mg i.v. si le rythme respiratoire descend à 4 par minute. J'ai toutefois la quasi-certitude que la phase dangereuse est passée. En début de soirée, mon téléavertisseur sonne : code 99 chambre 414. Comme mon patient est au quatrième étage, je suis certain qu'il s'agit de lui. L'infirmière, très occupée, ne l'a peut-être pas suffisamment surveillé. La respiration s'est peut-être déprimée rapidement pour amener un arrêt respiratoire et cardiaque avant de recevoir l'antidote que j'ai prescrit ? De l'Hôtel L'Esker, je décampe en vitesse. J'entre en courant par la porte de l'urgence. « Dis-moi pas que je viens de perdre mon patient » me dis-je, tout énervé. « Quel malheur ! Quel malheur ! » Dans le corridor, je rencontre un technicien avec le défibrillateur. « Arrives-tu du code 99 ? » lui dis-je. « Oui, me répond-il. Le patient est décédé et l'infirmière m'a dit qu'il n'y avait pas de réanimation à faire chez ce patient opéré aujourd'hui. » Tout cela confirme qu'il s'agit bien de mon patient dont l'épouse est infirmière, et qui a été opéré cet après-midi. Je suis très inquiet. Je cours à l'ascenseur en imaginant le pire des scénarios. Au quatrième étage, je dis à l'infirmière du poste : « Mon patient diabétique est mort ? » Elle s'empresse de me rassurer : « Non Docteur. Ce n'est pas votre patient. C'est un autre qui présentait une maladie pulmonaire chronique, une maladie cardiaque sévère et une insuffisance rénale. Il a été opéré hier lui aussi ! » Ouf ! Je reprends mon souffle.

Je vais voir mon patient. Il est non souffrant, bien conscient, avec une bonne saturation d'hémoglobine et une excellente respiration. Son épouse est toute surprise de me voir.

Merci ! Seigneur Dieu. En rétrospective, le patient décédé avait confié à l'infirmière lors de son souper qu'il désirait mourir, qu'il en avait assez de vivre avec autant de maladies graves. Un peu plus tard, l'infirmière retourne à sa chambre pour constater un arrêt cardiorespiratoire. Code 99 lancé à l'anesthésiste, etc. Intentionnellement ou non, le patient a débranché son soluté. Puis, voyant couler le sang par le tube, volontairement ou par erreur — il avait eu quelques épisodes de confusion durant la journée —, il a branché le tube d'oxygène à la tubulure du soluté. L'oxygène sous pression a envahi la circulation et provoqué l'arrêt cardiaque. Par malheur, ce patient est décédé. Par bonheur, ce n'est pas mon patient !

Shawville

Cat city ! comme le dit mon fils Pierre, m'accueille comme dépanneur à moult reprises à la fin du siècle dernier.

J'y rencontre le docteur Tom O'Neil, qui connaît fort bien son anesthésie et le docteur Earl Potvin, excellent chirurgien dont je ne puis certifier la renommée Tiger Woodienne (!), n'ayant pas joué au golf avec lui ! M. B., Chicoutimien d'origine, est le chef technicien en anesthésie. À cause de ses fortes tendances nationalistes, il apparaît comme le mouton noir de la bergerie dans ce milieu anglophone. Dès mon arrivée à la salle d'opération, il me demande si je travaille avec le Rémifentanyl : un nouveau narcotique appelé «Ultiva». Il me vante les qualités de cet analgésique utilisé par certains anesthésistes. Le jour même et les jours suivants, je lis la documentation récente que je possède sur ce produit. Le vendredi, j'ai à anesthésier quatre patientes pour ligature tubaire. À la grande surprise de Martin, je lui annonce que j'utiliserai le Rémifentanyl, même si la ligature tubaire n'en est pas l'indication de choix. Le Rémifentanyl n'est pas disponible dans tous les centres hospitaliers, et je désire en faire ma propre expérience. Tout va pour le mieux : Propofol et Rémifentanyl en infusion. Intubation trachéale sans curare.

J'ai recours à l'administration de morphine i.v. à la fin de l'anesthésie pour remédier à la durée très courte de l'analgésie procurée par le Rémifentanyl. Je suis satisfait de mes anesthésies, mais en raison de sa courte durée d'analgésie, je n'entrevois pas un avenir très prometteur pour ce nouveau produit que je viens d'expérimenter, sauf lorsque la douleur n'est pas prévue en salle de réveil comme c'est le cas par exemple lors d'anesthésie pour certaines endoscopies.

BAIE-SAINT-PAUL

À Baie-Saint-Paul, où dorment (!) mes aïeux, je vais endormir... les patients du centre hospitalier en 1999. Nous logeons dans le chalet d'un très bon chirurgien, le docteur Yves Tourville. Bien situé en montagne et surplombant la ville de Baie-Saint-Paul, ce chalet est bien apprécié. Le docteur Tourville est aussi un violoniste suffisamment doué pour jouer dans un orchestre au Québec et en Europe. Il est un inconditionnel de Mozart. Dès sa sortie de la salle d'opération, il consulte une partition de musique. De qui ? De Mozart, bien entendu... Quel homme complet que ce docteur Tourville.

GRANBY

En octobre 1999, je débute une série de semaines de remplacements occasionnels à Granby. Cette ville m'impressionne par la beauté du lac Boivin, œuvre d'un ancien maire qui n'est malheureusement pas parent avec moi ! Les sports nautiques peuvent être pratiqués sur ce lac situé en pleine ville. Autour du lac, une très belle piste cyclable communique avec d'autres voies cyclables intercités. L'administration de cette ville à budget équilibré et privée de dettes — heureux citoyens ! — est un exemple à suivre pour les autres villes ainsi que pour les gouvernements de la province de Québec et du Canada...

Étude d'un dossier par le docteur Boivin.

Anecdotes en itinérance

Voici maintenant six épisodes : les uns déprimants, d'autres plutôt amusants et d'autres valorisants, tous survenus dans les divers hôpitaux où j'ai pratiqué comme anesthésiste itinérant. Je préfère garder l'anonymat des personnes et des hôpitaux pour ne pas heurter la réputation, la susceptibilité ou le professionnalisme des gens concernés.

UN CHIRURGIEN INSÉCURE ET MALHABILE

Un lundi, je dois faire une anesthésie pour une « fermeture de colostomie ». Cette opération doit normalement durer environ une heure. Les infirmières m'avertissent que le chirurgien est insécure et très lent. La patiente est âgée, obèse, hypertendue et souffre d'une maladie pulmonaire chronique. Je décide de faire une péridurale continue à cette patiente. Le chirurgien me dit à deux reprises de faire une anesthésie générale. Je suis certain du bien-fondé et de l'indication de ma péridurale continue. Je dis donc au chirurgien que je sais ce que j'ai à faire, et que cette technique est bien indiquée tant pour la période postopératoire que per-opératoire. Le chirurgien me fait demander pendant qu'il se brosse les mains pour me dicter encore ma conduite anesthésique... J'en perds presque mon sang-froid, et je lui dis sur un ton badin que je vais être obligé de lui donner un Valium intraveineux ! Il rage. Ma péridurale continue est un succès et pendant trois heures, le chirurgien tâtonne dans l'abdomen sans aucune plainte de la patiente sauf un peu de fatigue qui motive, après trois heures, mon anesthésie générale pour l'heure restante. Durant la période postopératoire, le chirurgien enlève mon tube épidural sans m'avertir. Je suis en colère, mais je me contrôle... Le mercredi, il annule son programme opératoire pour ne pas avoir à travailler avec moi et pour me punir... Grand bonheur pour moi que cette journée de congé ! Le vendredi, il inscrit une patiente au programme de la salle d'opération pour endo-cholécystectomie. Je procède à l'anesthésie. L'opération se prolonge au-delà de deux heures. Le chirurgien est impatient et moi aussi. Lorsqu'il me dit que la patiente n'a pas un bon relâchement musculaire pour cacher sa maladresse, je lui réponds : « Mon neurostimulateur m'indique que la patiente est complètement curarisée. Ce n'est pas de ma faute si vous ne savez pas opérer. Franchement, je n'ai jamais vu de ma vie un chirurgien si malhabile... »

La chirurgie se termine rapidement avec l'aide d'un autre chirurgien extrêmement habile et très efficace. Ce dernier me dit, après l'opération : « Vous avez bien fait de lui parler ainsi. Il se croit très bon, mais il est malhabile et très insécure. Il nous dit régulièrement que son programme opératoire va durer trois heures. Alors nous planifions deux ou trois cas après son programme pour devoir souvent les annuler, car il prend toute la journée pour exécuter son petit programme. »

L'orthopédiste me félicite de lui avoir dit ce que les autres chirurgiens sont gênés de lui dire... Je lui réponds que je n'aurais jamais fait ces remarques désobligeantes s'il avait fait sa chirurgie sans me donner d'ordres en anesthésie. Après l'opération, les infirmières me disent à quel point elles ont apprécié mon intervention.

Tout au long de ma carrière d'itinérant en anesthésie, je n'ai rencontré qu'un seul chirurgien de cet acabit. C'est l'exception qui confirme la règle. Je n'ai travaillé en effet qu'avec des chirurgiens compétents, affables, au jugement sain, habiles donc rapides, collaborateurs et pleins d'humour. Le seul autre chirurgien indésirable avec lequel j'ai eu à travailler est le suivant.

Un chirurgien sans vergogne

Je suis de garde. À 19 heures, on m'avertit qu'un chirurgien va opérer un cas d'obstruction intestinale. Le patient arrive au bloc opératoire. Il est couché sur la civière en position latérale. Son abdomen, gonflé d'ascite, est si globuleux qu'il ne peut respirer en position dorsale. Il est pâle, livide, haletant avec une respiration superficielle et saccadée.

Il est sans prémédication, conscient mais légèrement somnolent. C'est un patient de 63 ans qui a eu une résection intestinale quatre mois auparavant pour néoplasie de l'intestin. Lors de cette intervention, des métastases hépatiques avec ascite sont constatées. Le patient est en subocclusion depuis près de deux mois et c'est ce soir le moment choisi par un chirurgien peu scrupuleux pour l'opérer. Ce patient a perdu quarante livres récemment, malgré la présence d'un gros volume d'ascite intra-abdominal. Il a un débalancement électrolytique et une hypovolémie certaine. J'explique donc au chirurgien que ce patient est mourant et que la morphine i.v. avec la présence des parents est le seul traitement requis. Selon le chirurgien, l'indication est impérative et il faut absolument l'opérer. Je téléphone au chef anesthésiste. Il refuse de venir faire entendre raison au chirurgien et il me dit de faire de mon mieux ! Je me sens très seul dans un milieu étranger et hostile où je travaille pour la première fois. Je n'ai pas le choix. Je dis au chirurgien qu'il faudra ventiler le patient aux soins intensifs après la chirurgie. Il s'y oppose vivement, mais se ravise après une de mes mises au point bien structurée...

Aucun inhalothérapeute pour m'assister. En service externe, une infirmière pour qui le chirurgien est roi et qui daigne m'aider un peu lorsque j'insiste. Je donne des cristalloïdes, de l'albumine humaine, du sang, du Pentaspan etc., avec une anesthésie légère et une bonne curarisation. Les adhérences sont telles qu'après deux heures et demie de débridement laborieux, le chirurgien réussit tant bien que mal à faire une colostomie transverse. Le lendemain et le surlendemain, le patient n'est pas extubable. Il est toujours sous ventilateur et n'a pas repris conscience. À mon départ, deux jours plus tard, le patient est maintenu vivant grâce à la ventilation mécanique et aux vasoconstricteurs.

Grand succès de la chirurgie moderne !, exécuté par un chirurgien sans vergogne et sans jugement...

Un chirurgien original

Un jour, le chirurgien de garde est un itinérant comme moi. C'est un homme de courte taille, vêtu d'un cardigan dissimulant mal un abdomen globuleux. Cravate à la Mickey Mouse, casquette de coton à carreaux, œil vif et verres épais. Rien n'échappe à cet homme, qui peut raconter d'un trait de courts épisodes de sa vie assaisonnés de détails des plus savoureux ou des plus macabres. J'ai toujours pensé avoir la langue bien pendue mais là, je suis battu. Son amie, frêle et délicate, c'est-à-dire « montée sur un *frame* de chat », comme dirait le célèbre animateur de télévision, Guy Mongrain, est venue pour la fin de semaine et nous annonce que ce vendredi, son copain chirurgien fête son anniversaire de naissance. J'offre le Mouton Cadet au restaurant...

Ce chirurgien très intelligent est un récipiendaire du Prix du Prince de Galles. Il a un grand respect pour moi. Il est heureux de me voir très amical avec lui, car il se souvient de mon air indépendant et hautain lorsqu'il me vit pour la première fois à Sainte-Marie dans les années 60, alors qu'il assistait un chirurgien pour une appendicectomie. En boutade, je lui glisse qu'en qualité de jeune « Fellow » en anesthésie, frais émoulu de l'Hôtel-Dieu de Québec, il était normal que je ne daigne pas saluer un assistant, même pas spécialiste et par surcroît favorable à l'avortement !

Ce chirurgien se moque allègrement de la compétence des infirmières et de certains praticiens généraux. Mais à mon égard, il n'a que respect et condescendance.

Un jour, au dîner, il me dit :

– Avez-vous vu ma nouvelle Cadillac, Docteur ? C'est bien mieux que votre Wagon. C'est bien plus confortable. J'ai déjà eu un Wagon comme le vôtre quand j'étais médecin de campagne...

– Une Cadillac comme la vôtre, c'est peut-être confortable, mais je trouve que ça fait vieux pépère... Cela a l'air un peu parvenu, même si ce n'est pas votre cas. Ce n'est pas sportif comme ma MPV.

– Ma Cadillac est très facile à conduire. Quand je descends à Trois-Rivières, je mets mon livre sur le volant et je lis pendant tout le trajet en regardant la route avec ma vision périphérique...

– Je ne veux pas vous relancer, Docteur, mais moi, quand je descends à Trois-Rivières, je mets ma MPV sur le pilote automatique. Je m'endors et me réveille en arrivant chez moi !

En résumé, ce chirurgien m'apprécie beaucoup. Nous nous entendons très bien, sauf lorsque nous parlons de sa Cadillac !

DRÔLE DE TECHNIQUE

Un matin, je suis l'anesthésiste responsable en salle d'ophtalmologie pour des narcoses chez des patients devant être opérés pour extractions de cataractes.

Pendant son anesthésie locale rétro-bulbaire, l'ophtalmologiste perce accidentellement une artériole et une hémorragie rétro-bulbaire importante l'oblige à annuler son intervention. Au deuxième cas, il me regarde placer mon intraveineuse avant de faire son injection rétro-bulbaire. Pour vérifier si mon cathéter est en bonne position, je laisse couler un peu de sang sur l'avant-bras. L'ophtalmologiste me lance, un peu narquoisement : «Vous avez une drôle de technique d'intraveineuse, Docteur ! » Je lui réplique du tac au tac : «Voulez-vous dire que ma technique d'intraveineuse est aussi sanglante que votre technique d'injection rétro-bulbaire ? » Pas de réponse, mais l'ophtalmologiste a tout compris !

Nous savons tous que notre responsabilité d'anesthésiste ne doit être impliquée, et à bon droit, que pour un patient à la fois. Il y a toutefois des exceptions prévues, en particulier pour l'urgence et l'obstétrique. L'événement suivant en est l'illustration.

Vers la fin d'un programme régulier à la salle d'opération, je suis de garde et je suis demandé pour une péridurale continue en obstétrique. De retour en salle d'opération, une patiente de 80 ans, en mauvaise condition physique, m'attend avec une obstruction intestinale. Le réseau veineux est pauvre et j'installe un cathéter dans la veine sous-clavière gauche. Avant d'endormir ma patiente, je décide de lui faire une rachi-anesthésie, tant pour diminuer le besoin en anesthésiques généraux que pour l'analgésie postopératoire par la morphine, que j'incorpore à ma solution d'anesthésique local intrarachidien.

Dès ma technique complétée, je suis demandé d'urgence dans une autre salle pour une césarienne. Il s'agit de la patiente à qui j'ai fait une péridurale une heure auparavant.

La césarienne est facilement faite sous l'analgésie de ma péridurale et la patiente est transportée à la salle de réveil avec des signes vitaux stables.

Je procède donc, dans l'autre salle, à l'anesthésie de ma patiente en obstruction intestinale. Quelques minutes après l'intubation trachéale, je constate un branle-bas inaccoutumé et j'entends courir des infirmières dans le corridor. On me demande d'urgence auprès de la patiente qui a eu une césarienne. Elle saigne abondamment. Nous lui donnons des transfusions sous pression et d'autres liquides i.v. Un gynécologue arrive en salle d'opération et sous laparotomie, il constate une artère utérine largement ouverte. Après une heure d'efforts stressants de la part des chirurgiens et de réanimation intensive — neuf trans-fusions, substituts du sang, lactates, etc. —, l'hémostase est réussie et la patiente peut retourner en salle de réveil. Ma malade de 80 ans, pendant ce temps, est sous anes-thésie légère et est surveillée par une deuxième inhalothérapeute demandée d'urgence. Le tout se ter-mine très bien. Je n'avais pas le choix. J'ai fait deux anesthésies simultanées et je trouve cela un peu stres-sant.

INTUBATION DIFFICILE

Il est trois heures du matin. Je suis appelé par l'anes-thésiste de garde. Il me demande de venir l'aider pour l'intubation trachéale d'une patiente en obstruction res-piratoire à la suite d'une complication hémorragique postimplant dentaire. J'arrive en vitesse à la salle d'opé-ration. J'y vois deux infirmières, deux inhalothérapeutes, un anesthésiste et un chirurgien, les mains brossées, at-tendant pour une éventuelle trachéotomie en cas d'échec de l'intubation trachéale.

La patiente est inconsciente et presque en obstruc-tion respiratoire complète. Le sang s'est répandu en telle quantité dans son cou qu'elle ne peut plier sa tête. Sa langue est tellement œdémateuse qu'elle emplit pres-que toute sa cavité buccale. L'anesthésiste me demande mon opinion. Je requiers 5 cc de xylocaïne à 4 % que l'anesthésiste court me chercher dans une autre salle. Je procède à une injection transtrachéale de la xylocaïne pour anesthésier le larynx. Puis je demande à l'anesthésiste s'il désire tenter l'intubation trachéale. Après deux échecs, il me donne sa place. Ma petite lame droite préférée (Wis. n° 2) est trop courte. J'essaie une deuxième fois avec la lame n° 3 par voie latérale. Je ne vois pas les cordes vocales à cause de l'infiltration de la langue et des autres tissus par le sang. Mais avec le laryngoscope en place, je constate que la respiration est facilitée. Je déduis que je suis dans la bonne direction. Je glisse un tube endo-trachéal n° 6 avec ballonnet sur ma lame de laryngoscope et avec quelques petites rotations, je pénètre à l'aveugle dans le larynx. Oxygénation facile de la patiente. Soupir de soulagement par les sept membres de l'équipe. Relaxation et satisfaction du jeune (!) anesthésiste d'expérience qui vient de défier l'*exitus* de cette patiente !

L'anesthésiste de garde me remercie à plusieurs reprises. La nouvelle de cette intervention d'urgence parcourt l'hôpital et le lendemain, je dois raconter l'épisode à au moins cinq reprises...

Deux jours plus tard, j'apprends que la patiente est toujours aux soins intensifs à Montréal avec mon tube endo-trachéal et que son état est stable.

C'est agréable d'être demandé pour aider un anesthésiste qui compte onze ans d'expérience et de réussir une technique difficile. Toutefois, je ne cache pas qu'à mon départ de l'hôtel pour la salle d'opération, à trois heures du matin, j'étais dans mes petits souliers !

Résumé de ma pratique

J'ai pratiqué ma profession d'anesthésiste dans trois centres hospitaliers pendant mes études : l'Hôtel-Dieu de Québec, l'Hôpital Notre-Dame de l'Espérance à Québec et l'Hôpital du Sacré-Cœur, aussi à Québec. J'ai pratiqué l'anesthésie comme membre actif pendant 38 ans à l'Hôpital Sainte-Marie de Trois-Rivières et j'ai aussi pratiqué comme remplaçant à l'Hôpital Cooke, à l'Hôpital Saint-Joseph de Trois-Rivières, à l'Hôpital de Louiseville et au Centre hospitalier Cloutier du Cap-de-la-Madeleine. J'ai aussi fait de la suppléance (itinérance) au Centre hospitalier de Shawinigan, au Centre hospitalier Hippolyte-Lafontaine de Montréal et au Centre hospitalier de douze autres villes : Sorel, Amqui, Sainte-Anne-des-Monts, Notre-Dame-du-Lac, Rimouski, Bathurst, Matane, Val-d'Or, Verdun, Îles-de-la-Madeleine, Dolbeau et Montmagny. C'est à Montmagny que j'ai œuvré pour la dernière fois en anesthésie les 16, 17 et 18 janvier 2006. Par la suite, lorsque j'annonce ma retraite à mes amis, ils ne me croient pas, en raison des multiples déclarations du même acabit faites depuis quatre ans, à la manière de Dominique Michel ! « C'est réellement la retraite, leur dis-je. Cette fois, c'est la vérité, croyez-moi. » En incluant les vingt centres hospitaliers cités plus haut où je rapporte mes expériences comme anesthésiste itinérant, on peut réaliser que j'ai pratiqué l'anesthésie dans quarante-deux hôpitaux différents.

S'agit-il d'un record Guinness à faire homologuer ! Je ne le crois pas, mais c'est sûrement une bonne moyenne...

PÉNURIE D'ANESTHÉSISTES

Combien de fois ai-je entendu des gens me demander : « Pourquoi existe-t-il un manque chronique d'anesthésistes ?» Habituellement, je réponds ceci : « Disons d'abord qu'il y a un manque chronique de médecins tout court, en raison de la limitation imposée des inscriptions aux facultés de médecine, de la prise accélérée de la retraite par un grand nombre de médecins et parce que les revenus dans les autres provinces et aux États-Unis sont assez alléchants pour favoriser l'émigration. Certains diront que la réduction du nombre de médecins étrangers compte aussi pour 22 % de la pénurie de médecins (L'Actualité médicale, vol. 23, n° 25, 26 juin 2002). À ce sujet, je trouve disgracieux qu'il faille tellement compter sur les médecins étrangers pour pratiquer la médecine au Québec, alors que de nombreux jeunes Québécois désireux d'étudier la médecine sont refusés parce qu'ils n'ont pas 90 % aux examens. Je suis chagriné en pensant qu'on n'a pas prévu dans la préparation des plans d'effectifs médicaux depuis dix ans que les filles, plus studieuses que les garçons, seraient un jour majoritaires en première année de médecine — plus de 50 % en 2003 — ; que les filles doivent arrêter de travailler lors des grossesses et qu'en général, très intelligentes, elles choisissent une meilleure qualité de vie que les garçons ; que les garçons, pas si fous que ça, choisiraient eux aussi de travailler moins fort à leur exemple ; qu'une population vieillissante a besoin de plus de soins et que le développement des prothèses raffinées de tout acabit augmenterait la demande en soins. Non ! Centrés sur la guerre au déficit, les décideurs se sont royalement trompés dans leurs prévisions.

Par ailleurs, les jeunes docteurs ne sont pas aveugles. À moins d'être mordu au sang, piqué au vif ou hypnotisé par l'anesthésie avec un grand « A », pensez-vous qu'il y ait intérêt à choisir l'anesthésie, une spécialité où la férule chirurgicale était jadis prédominante, où les lettres de noblesse ont mis du temps à être accordées, où une distraction ou un oubli peuvent avoir des conséquences extrêmement graves, où les avocats sont à l'affût des moindres erreurs médicales, où le travail de nuit en urgence est habituel, où la situation de vie ou de mort est monnaie courante et où le revenu s'est situé pendant longtemps parmi les plus faibles des spécialistes ? »

Habituellement, ces explications satisfont mon interlocuteur. Toutefois, je dois ajouter qu'après des négociations intenses et quelquefois houleuses entre nos représentants et la F.M.S.Q., depuis quelques années, le revenu des anesthésistes est parvenu au milieu de l'échelle tarifaire.

Après ces propos plutôt sérieux, voici deux anecdotes humoristiques en relation avec le revenu des anesthésistes.

Humour...

RENCONTRE AVEC LE
DOCTEUR RAYMOND ROBILLARD

Conscient de la situation financière des anesthésistes en comparaison avec d'autres spécialités où les situations d'urgence ou risquées sont rares, au cours des années 70, à titre de président du comité des tarifs de l'A.A.P.Q., j'essaie d'améliorer nos conditions financières en argumentant avec la Fédération des médecins spécialistes du Québec.

Un soir de janvier 1972, en qualité de président du Bureau médical de Sainte-Marie, j'offre à mon domicile le « Night Cap » au président de la F.M.S.Q., le docteur Raymond Robillard, qui est venu rencontrer les spécialistes de Trois-Rivières.

En voyant ma piscine intérieure bien éclairée, le docteur Robillard s'exclame avec humour : « Qu'est-ce que vous avez à vous plaindre, les anesthésistes, avec une piscine comme celle-là ? Vous n'avez pas l'air de faire pitié ! » Je lui réponds sur le même ton : « Écoutez, Docteur Robillard, pensez-vous que j'ai construit cette maison avec mes honoraires d'anesthésie ? Vous ne savez pas que j'ai de l'argent de famille ? »

Mensonge joyeux pour répondre du tac au tac aux taquineries d'un président alerte.

Monsieur Blondeau, actuaire de la F.M.S.Q.

Dans les années 70, lors d'une rencontre avec l'actuaire de la F.M.S.Q, monsieur Blondeau, au « Kontiki », chic restaurant de l'ancien Hôtel Mont-Royal, je lui explique l'origine de nos problèmes financiers. En 1970, au moment d'établir la première liste des tarifs en anesthésie, notre représentant, le docteur S., est un anesthésiste de langue anglaise bien nanti et pratiquant l'anesthésie en dilettante. Il trouve que les honoraires attribués aux actes anesthésiques sont bien suffisants et il laisse passer le bateau. La plupart des autres spécialités ont un négociateur chevronné et ils obtiennent comme point de départ des honoraires justes et équitables. Nous partons donc en 1970 au bas de l'échelle des diverses spécialités. Après un an, un avocat, le négociateur de la F.M.S.Q., nous annonce une augmentation de ± 2 % pour les spécialités les mieux rémunérées et de ± 5 % pour les spécialités au bas de l'échelle, afin de réduire l'écart entre les revenus.

Je lui dis en réunion des délégués qu'il n'obtiendra jamais l'équilibre des revenus avec cette méthode. En effet, il m'apparaît alors clair que l'écart perdurera si l'on donne 2 % d'augmentation à une spécialité qui a presque le double des revenus d'une autre spécialité à qui l'on donne 5 % d'augmentation.

Pendant que j'explique toutes ces belles choses à monsieur Blondeau dans ce restaurant à peine éclairé qu'est le « Kontiki », nos épouses nous écoutent religieusement. L'atmosphère est tendue et les trois serveurs en livrée, debout derrière nous, ont un faciès imperturbable. Rien pour réchauffer l'ambiance.

Le service commence avec quatre petits amuse-gueules dans un grand plat. Quatre autres spécialités polynésiennes suivent l'entrée. Un troisième, un quatrième, un cinquième et un sixième service toujours divisé en quatre portions égales apparaissent dignement sur la table. Tout en discourant, nerveusement je gobe mes portions. Le septième service est composé de quatre petits rouleaux blancs, appétissants et bien disposés dans une assiette comme aux autres services. Quel dessert original, me dis-je ! D'un geste spontané, je saisis ma part. Mon actuaire veut m'avertir, mais déjà j'ai croqué à belles dents une petite serviette chaude et humide destinée à laver mes doigts... Les trois têtes serveuses se redressent. Les trois mentons frais rasés se retournent vers l'arrière et vers le haut pour cacher leur rire dédaigneux. Le plissement de leurs paupières supérieures indique un accroc majeur à l'étiquette.

Les quatre dégustateurs s'esclaffent et on voit apparaître une infirmière détendue, une avocate souriante, un actuaire attentionné au sort des anesthésistes et un président de comité de tarifs aux oreilles rouges, souriant malgré tout. Le lendemain, au salon des médecins, je ne puis résister à l'envie de raconter ma bévue, plus désireux de faire rire mes confrères qu'inquiet de passer pour gaffeur...

L'augmentation de tarifs accordée par l'actuaire ne s'en trouve pas trop affectée...

En résumé, l'anesthésiste une denrée rare ? Autrefois sous-honoré, aujourd'hui considéré comme l'âme de la salle d'opération.

N.B. :   Il faut bien s'assurer que le « m » dans le mot « âme » a trois pattes et non deux... car mes confrères vont m'arracher... les cheveux qu'il me reste pour avoir traité l'anesthésiste de baudet à quatre pattes !

La descente aux enfers

En moins de cent ans le médecin est descendu du Ciel aux Enfers. Quand on parle aux plus vieilles personnes de notre société, on réalise combien haut était, au début du siècle dernier, le piédestal sur lequel on plaçait le médecin.

Hiérarchiquement parlant, dans nos paroisses profondément influencées par la religion, le médecin suit immédiatement le curé pour passer facilement devant lui lorsque la maladie frappe une famille. Il est le « Bon Dieu ». Quand il entre dans une maison, les enfants vont se cacher derrière le poêle pour ne pas déranger, les parents font la courbette avec vénération et espèrent toujours de lui un miracle…

Puis, peu à peu, avec les années, on constate qu'il ne descend pas de la cuisse de Jupiter.

De « Bon Dieu » qu'il était, il descend alors à « Monsieur le Docteur ». Il passe avant monsieur le maire, avant le notaire et même avant le président anglais de la grosse compagnie ! Il passe surtout avant l'avocat que l'on caricature avec des doigts crochus !

Voilà que les intellectuels se lèvent : « Soyons sérieux, le médecin n'est pas plus "docteur que nous". » « Au fait, dit le philosophe, c'est moi qu'on devrait appeler "docteur" car moi, j'ai véritablement un doctorat avec thèse à l'appui, alors que le docteur a reçu son diplôme sans même présenter de thèse ! » Le docteur devient alors « le médecin ».

À ce moment, le médecin en mène encore large, spécialement dans les hôpitaux. On le consulte avant de procéder à l'installation de nouvelles salles d'opération, avant l'achat d'équipement médical, tables d'opération, appareils d'anesthésie, instruments divers, etc.

Dans les années 60, le médecin peut encore exiger d'acheter telle sorte de fil en chirurgie parce que ses professeurs le recommandent et de telle compagnie, parce qu'il la croit supérieure. Il décide lui-même quelle firme fournira tel produit anesthésique et tel autre médicament.

Avec l'arrivée des grands bouleversements sociaux des années 70, la médecine perd son statut politique de ministère de la Santé indépendant pour être englobée sous la grande appellation de ministère des Affaires sociales. Le règne des technocrates commence. En réfléchissant bien à la manière de détrôner le « Bon Dieu », le « docteur » et le « médecin », pourquoi ne pas les confondre avec tous les gens qui s'occupent de la santé ? Après tout, ce sont eux aussi des « professionnels de la santé », comme les dentistes, les pharmaciens, les infirmières, les chiropraticiens et les sages-femmes...

Dans les hôpitaux, le Conseil des médecins (C.M.) devient le Conseil des médecins et dentistes (C.M.D.), puis le Conseil des médecins, dentistes et pharmaciens (C.M.D.P.).

Les infirmières bien structurées demeurent indépendantes pour le moment. Les chiropraticiens ne veulent pas s'abaisser à se joindre aux médecins, et les sages-femmes espèrent voir un jour le Conseil des médecins s'appeler le Conseil des médecins, dentistes, pharmaciens, infirmières, chiropraticiens et sages-femmes (C.M.D.P.I C S F)...

Ces bons technocrates du ministère des Affaires sociales ont des remords. « Il faudrait, se disent-ils, rétablir l'honorabilité du médecin au sein de toute cette équipe de "professionnels de la santé". Nous les appellerons donc les "distributeurs de soins". S'ils sont froissés par cette dénomination, nous leur dirons que nous aurions pu les appeler les "*starters* du système" car après tout, ce sont eux qui déclenchent toutes les dépenses : examens de laboratoire et de radiologie, prescriptions de médicaments, etc. »

Cherchant donc à réduire les coûts du système de santé à la demande du ministre dans les années 80 et friands d'appellations mécaniques pour les docteurs, les bureaucrates du Ministère découvrent un nouveau dénominateur commun : les « générateurs de coûts ».

L'opportunité est belle. Espérant réduire les coûts encore plus, les technocrates s'emparent du dernier bastion de responsabilité médico-administrative, soit la responsabilité qui incombait au médecin de choisir le médicament, l'appareil et l'instrument qu'il utilisera pour traiter ses patients, devenus par autorité technocratique des bénéficiaires, des usagers, puis des clients !

« Il faut leur enlever ce privilège indécent », clament-ils. Ils proclament donc l'achat de groupe, c'est-à-dire l'achat de tel produit d'une même compagnie pour tous les hôpitaux d'une région.

« Nous aurons de meilleurs prix et les docteurs ne pourront rien faire », se disent-ils.

Habitués qu'ils sont de voir glisser les pots-de-vin dans leurs tiroirs et persuadés que les médecins sont soudoyés par les compagnies, les technocrates désirent faire eux-mêmes les négociations avec ces compagnies.

Toujours dans l'optique de réduire les coûts au minimum, un loufoque a fait un jour ce raisonnement par l'absurde : « Si l'on faisait disparaître tous les médecins du Québec en les mettant à la retraite, en les envoyant pratiquer aux États-Unis ou en Ontario et en annulant toutes les inscriptions en médecine, il n'y aurait plus de générateurs de coûts et l'on pourrait placer aux Affaires sociales tout l'argent actuellement dépensé pour la santé. » Ridicule ! Impossible ! Irréaliste ! Impensable ! Loufoque, n'est-ce pas ?

« Or donc, pour diminuer les coûts, ont pensé certains technocrates, il faudrait peut-être faire un peu de tout cela dans les limites acceptables par l'électeur ! »

Ce qui fut dit fut fait et l'électeur n'a pas grand choix !

Définitivement, les technocrates et les administrateurs d'hôpitaux ont eu, comme moi, des mécaniciens dans leur famille. En effet, après les mots distributeurs, *starters* et générateurs, le mot outil est entré dans leur vocabulaire pour parler du « docteur ».

En 1985, je suis invité au conseil d'administration de Sainte-Marie et présenté aux membres du conseil par le président : « Mesdames, Messieurs, je vous présente le docteur Jean-Louis Boivin, président du C.M.D.P. » Voulant probablement me faire plaisir, il ajoute : « Tout le monde sait que les médecins sont les "outils du système" ! » Immédiatement, je coupe la parole au président et je déclare ceci : « Monsieur le Président, je n'aime pas entendre comparer les médecins à des outils ! Si vous y tenez absolument, j'aimerais que vous nous appeliez "les marteaux du système", c'est-à-dire l'outil avec lequel nous aimerions frapper la tête de certains technocrates ! » C'en était trop… Il fallait que je riposte. Pendant cinq secondes, nous aurions pu entendre voler une mouche au plafond…

Arrivé aux portes de l'Enfer, le « Bon Dieu », depuis plusieurs années, se débat comme un diable dans l'eau bénite pour avoir une priorité de quatre heures par semaine en salle d'opération afin d'opérer ses patients ; pour avoir des émoluments comparables à ses confrères de la province qui rémunère le moins ses médecins ; pour avoir des appareils de radiologie de moins de 25 ans ; pour avoir des conditions de travail à l'urgence permettant une bonne pratique médicale et pour avoir des locaux opérationnels, dignes de ses clients !

C'est ça l'enfer que vit le « Bon Dieu ». Alors qu'en raison de la pénurie de médecins, je pratique encore l'anesthésie au début de mon quatrième quart de siècle de vie, je commence à constater un nouvel anoblissement de ma profession. En effet, le 1er juillet 2002, après avoir vainement tenté de trouver un anesthésiste pour « couvrir la garde » — il ne s'agit pas ici du personnel infirmier féminin... mais plutôt de prendre la responsabilité de répondre aux appels d'urgence en anesthésie pour la fin de semaine —, la direction du Centre hospitalier de Verdun me supplie de leur venir en aide. J'accepte.

Pendant une intervention d'urgence, le docteur Khoryaty, orthopédiste de garde, me sert cette marque d'appréciation : « Docteur Boivin, vous êtes vraiment le Sauveur de Verdun. »

Après avoir été traité d'outil du système, il fait plaisir à mon *ego* d'être considéré comme un sauveur. Je ne suis pas loin du bon Dieu !

Mais revenons à la réalité. Récemment, par une loi précipitée, le gouvernement n'a pas hésité à semoncer les « Bons Dieu » de « docteurs » qui ne donnent que 50 heures par semaine pour servir à la salle d'urgence. Le bon Dieu en prison ? Serait-ce pensable ? ...

Moi-même par soi-même...

Avant de terminer, j'aimerais vous livrer quelques lignes sur moi-même, c'est-à-dire sur mon caractère, mes collectes pour les organismes sociaux, mon statut sur le tabac, sur l'alcool ainsi que quelques mots sur ma calvitie occipitale.

J'ai déjà entendu dire par quelques invertébrés que j'avais un sale caractère. Il ne faut pas les croire, ce sont de fieffés menteurs !

Toutefois, il peut arriver...
Surtout si je suis fatigué
D'être comme animal en rut...
N'insistons pas... Je dirais : zut !

À bien y penser, pour avoir un sale caractère, il faut d'abord avoir du caractère...

Il y a des individus sans grande émotivité, qui ne pleurent jamais et qui rient très peu. Ils sont sans réaction devant les divers aléas de la vie. Par un contrôle parfait des quelques émotions dont ils sont capables, ils ont un beau caractère. Habituellement dotés d'une forte volonté, ces gens passent souvent inaperçus. Certaines mauvaises langues diront qu'ils sont « drabes » et plutôt ennuyants, tout en étant quelquefois bonasses...

Après cette diatribe du « bon caractère », parlons plus spécifiquement du mien...

Je suis un homme entier, spontané, extravagant, extrême mais non extrémiste..., sans demi-mesure, original... et imprévisible. J'emploie souvent les mots toujours et jamais.

Je suis ambivalent, un Gémeau quoi. Je suis d'excellente humeur et soudainement en maudit... pour un rien.

Très franc, naturel, non conformiste, non conventionnel, sans cachette : comme un livre ouvert. (J'aurais avantage à le fermer plus souvent...) Je suis incapable de dissimuler mon état d'âme : une belle partie de tennis en vue et je suis souriant, farceur, jovial et hyperactif. La garde de fin de semaine s'en vient, mon épouse est malade, j'ai manqué mon intraveineuse et à ma grande surprise, on me demande si je suis fâché. Tout désagrément, inquiétude, mécontentement, insatisfaction transparaît à l'instant sur mon faciès. Comme j'envie ce type au faciès imperturbable. Il ne sourit jamais, mais n'a jamais non plus l'air fâché. Humeur égale, dira-t-on de lui, mais jamais de moi.

Je suis très orgueilleux et je n'aime pas faire rire de moi, sauf en taquineries entre amis, où d'ailleurs j'ai la réplique alerte et assez spirituelle... J'ai horreur des reproches. Probablement à cause de mon orgueil, la moindre remarque désobligeante m'affecte jusque dans les tripes. Je n'accepte aucun blâme, surtout s'il m'est lancé avec ce que je crois être une pointe d'agression ou de méchanceté. Vivement, je réplique avec autant sinon plus d'agression et de méchanceté. Devant une réaction mesquine, désagréable ou méchamment ironique, je peux être terriblement caustique, même bête.

Je suis hypersensible et je pleure facilement, surtout devant un film triste. D'ailleurs, je fuis ce genre de films ou d'émissions de télévision en me disant que la vie se charge assez bien des évènements tristes sans courir après.

Je suis très prompt. Facilement je grimpe dans les rideaux, et en quelques secondes je grimpe jusqu'en haut. J'en suis quitte pour redescendre lentement !.

Les ornements sacerdotaux, les vases et lieux sacrés, ainsi que Jésus et sa mère ne font pas partie de mon langage habituel. Si je me martelle le pouce ; si violemment on m'indispose et plus facilement dans la grande forêt, loin des cathédrales, il se peut qu'un juron spontané heurte une oreille pure. Très rarement dois-je téléphoner à Jérusalem pour parler à Jésus-Christ en personne ! Une fois seulement et il m'a répondu ! Nous nous sommes très bien compris et il a vite connu tout mon vocabulaire religieux !

Tel que le dirait Rostand, mais moins finement :

De farces sur mon nez, sur mon intelligence,

Je ne tolère pas, et vite je m'enrage

Si un individu, moins brillant qu'on le pense,

Veut se moquer de moi, pensant me mettre en cage.

Je suis né travaillant, minutieux, presque *tataouineux* et ponctuel — pour ne pas arriver en retard à un rendez-vous, je suis prêt à risquer une contravention en brûlant un feu rouge ou en dépassant les limites de vitesse ! J'ai réussi à diminuer ces risques en me donnant une marge de sécurité. Si mon rendez-vous est à 15 heures, je dirai : « Je serai chez vous entre 14 h 50 et 15 h 10. » Je me prépare pour 14 h 50 et j'ai 20 minutes de jeu…

J'aime rendre service. Ayant hérité tant de ma mère que de mon père la propension à rendre service, je réponds à toute demande d'aide de ma famille et de mes amis. Je ne regarde pas mon temps et très peu mon argent pour donner un coup de main à qui m'en fait la demande. Je me souviens de l'aide apportée à mon beau-frère pour sa salle de quilles, à papa dans son commerce d'automobiles, à Alcide, frère de Jeanine, ainsi qu'à un ami peintre. J'ai la conviction que dans la vie, tous les services que l'on rend nous sont éventuellement rendus et rarement par la personne à qui l'on a rendu service.

Je suis donc capable d'actes gratuits, c'est-à-dire un acte fait sans attendre de rémunération et en la refusant catégoriquement si elle est offerte. Par exemple, j'aime aider des amis vivant un problème de couple, soit en organisant pour eux, s'ils le veulent, un rendez-vous avec un conseiller matrimonial en qui j'ai confiance, soit en les soutenant constamment pendant une période de séparation temporaire pour réflexion. J'aime arrêter lors d'un accident de la route, au cas où il y aurait un blessé que je pourrais aider. J'aime offrir mes services de peintre, de menuisier ou de mécanicien, conscient tout de même qu'il ne s'agit pas là d'une main-d'œuvre experte ! J'aime *touer* un véhicule pris dans la neige ou survolter l'accumulateur d'un automobiliste en panne, etc. J'ai un exemple récent d'acte gratuit lors d'un voyage à Cuba. Un homme glisse sur un matelas flottant laissé sur le bord de la piscine. J'accours aussitôt. Fracture probable de la clavicule. Cet homme est désemparé. C'est un restaurateur bruxellois, seul en voyage à Cuba.

Je le conduis à sa chambre, l'aide à se vêtir et l'accompagne en taxi à la clinique médicale de Varadero. Je lui sers d'interprète en espagnol à la clinique. Effectivement, il a une fracture de la clavicule. Je le seconde pendant les deux jours qui précèdent son départ en répondant à ses inquiétudes et en lui fournissant gratuitement les analgésiques et les anti-inflammatoires requis. J'ai vu qu'il avait apprécié mon aide dans le courriel qu'il m'a envoyé de Belgique.

En résumé voici ce que je pense de l'acte gratuit…

L'acte gratuit

N'est pas gratuit

Car il apporte

Un grand bonheur

Devant la porte

De son auteur...

N.B. : C'est de la grande poésie n'est-ce pas ! Du Boivinisme...

Je suis un peu tête de Turc, c'est-à-dire qu'on aime bien me taquiner. Je ne sais pas si c'est à cause de mon nez à la Cyrano, de ma propension à me vanter, à me donner en spectacle ou à exagérer, mais je suis souvent la proie des taquineries de mes amis. S'agit-il d'une attitude offensive, sachant que l'on peut ainsi devancer mes subtiles moqueries ? Si l'on me persifle, je réplique avec une verve, un humour et un sarcasme d'intensité égale, voire même supérieure à celle que l'on me sert. (J'ai du Rostand, n'est-ce pas ?)

Je suis têtu, tête de cochon, diraient les têtes aussi dures que la mienne. Et si j'accepte facilement, après une sérieuse analyse, un conseil judicieux, néanmoins, je suis enclin à avoir raison..., sans oublier que j'admets mes torts rapidement et suivis d'excuses devant des arguments solides et servis avec pondération. Des conseils ? Je n'en donne à personne. Car je sais qu'un conseil, c'est fait pour ne pas être suivi. Si quelqu'un me demande conseil, je lui donnerai volontiers mon avis, mon opinion ou une suggestion, jamais un conseil !

En résumé : mauvais caractère ? Peut-être ! Humeur inégale ? Sûrement ! Ennuyant ? Jamais !

La main sur le cœur ? Toujours !

10 $, S.V.P.

Ramasser des fonds pour une organisation, une œuvre de bienfaisance ? J'aime bien !

Vendre des macarons pour fêter les nouveaux arrivés en médecine (les verts !), au carré d'Youville, accompagné d'une jolie étudiante ? J'aime bien aussi !

Lors d'une de ces collectes estudiantines, je suis mandaté pour rencontrer le premier ministre Maurice Duplessis et tenter d'obtenir sa participation financière. Je me retrouve dans son bureau avec deux collègues. « Messieurs, dit-il, j'aimerais bien vous donner 50 $ si ce jeune homme ne portait pas une cravate rouge. » Inutile de dire que ma cravate s'est retrouvée au fond de ma poche et que nous avons empoché 50 $ assez rapidement !

Au début de ma carrière, le docteur Paul Veilleux, radiologiste, et moi, sommes les deux « quêteux » officiels de l'Hôpital Sainte-Marie. Évidemment, lorsque Paul quête pour la marina naissante ou pour un autre organisme, je suis sa première cible et je n'ai pas le choix, car c'est avec générosité qu'il a participé quelques jours auparavant à ma levée de fonds pour les scouts. Ces échanges de bons procédés entre le docteur Veilleux et moi me coûtent cher ! « Que voulez-vous ! dirait monsieur Chrétien, un bon docteur doit faire sa part pour les moins biens nantis ! » Ce bon Paul est parti beaucoup trop vite. La société avait encore besoin de lui.

Dans les années 60, je prends en charge la souscription pour les Jeunesses Musicales. J'y mets du cœur. Je parcours les commerces de Trois-Rivières et du Cap-de-la-Madeleine. Même les commerçants de la 4ᵉ Avenue de Grand-Mère reçoivent ma visite. L'argent entre bien. Je me rends chez un riche commerçant de la région, espérant ramasser le gros lot. J'apporte mes lettres de noblesse. Pendant une heure, cet homme affable me raconte sa vie pleine d'exploits et de faits pittoresques. J'en suis ravi et j'ose croire que la patience de l'auditeur attentif que je suis rapportera le magot dans la cagnotte des Jeunesses Musicales. J'espère un don de quelques cents dollars de ce magnat de l'industrie... Il me donne 25 $ et j'ai dépensé 20 $ en essence pour me rendre chez lui, sans compter mon temps de bénévole. « C'est parce qu'il n'a pas donné tout son argent qu'il est encore riche ! », me dis-je.

J'ai tout de même beaucoup appris sur l'histoire de la Mauricie en conversant avec ce grand homme.

En tout, j'ai amassé plus de 3000 $ pour les Jeunesses Musicales, rendant ainsi les collectes annuelles non nécessaires pendant au moins quatre ans.

Pas capable de fumer !

Mon souvenir le plus lointain du tabagisme remonte à l'âge de 10 ans. Comme tout jeune *flot*, je suis intrigué par le goût et par la sensation de fumer. Mon père, afin d'en finir avec mes demandes répétées de prendre une « touche », m'offre un jour un gros cigare allumé.

« Tu veux fumer, eh bien ! fume mon cigare. » Je saute sur l'occasion pour prendre une bonne tire. Je m'étouffe et continue de tousser pendant un bon cinq minutes sans susciter la pitié de mes parents. Je jure qu'on ne m'y reprendra plus. Promesse d'ivrogne ! Quelques années plus tard, à deux ou trois reprises, j'allume une cigarette et je respire profondément la fumée du tabac incandescent. Cela m'étourdit et me donne des nausées. Je réalise donc que j'ai une petite nature (!) et que l'inhalation de la fumée de cigarette est toxique pour moi. Chaque fois que j'oublie ce handicap physique, je me retrouve avec des vomissements comparables à ceux d'une belle intoxication alcoolique !

Durant mes premières années de pratique anesthésique à Sainte-Marie, j'essaie de nombreuses marques de cigarettes, toutes de moins en moins fortes en nicotine pour réaliser qu'à la moindre ambiance nicotinique, mes cellules cérébrales avertissent mon réservoir gastrique de se vider.

À cette période de tentative infructueuse d'accoutumance nicotinique, je vois souvent en consultation des patients bronchitiques et emphysémateux qui continuent de fumer, contrecarrant ainsi les effets des traitements d'inhalothérapie que je leur prescris. Je les enjoins de cesser de fumer en leur mentionnant que s'ils ne cessent de mettre de l'huile sur le feu présent dans leurs bronches, il m'est inutile de tenter d'éteindre ce feu avec mes prescriptions d'inhalothérapie.

Par mon attitude, j'ai sûrement arrêté de fumer des dizaines de bons fumeurs.

Depuis au moins l'âge de quarante ans, je ne fume pas. Je remercie le ciel d'avoir hérité d'un cerveau intolérant à la nicotine, même si cette particularité m'enlève tous les mérites de mon atabagisme. Et je suis bien content que les nombreuses campagnes antitabac, où œuvre si efficacement mon ami anesthésiste, le docteur Marcel Boulanger, me permettent de diminuer ma consommation de fumée secondaire.

EN ANESTHÉSIE, PAS D'ALCOOL, MAIS...

Même si je ne me souviens pas avoir perdu une seconde de jouissance de la vie à cause de l'alcool, je n'ai jamais craché dedans !

Et même lors de mes trois plus belles cuites, rapportées humblement à la fin de ce chapitre, à cause de mon intolérance gastrique majeure au C_2H_5OH, comme tel est le cas avec la fumée de cigarette, je n'ai perdu la mémoire d'aucun de ces moments délicieux.

En fait, j'ai toujours été sauvé par la cloche, c'est-à-dire malade avant d'être rond !

Jusqu'à l'âge de 30 ans, je n'ai pris qu'un verre de vin, une bière, un verre de scotch ou un digestif en de très rares occasions. Il ne s'agissait pas d'ascétisme, mais plutôt d'un manque d'intérêt pour le goût amer de la bière, âcre du tanin des vins rouges, un peu acide de certains vins blancs ou fort des alcools. Comme l'appétit vient en mangeant, mon palais s'est graduellement lié d'amitié avec les nombreuses saveurs et subtilités des divers produits alcoolisés.

N'ayant pas de penchant familial vers l'alcoolisme, j'ai toujours considéré l'alcool comme un ajout social à la satisfaction licite des sens. En société, partys, soirées, soupers, pique-niques, etc., persuadé que l'alcool peut enrichir la conversation, je n'ai jamais levé le nez sur l'effet euphorisant qu'avait sur moi un petit verre. Toutefois, avant de donner une conférence, de participer à une réunion ou de pratiquer un sport, il ne m'est jamais venu à l'idée de prendre de l'alcool, car je suis convaincu qu'il y a alors perte de la rapidité des réflexes et de l'acuité intellectuelle. Quand on n'en a pas trop, il vaut mieux ne rien risquer !

Durant mes premières années de pratique anesthésique à Trois-Rivières, je prends occasionnellement un scotch « on the rock ». Je m'aperçois vite que cette recette n'est pas faite pour moi, qui bouge tout le temps et qui vide rapidement son verre ! J'ajoute donc à la glace beaucoup d'eau dans un grand verre. Puis le soda plus pétillant remplace l'eau. Et je passe à la vodka jus d'orange dans ces rencontres sociales. Comme je bois rapidement, je peux me servir qu'une demi-once de vodka par verre et boire plusieurs verres au cours de la soirée sans devenir éméché ni être malade…

Une bonne bière froide après un exercice lorsqu'il fait chaud durant l'été, j'aime bien !

Juste pour saluer la compagnie ou en apéritif, un demi-verre de bière me suffit. J'ai constaté qu'avec le dry martini, comme le dit le dicton : « One is not enough, tow is too much ! »

Après quelques années, je troque le « fort » pour le vin blanc en apéritif, en *party* ou en détente. Pour ce qui est des digestifs, le cognac en particulier, je réalise assez vite que si j'en prends un, je résiste très mal devant le deuxième puis le troisième et le lendemain, mon cerveau me le reproche. J'ai rayé ces produits de ma liste de breuvages depuis longtemps.

Disons que j'ai un faible pour le vin, probablement parce que je ne veux pas déshonorer mon nom : Bois… vin…

Le champagne, le mousseux, le blanc sec ou fruité, le rouge corsé ou léger, le porto ou le « icewine », à défaut de Sauterne 1983 apportent à mon goût, à mon odorat, à ma vue et à mon ouïe beaucoup de plaisir, le cas échéant.

Du temps de mes années folles, je me targuais, au cours de soupers entre amis, d'identifier le pays d'origine d'un bon rouge, de le classer parmi les bordeaux ou les bourgognes et d'en reconnaître le cépage. Il m'est arrivé de trouver le vignoble et quelquefois le millésime ! J'étais un dégustateur chanceux plutôt qu'un œnologue averti que je serais sûrement devenu, si j'avais poursuivi des études approfondies dans ce domaine, comme l'a fait mon ami et confrère le docteur Jean Albert. Quand je disais : « Ce vin a tout un nez », tous me regardaient avec admiration, jusqu'à ce qu'un grand comique ajoute : « Il n'est pas le seul ! » Il faut dire que j'ai hérité de mon grand-père Boivin d'un appendice nasal particulier.

Cette admiration pour le vin m'a rapidement amené à le traiter comme un véritable ami et j'ai décidé de le protéger, d'abord dans un dépôt bien tempéré sur la rue Deschamps à Trois-Rivières, puis par l'achat d'un meuble (Cavavin) de 300 bouteilles pour mon condominium de Sainte-Marthe-du-Cap.

Aujourd'hui encore, j'aime bien siroter occasionnellement un grand vin ; c'est toujours une délectation divine ! Pour l'accompagnement plus routinier de certains plats succulents, j'opte plutôt pour un bon rapport qualité-prix : expression trop souvent entendue par mon bon ami de la Maison des vins, Gilles Magny... En raison de mon déménagement à Contrecœur pendant un an, j'ai été moins assidu à la Maison des vins. Peu im-

porte le temps, monsieur Magny m'a quand même reconnu pour me saluer en ces termes : « Bonjour, Monsieur
Pernand Vergeless ! » Pour bien comprendre
cette appellation, j'ajouterai qu'au retour d'un voyage
en Bourgogne, il y a plusieurs années, je lui demande
une bouteille de Pernand-Vergeless afin de me remémo-
rer une visite chaleureuse dans un de ces vignobles.
« C'est la première fois qu'un client me demande un
Pernand-Vergeless, me répond monsieur Magny, et j'en
suis fort aise. » Le nom m'est resté !

Comme je ne puis m'enorgueillir de donner des conseils sur l'achat des vins, j'aimerais plutôt rappeler au
lecteur une erreur à éviter et une suggestion utile relativement aux vins.

Il ne faut jamais déposer une bouteille de vin blanc
et surtout pas un mousseux pour le refroidir vite au con-
gélateur avant un repas. Le seau à glace est votre meilleur
ami, car même avec une mémoire d'éléphant, vous oublie-
rez cette bouteille et « bang », l'explosion aura lieu, avec
du vin et des éclats de verre dans tous les coins du con-
gélateur. Après deux de ces oublis désastreux, j'ai juré
que la leçon me servirait toute ma vie.

On ne peut en dire autant d'un 26 onces de dry gin
où on a remplacé cinq onces de gin par cinq onces de
vermouth blanc. Ce liquide ne se congèlera pas, mais
deviendra sirupeux et avec une olive verte, on vous félici-
tera pour votre délicieux dry martini.

Enfin, si vous avez un grand cru à déguster, faites-le
toujours avec un connaisseur. Votre plaisir en sera quin-
tuplé. Et le mien aussi !

À la lecture de ce chapitre, on pourrait croire que je
suis un modèle de tempérance. Peut-être ! Toutefois, les

trois événements qui vont suivre, appelés avec humour « mes trois plus belles cuites », vont remettre les pendules à l'heure juste, et montrer que je puis avoir quelques petites exagérations, ou moments de faiblesse...

LES DISCIPLES D'ESCULAPE

Au cours des années 60, les médecins de Sainte-Marie et de Saint-Joseph, à défaut de s'entendre à la perfection sur le développement des divers services hospitaliers, unissent leurs papilles gustatives pour former un club gastronomique appelé « Les disciples d'Esculape ».

Au Château Louise de Louiseville, le propriétaire, monsieur Bureau, a un chef cuisinier de calibre international. Un souper gastronomique y est organisé pour les Disciples. Nous avons droit à huit services de fin goût et de présentation originale ; chaque service est accompagné d'un vin pertinent de qualité supérieure et d'excellent millésime. Pas de beurre, pas de sel ni de poivre sur la table !

Non contents de gaver notre estomac de boustifaille et de noyer notre cerveau d'alcool, fut-il de haute qualité, à la fin des agapes, nous enfumons nos poumons avec un gros cigare de La Havane.

Vers trois heures du matin, nous voilà de retour, en automobile, tous porteurs d'une alcoolémie d'au moins 0,2 % ! À cette période, l'alcootest n'est pas connu. Je prends place dans la Buick neuve de mon ami le docteur Jean Lafrenière. Dix minutes après le départ, je demande à Jean d'arrêter pour prendre un peu d'air ! Jean passe outre à ma demande, mais doit s'arrêter rapidement lorsque je lui dis que je vais salir sa voiture neuve. Je procède à une vidange gastrique sur le bord de la route. J'ai beau cibler le cigare comme cause de mes malaises, personne ne me croit. L'alcool serait un agent étiologique plus sûr, selon mes amis. Disons que l'un n'a pas aidé l'autre !

Nous sommes invités pour terminer la soirée — pourtant déjà avancée — à Pointe-du-Lac, chez un autre médecin très généreux, le docteur Jacques Gouin. Vers sept heures du matin, nous sommes encore au moins une bonne dizaine de gais lurons à prendre le énième digestif, le cinquième cognac. Soudain passe près du salon, pour aller à la messe du dimanche, un des garçons de notre hôte. À son retour, nous avons tous quitté la maison. Le fils fait cette remarque à son père : « C'est ça tes amis papa ! »

Beaucoup de médecins, ce soir-là, ont eu comme moi des problèmes digestifs reliés, disons... aux cigares ! Un chirurgien très sérieux nous donne allègrement un spectacle de ballet à cause de la joie procurée par l'excellente nourriture... Un autre médecin oublie sa voiture, oubli salvateur...

CRÈME DE MENTHE AU WHIPPET

Je suis à mon chalet de pêche avec quelques confrères médecins. Après le souper, arrosé de bon vin, un chirurgien et moi dégustons un digestif fort original : un grand verre de crème de menthe verte où flotte un mini-Whippet de Viau. Avant d'engloutir le biscuit, nous avalons toute la crème de menthe. Après trois ou quatre verres de ce digestif vert et noir, mon estomac se rebiffe et avertit mon cerveau qu'il est surchargé. Il doit se délester.

Rapidement, je cours vers la forêt. Un confrère me voit du camp et croit que je cherche des vers pour la pêche ! Je décide qu'il est temps pour moi de passer à l'horizontale...

Mon chirurgien est aussi « beau cheval » que moi. S'il a meilleur estomac, cela ne l'empêche pas de se promener dans le camp avec un vase de nuit (vide...) bien campé sur la tête !

La nuit permet à l'alcool de s'éliminer graduellement de nos pauvres corps en vacances, non sans y laisser la sensation de bloc cérébral !

Mes pires 24 heures d'excès éthylique

Je suis invité à la chasse à l'orignal avec le docteur Roland Rivard chez le docteur Jean Albert au Bernato. Ce club privé à 54 kilomètres de La Tuque appartient à des médecins de Sainte-Marie, les docteurs P-É. Lambert, J-Ls. Létourneau, Réal St-Onge, Georges Grenier et Jean Albert.

À quatre heures du matin, le docteur Roland Rivard et moi partons pour le Belvédère, c'est-à-dire un luxueux observatoire de chasse à l'orignal, haut situé entre trois arbres, et offrant un champ de vision d'environ 100 verges sur 180 degrés autour d'un marais jonché de nénuphars blancs.

Pour toute collation, seul un flacon de « gros gin » gît au fond de mon havresac.

L'absence de réponse à mon *call* pourtant érotique nous oblige à vider le flacon...

Entièrement dégagés des soucis de la vie, Roland et moi entrons au camp vers neuf heures du matin. Un employé est occupé à réparer le camp. On décide de prendre une bière, puis une autre... Jean offre un *bloody cesar* spécial à tout le monde. Stimulé par ces alcools, je demande un deuxième *bloody cesar* à Jean. Il refuse en me disant que je suis assez vieux pour me servir moi-même... Je trouve qu'il a raison et j'y vais généreusement. Tout va bien. La vie est belle... À dix heures, c'est le déjeuner : omelette, rôti de porc, fromages, cretons, confitures, etc., le tout bien arrosé de vin blanc.

11 h 30. Ma muqueuse gastrique plisse des yeux, mon pylore se ferme alors que mon cardia se dilate. Je sens le besoin de prendre un peu d'air frais. Jean apporte un gros fauteuil dehors, près de la route de sable. Il m'y installe paternellement et confortablement. « Tu as le teint qui pâlit, mon Jean-Louis », me dit-il d'un air moqueur.

De chaque côté de mon fauteuil, il creuse un trou dans le sable pouvant recevoir le contenu d'un estomac en rébellion. Heureuse initiative. Je dirais même que trois trous de plus grande taille n'auraient pas été de trop... Le sang accumulé dans ma muqueuse gastrique et rendu inutile par cette libération inconditionnelle d'aliments retourne graduellement améliorer la teinte de mon épiderme facial. Le soleil aidant, je reviens peu à peu à la vie, suffisamment pour retrouver le chemin de mon lit.

De 13 heures à 18 heures, c'est le sommeil du juste. Je m'éveille un peu amoché. Selon l'entente, j'ai la responsabilité du souper et, tout massacré que je suis, j'entends bien ne pas me dérober à mes obligations.

À mesure que le temps passe et que se déroule le souper, les vapeurs éthyliques se dissipent de mon cerveau et je reprends de plus en plus du poil de la bête... Je refuse la moindre goutte de vin au début du repas, puis graduellement, je sens revenir mon goût pour le tanin, si bien qu'à la fin du repas, nous sommes encore trois gais chasseurs batifolant et inventant des pas de danse en chantant sur l'air des *Bateliers de la Volga* ; Lochen Aura pour marteler dans notre mémoire ce digestif à l'arôme divin !

Un sommeil réparateur vient couronner cette journée d'élucubrations bacchiques !

On peut voir à la lecture de ces trois cuites que ma renommée d'homme sobre a pu subir un dur coup lors de ces ribotes !

CHOISIR SON GRAND-PÈRE

Un humoriste a déjà dit : « Si vous ne voulez pas devenir chauve, vous n'avez qu'à choisir votre grand-père », indiquant par là le rôle important joué par l'hérédité dans la genèse de la calvitie.

Ce n'est pas par crainte de passer pour un curé avec ma large tonsure ; ce n'est pas non plus par crainte de passer pour un vieux avec ma chevelure occipitale clairsemée. Non ! Si j'ai porté une toison artificielle, c'est par pur hasard...

Un jour, mon beau-frère, Jean-Guy Poirier, vendeur par excellence — comme le dit l'adage, il pouvait vendre un « Frigidaire » à un esquimau... —, m'offre un exemplaire de son meilleur vendeur, un toupet fabriqué en Indochine. « Je te le donne », me dit-il. J'accepte donc ce cadeau poilu.

Cette prothèse m'amuse beaucoup et avec mes confrères, je sais rire de mon infirmité... Deux ans plus tard,

Jean-Guy me vend un deuxième couvre-chef à un prix de parent et même d'ami, c'est-à-dire très différent du prix demandé normalement aux « docteurs ».

Tout le monde connaît l'histoire du monsieur, affolé et courant après son toupet décollé par un coup de vent au sortir de l'église... Heureusement, j'ai toujours eu des attaches solides et je n'ai jamais eu à subir les foudres du dieu Éole. Tout au plus ai-je eu à passer devant le miroir à quelques reprises lors de soirées de danse parce qu'un taquin m'a passé la main dans les cheveux !

Toutefois, un incident cocasse m'est arrivé à Acapulco. À ma première baignade dans une mer agitée, j'arbore fièrement un casque de bain original pour bien protéger ma prothèse pileuse. Une vague de fond survient et me voilà culbuté. En raison du poids important de ma matière grise..., les pieds me lèvent et la tête me pénètre dans le sable. J'en ressors le crâne dénudé, au regard rieur des badauds... Je vois une touffe de poils à la nage ! Je la saisis rapidement pour l'enfouir subrepticement dans mon maillot de bain en me disant : « Je viens de trouver 350 $! »

Je dois quand même dire adieu à mon casque de bain, probablement avalé par un requin attiré par l'odeur de la colle...

Usée par le bonnet de la salle d'opération..., ma postiche ne me rend plus justice...

J'en achète une autre. Malheureusement pour moi, Jean-Guy n'exploite plus son commerce, et je dois l'acheter d'un vendeur étranger au prix de 350 $.

Deux mois plus tard, je me réveille... Je réalise que j'applique en me levant ce poil sur ma tête pour le couvrir d'un bonnet dès l'arrivée en salle d'opération, et ce, jusqu'à

17 heures. De retour à mon domicile, je l'enlève pour me baigner dans ma piscine. Quand je n'ai pas de soirée sociale en vue, je laisse respirer la peau de mon os occipital... Puis je me couche. Je viens de comprendre que cet attribut de jeunesse me sert uniquement lors de sorties publiques où mes talents de danseur... sont mis à l'épreuve, et que tout ce tralala n'est que frime rarement utile...

C'est la fin de mon histoire de moumoute... Les faux poils demeurent dorénavant bien fixés pour toujours sur la tête de styromousse.

Jean-Louis Boivin et sa compagne, José Hotte.

Curriculum vitæ

Jean-Louis Boivin est né à Portneuf, comté de Portneuf, le 26 mai 1927.

Il fait ses études classiques au Petit Séminaire de Québec de 1940 à 1948, et son cours de médecine à l'Université Laval de 1948 à 1953, où il obtient son doctorat (*cum laude*) et sa licence du Conseil médical du Canada.

Durant l'année de résidence qu'il passe à l'Hôpital Laflèche de Grand-Mère, il y rencontre deux anesthésistes : les docteurs Victor Brassard et Lasalle Mondor, qui lui font découvrir cette jeune spécialité qu'est l'anesthésie.

C'est à l'Hôtel-Dieu de Québec, sous la responsabilité du professeur Fernando Hudon, de 1954 à 1959, qu'il s'entraîne en anesthésie pour réussir son certificat en anesthésie du Collège des médecins et son diplôme d'Associé du Collège Royal du Canada en médecine interne, section anesthésie (Fellow).

Sa vie d'anesthésiste s'est déroulée au Centre hospitalier Sainte-Marie de Trois-Rivières jusqu'en 1993, alors qu'il prend une semi-retraite pour continuer à œuvrer comme médecin anesthésiste remplaçant un peu partout dans la province.

Au cours de sa vie, il a pratiqué l'anesthésie dans quarante-deux centres hospitaliers différents.

Au sein du C.M.D.P. de l'Hôpital Sainte-Marie, il a occupé tous les postes, sauf celui de trésorier. Il en a été président en 1972, 1985 et 1986. Une de ses principales préoccupations durant ces deux dernières années à la présidence est de mettre un point final à la décision du ministère des Affaires sociales de construire un bloc d'urgence à Sainte-Marie.

En 1967 et 1968, il est correcteur aux examens du Collège Royal en anesthésie.

Il a fait partie du conseil d'administration de l'A.A.P.Q. pendant quatre ans, où il occupa le poste de vice-président en 1972-1973.

Toujours à l'affût de nouveautés en pharmacologie, il publie plusieurs articles dans le *Mauricien Médical*. De 1960 à 1970, il est le secrétaire-administrateur de cette revue trimestrielle vouée aux intérêts scientifiques et artistiques des médecins de la Mauricie.

Il participe à la disparition de l'éther et du cyclopropane en anesthésie par sa publication dans le *Journal* de l'Association canadienne des anesthésistes en 1965 intitulée : « Élimination des risques d'explosion en anesthésie ».

Il s'est particulièrement occupé du traitement de la douleur chronique, spécialement dans la dystrophie sympathique réflexe.

Son intérêt pour l'anesthésie ambulatoire l'a amené à présenter 70 000 cas au 30e congrès de la Société française d'anesthésie-réanimation à Paris en 1987.

Dans le même domaine, il est conférencier-invité aux 25e Journées d'enseignement postuniversitaire de la Pitié-Salpêtrière à Paris en 1991. Sa conférence est publiée dans les « Acta » des J.E.P.U. 1991 par l'éditeur Arnette de Paris.

En 1992, le docteur Boivin est nommé membre émérite de l'Association médicale canadienne.

Grand amant de la nature et de sport, il s'est intéressé intensivement à la mycologie, à l'ornithologie, au camping, à la pêche, à la chasse, à la natation, au ski, à la planche à voile et au tennis. Quant au golf, il promet devoir s'y mettre bientôt, car il a toujours dit qu'il y jouerait quand il serait vieux !

Le docteur Carole Guzmàn, présidente de l'AMC, avec le docteur Boivin.

Épilogue

Le 24 novembre 1992, après trente-neuf ans de vie heureuse avec Jeanine qui me seconde si efficacement durant mon vécu d'anesthésiste, je pleure amèrement son décès.

Jeanine est la mère de Pierre : enthousiaste, original et généreux ; de Sylvie : sereine, empathique et structurée ; de Marc : discipliné, logique et créatif ; de Marie : joyeuse, spontanée et engagée ainsi que de Bernard : habile, responsable et très humain.

Dans l'année qui a suivi le départ de Jeanine, je rencontre José Hotte, peintre professionnelle.

Le 30 juin 1993, je me rends à sa maison ancestrale de Contrecœur. Je me présente chez elle avec mon parfait kit d'*oiseaulogue*, c'est-à-dire jumelles, guide Peterson, caméra, enregistreuse, coupole unidirectionnelle et haut-parleur, prétextant mon désir d'enregistrer le chant des oiseaux sur son domaine...

En arrivant, José attaque mon ventre... en me servant un bon petit lunch. Nous suivons les sentiers gazonnés sur son immense terrain, la main dans la main, la coupole parabolique dans l'autre main. J'avoue y avoir enregistré quelques carouges à épaulettes, une paruline masquée et un pinson chanteur. Quelle belle marche sentimentale dans la nature où je sens directement monter vers mon oreillette gauche... les quelques serrements furtifs transmis de main à main...

Je l'invite à souper au restaurant « Le Château », au centre de Contrecœur. Une petite table à deux dans un coin, une bonne bouteille de vin, une excellente cuisine française et me voilà à jouer du genou sous la table, au sourire un peu amusé de José... Après le souper, question de faire descendre le repas..., je suggère à José une petite promenade en auto. Nous nous dirigeons vers la rivière Richelieu que nous traversons à Saint-Ours sur un traversier. Nous sommes seuls sur ce petit traversier sous un soleil qui s'esquive. Pendant que je donne un baiser à José, le préposé frappe dans ma fenêtre. Je lui demande, souriant, s'il veut un petit bec lui aussi... Je vois qu'il préfère mon billet de dix dollars !

Sur le quai de Saint-Ours, nous faisons notre premier « parking », sous l'œil... rutilant du soleil couchant. Une belle excursion le lendemain, sur les routes secondaires, termine ma première rencontre avec José. Je réalise que pour la deuxième fois de ma vie, je suis tombé en amour.

José m'accompagne régulièrement dans mes douze dernières années d'itinérance en anesthésie où, mêlant l'utile à l'agréable, nous parcourons la province d'est en ouest et du nord au sud, c'est-à-dire de Gaspé à Shawville, et d'Amos au Lac-Mégantic...

Ensemble, que de belles semaines nous passons à Mont-Laurier, La Malbaie, La Tuque, etc., à visiter et à admirer la nature après mes heures de travail à l'hôpital. Ces semaines sont autant de petits voyages de noces... que nous effectuons dans ces belles villes du Québec.

Je pourrais conclure ce récit de mon vécu d'anesthésiste comme il me plaisait de dire, en boutade, à mes anciens professeurs du Petit Séminaire de Québec : « Mes professeurs m'ont assez endormi au Séminaire, que j'ai décidé d'endormir les autres... tant dans ma vie professionnelle que littéraire ! »

Enfin, comme l'écrivait la journaliste Marie-Josée Montminy dans la chronique « Retraite active » de journal *Le Nouvelliste*, le 24 janvier 2004, dans un reportage sur l'endormeur que je suis ! :

UNE VIE TOUT SAUF ENDORMANTE !

Fin

Une vie tout sauf endormante!

L'anesthésiste Jean-Louis Boivin cumule les passions

Le docteur Jean-Louis Boivin dans son bureau. Cet anesthésiste de 76 ans continue de faire du dépannage dans les hôpitaux de la province.

Jeanine

Jean-Louis
et Jeanine

Pierre

Sylvie

Marc

Marie

Bernard

José et Jean-Louis

Table des matières

Dédicace 7

Préface 9

Introduction 13

Prologue 15

Les études médicales d'un endormeur 17

Entre mon cours de médecine

et mon cours d'anesthésie 39

Cours d'anesthésie 59

Courtes anecdotes durant

mon cours d'anesthésie 65

Résidence en médecine interne 70

Mon vécu d'anesthésiste 81

Courtes anecdotes

de ma pratique anesthésique 205

Quiproquos 217

Itinérance 221

Anecdotes en itinérance 243

Résumé de ma pratique 253

Humour... 257

Moi-même par soi-même… 265

Curriculum vitæ 285

Épilogue 289

Titres publiés à La Plume d'Oie depuis 2000

BIOGRAPHIE

AUBÉ SAVOY, Christine. *Hommage à ma p'tite Isabelle*, 2004, 23,95 $
MOREL, Jean-Paul. *Chronique d'un monde révolu*, 2004, 19,95 $
SAINT-PIERRE, Angéline. *Médard Bourgault sculpteur*, 2000, 19,95 $

CONTE

DE FOREST, Ariadnë. *Les guimbardes échotières*, 2005, 21,95 $
GAGNON, Claire. *Le secret des étoiles*, 2004, 8,95 $
MASSON DOMPIERRE, Rose. *Les contes de Roshâ*, 2001, 16,95 $

CROISSANCE PERSONNELLE

BERNIER, Danièle. *Un jeudi pas comme les autres*, 2004, 19,95 $
FOURNIER, André. *Le papillon en soi*, 2001, 24,95 $
LAVOIE, Louise. *Simplement Être*, 2000, 24,95 $
THÉRIAULT, Brigitte. *Comment faire l'amour avec la vie*, 2002, 19,95 $
TURCOTTE, Marie-Reine. *Corrine dans la lumière*, 2000, 19,95 $

DOCUMENTAIRE

BARBEAU GUILLOU, Madeleine. *Le Tour du Saint-Laurent cycliste*, 2001, 26,95 $
BERNIER, Francis. *Guide des oiseaux de la forêt du Québec*, 2005, 19,95 $
CÔTÉ, Isabelle. *La relation d'aide sécuritaire*, 2003, 22,95 $
DANCAUSE, Judith. *La mort aux pieds d'argile – Soins de réconfort*, 2004, 24,95 $
DUMAS, Alain. *Le baseball*, 2000, 14,95 $
LAVALLÉE, sœur Odette (r.h.s.j.). *Traverser les obstacles d'un chemin difficile*, 2004, 17,95 $
LAVALLÉE, sœur Odette (r.h.s.j.). *Ouvrir les yeux autrement*, 2004, 17,95 $
LAVALLÉE, sœur Odette (r.h.s.j.). *Voyager vers l'Infini*, 2005, 17,95 $
SAINT-PIERRE, Angéline. *Hommage aux bâtisseurs*, 2003, 25 $
SAINT-PIERRE, Angéline. *Saint-Jean-Port-Joli, Les paroissiens et l'église*, 2004, 19,95 $

ESSAI

BERNIER, Hélène. *Le prince et la princesse, c'est moi*, 2001, 18,95 $
GUAY, Lucien. *La relation d'être... à être*, 2002, 19,95 $
LAGACÉ, Rodrigue. *Raconte-moi une histoire*, 2005, 18,95 $
LESAGE-VÉZINA, Thérèse. *Pourquoi hésiter à écrire ?*, 2001, 19,95 $

GÉNÉALOGIE

BUSQUE, Maurice et ROBERTSON, Carmen. *Sur la trace des Busque*, 2005, 40 $
CARON D'AMÉRIQUE, Familles. *20 ans – une fierté à partager*, 2004, 20 $
GAGNÉ, Onil. *Louis Gasnier dit Bellavance, Sieur de Lafresnaye*, 2003, 25 $
GAGNÉ, Yves-Marie. *L'héritage de la Molaye*, 2002, 29,95 $
POIRÉ, Claudette. *Histoire d'une lignée Poiré*, 2000, 25 $
SAINTE-APOLLINE-DE-PATTON, Municipalité de. *Répertoire des baptêmes, mariages et sépultures*, 2002, 25 $

LANGUE ET LITTÉRATURE

JOBIN, Jean-Louis. *Enseigner la vérité*, 2003, 24,95 $
LEBEL, Marcel. *Analogies (français-anglais-espagnol)*, 2001, 34,95 $
LEBEL, Maurice. *Les Salons*, 2000, 19,95 $

NOUVELLES

LANDRY, Charles. *La routine ? Connais pas... – Nouvelles érotiques d'un couple aimant*, 2006, 17,95 $

POÉSIE ET RÉFLEXION

BEDFORD, Christopher. *À l'aube des moments*, 2001, 18,95 $
BLAIS, Sylvie et Jacques Béland. *Des images et des mots*, 2003, 25 $
BOLDUC-RAINVILLE, Michelle. *Arbre de source divine*, 2004, 16,95 $
BOUCHER, Paul. *Promenade poétique en Charlevoix*, 2001, 18,95 $
BOUCHER, Paul. *Promenade musicale*, 2004, 14,95 $
BRUNOD, Yoaki. *Crocodiles et sacoches*, 2000, 20 $
CHÂON, France. *Les dessous d'un cœur*, 2004, 16,95 $
COLJON, Jean-Pierre. *Avec et sans amour - Randonneur et rêveur*, 2005, 17,95 $
DENIS, Benjamin-Pierre. *Renaissance*, 2000, 18,95 $
DESBESSEL, Jean-Pierre. *Le cycle de la vie*, 2005, 17,95 $
DÉSILETS, Guy. *Désir équinoxe*, 2005, 14,95 $
DÉSILETS, Guy. *Solstice désir*, 2006, 14,95 $
DUFRESNE, Marie-Andrée. *Le Mangeur de Brume*, 2000, 18,95 $
FORTIN, Mélanie. *La caresse des mots*, 2000, 18,95 $
LAMARRE, abbé Martin. *Je rêve*, 2003, 19,95 $
LANDRY, Charles. *Si j'écrivais comme je t'aime*, 2005, 15,95 $
LANGLOIS CHÊNEVERT, Denyse. *Parfum d'automne*, 2004, 17,95 $
LAPRISE, Jean-Noël. *Coups de cœur Grandeur Nature*, 2003, 19,95 $
LEPALIS, Romuald. *Aiguail*, 2001, 19,95 $
MARTIN, Régent. *L'envol des samares*, 2001, 18,95 $
MICHAUD VAILLANCOURT, Claudette. *Retour vers la Lumière*, 2006, 16,95 $

MÉNARD, Jean-Sébastien. *Les marées de l'âme*, 2005, 18,95 $

NADEAU, Réginald. *De verts horizons la vie*, 2001, 19,95 $

OUELLET, Françoise. *Au bout du rêve*, 2001, 14,95 $

POTVIN, Marguerite. *Paroles d'art*, 2001, 19,95 $

POULIN-PIEL, Pierre. *Jetons l'ancre un court instant*, 2001, 19,95 $

ROCH, Serge. *Histoires d'autres corps*, 2000, 19,95 $

ROCH, Simon. *L'ennui tourmenté*, 2000, 19,95 $

ROY, Louis-Daniel. *Poésie du petit monde*, 2003, 14,95 $

SIMARD SAINT-GELAIS, Juliette. *À la brunante*, 2003, 15,95 $

THÉRIAULT, Fernande. *La rosée muette*, 2001, 15,95 $

TURCOTTE, Line. *Vogue vogue ma vie*, 2004, 16,95 $

VERMETTE, Guillaume. *Un élu de souffrance et d'espoir*, 2000, 13,95 $

Récit

ALEXANDRE, Nathalie. *J'entends le silence*, 2006, 23,95 $

BOIVIN, Jean-Louis M.D. *Vécu d'un endormeur — propos d'anesthésiste*, 2006, 23,95 $

CARON, Christiane. *Le grand mal*, 2003, 17,95 $

CHABOT, Léandre. *Léandre se raconte — avant de dire adieu*, 2005, 25 $

CHEFFIE. *Personne n'échappe à son destin*, 2001, 18,95 $

DUPONT, Paulette. *La mémoire brisée* (Alzheimer), 2003, 17,95 $

ÉMOND, Johanne. *D'une femme à propos d'une autre*, 2003, 18,95 $

FUGÈRE, Jacques. *Fils de mineur*, 2001, 23,95 $

GAUDREAU-MAROIS, Émérentienne. *Émé... Une vie simple*, 2003, 19,95 $

GAUDREAU, Yvonne. *Graines de soleil*, 2005, 19,95 $

LATREILLE, Yvon et Suzanne ST-JEAN. *Que dis-tu sur toi-même ?*, 2006, 17,95 $

LEBLANC SAVOIE, Angèla. *Le Psaume de la Vie d'une ex-religieuse*, 2005, 14,95 $

LEBLANC SAVOIE, Angèla. *Mon odyssée du bonheur*, 2006, 18,95 $

LÉGARÉ-LESMERISES, Diane. *Plus de 64 000 pas*, 2003, 17,95 $

LEGENDRE, Marie-Victoire Renée. *L'alarme à l'œil*, 2005, 18,95 $

LESAGE-VÉZINA, Thérèse. *Un château moyenâgeux*, 2003, 18,95 $

MAKAREWICZ, Ina. *Hommage à Basile*, 2005, 14,95 $

MORIN, Charles-Léon. *Les enfants de Floridor*, 2005, 19,95 $

NADEAU, Louis-Georges. *Osez la vie*, 2004, 34,95 $

NICOLE, France. *La Bête et la Belle : le cadeau derrière le cancer*, 2005, 23,95 $

OUELLET, Jacques S. *Hector Desforêts*, 2006, 23,95 $

OUELLETTE, Léo. *Guérison par le frère André*, 2006, 17,95 $

PARADIS, Madeleine. *La passion en héritage*, 2000, 19,95 $

RAYMOND-AMYOT, Hélène. *Mon odyssée péruvienne*, 2003, 19,95 $

SAINT-PIERRE, Angéline. *C'était pendant la Deuxième Guerre mondiale à Saint-Jean-Port-Joli*, 2001, 19,95 $

TREMBLAY, Solange. *Petit ruisseau deviendra grand*, 2004, 19,95 $

ROMAN

BEAUCHEMIN, Alain. *Le chant des étoiles*, 2005, 22,95 $

BELLEVANCE-LABRECQUE, Éva. *Évelyne — Les chemins ardus de l'existence* tome 1, 2004, 19,95 $.

BELLEVANCE-LABRECQUE, Éva. *Évelyne — Les chemins ardus de l'existence* tome 2, 2005, 19,95 $.

BERGERON, Yolande. *Dans tes yeux jadis tout l'amour du monde*, (Alzheimer) 2002, 23,95 $

BIGEAN, Lyne. *Douce Esméralda*, 2002, 15,95 $

CHARRON, Lucie. *Le rêveur ailé*, 2006, 16,95 $

DELORME, Jean. *L'anse aux hommes libres*, 2001, 24,00 $.

DELORME, Jean. *Le vieux coq qui pond*, 2005, 27,00 $.

DESCARY, Thérèse. *1095 jours, L'Ange-Gardien*, tome 1, 2004, 19,95 $

DESCARY, Thérèse. *1095 jours, Notre-Dame*, tome 2, 2004, 19,95 $

DESCARY, Thérèse. *1095 jours, Je promets...*, tome 3, 2005, 19,95 $

DESROCHERS, Carl. *Le thaumaturge*, 2004, 18,95 $

DESROCHERS, Carl. *Imparfait*, 2006, 21,95 $

DUGUAY, Christian et Serge FITZBACK. *L'Empire perdu*, 2006, 39,95 $

GAGNÉ, Linda. *Alexis sous l'emprise du pouvoir*, 2000, 19,95 $

GAUTHIER, Pierre-Jacques. *Le grand voyage du cœur*, 2005, 19,95 $

GERMAIN LESSARD, Hugues. *Alias Euphorbe Maher*, 2002, 21,95 $

GIROUX, Monique T. *Les versions de la vérité*, roman jeunesse, 2003, 19,95 $

LABBÉ, Michel. *Le boomerang du temps*, 2005, 21,95 $

LACROIX, Florence. À *l'assaut de la vie — Le courage de Martin face aux intempéries*, 2005, 22,95 $

LALANDE, Daniel. *Sur les épaules d'un gnome*, 2005, 16,95 $

LANGLOIS CHÊNEVERT, Denyse. *Tant qu'il y aura du sable — Véronique*, 2005, 22,95 $

LANGLOIS, Jeannine. *Passion de septuagénaires*, 2003, 14,95 $

LAPORTE, Patricia. *Le châtaignier*, 2006, 18,95 $

MASSON-LUSSIER, Jules. *Amour&amitié.com*, 2003, 29,95 $

MICHAUD, Guildor. *Abilène, le monde au féminin*, 2001, 23,95 $

OLIVIER, Nicki. *Tout commença une nuit*, roman jeunesse, 2004, 19,95$

OLIVIER, Nicki. *Les mystères des profondeurs*, roman jeunesse, 2005, 17,95 $

OLIVIER, Nicki. *Imagine...*, roman jeunesse, 2005, 17,95 $

OUELLET, Jacques. *Hector Desforêts – Un roman pour tous les amoureux de la forêt*, 2006, 22,95 $

ROBERGE CANTIN, Yvette. *Taniata — L'Indienne de la rivière Etchemin*, tome 1, 2003, 22,95 $

ROBERGE CANTIN, Yvette. *Taniata — Les enfants de l'Indienne*, tome 2, 2005, 22,95 $

ROY, C.-Lynn. *Sous le vent de la violence*, 2000, 21,95 $

ROY, C.-Lynn. *Le cœur de Sarah*, 2004, 23,95 $

ROY, C.-Lynn. *Skeena, par la fenêtre du temps*, 2006, 22,95 $

VACHON, Louis. *Nymphe*, 2005, 23,95 $

COLLECTION PATRIMOINE ET HISTOIRE DE CHEZ NOUS

Cap-Saint-Ignace, tome 1, 792 pages, 40 $

Montmagny, 880 pages, 90 $

Saint-Pierre-de-la-Rivière-du-Sud, 448 pages, 50 $

ALBUM-SOUVENIR DE PAROISSE

Chambord, reliure allemande, à paraître en novembre 2006

Charny, 1903-2003, reliure cousue-caisse — 50 $

Château-Richer, 2005, reliure cousue-caisse — 70 $

Honfleur, 1904-2004, reliure cousue-caisse — 60 $

Kamouraska, 1674-1999, reliure allemande — 19,95 $

Notre-Dame-Auxiliatrice-de-Buckland, reliure cousue-caisse, à paraître en décembre 2006

Pintendre, 1900-2000, reliure cousue-caisse — 50 $

Rivière-du-Loup, 2000, reliure cousue-caisse — 80 $

Saint-Anselme, reliure cousue-caisse — 85 $

Saint-Antoine-de-l'Isle-aux-Grues, reliure cousue-caisse, 75 $

Saint-Antoine-de-Tilly, 1702-2002, reliure allemande — 30 $

Sainte-Apolline-de-Patton, 1902-2002, reliure cousue-caisse — 50 $

Saint-Damien-de-Buckland, reliure cousue-caisse, à paraître en juin 2007

Saint-Émile-de-Suffolk, reliure cousue-caisse — 40 $

Saint-Eusèbe, reliure cousue-caisse — 80 $

Sainte-Félicité de L'Islet, 1945-1995, reliure cousue-caisse — 50 $

Sainte-Françoise, reliure allemande — 35 $

Saint-Jean-Chrysostome, reliure allemande — 50 $

Saint-Jean-de-Brébeuf, reliure cousue-caisse — 30 $

Saint-Jean-de-Dieu, 1873-1998, reliure cousue-caisse — 50 $

Saint-Jean-Port-Joli, Au pays des miens, reliure allemande — 30 $

Saint-Lambert-de-Lauzon, 1853-2003, reliure cousue-caisse — 80 $

Saint-Lazare, 1849-1999, reliue cousue-caisse — 50 $

Saint-Nazaire-de-Dorchester, reliure cousue-caisse — 50 $

Saint-Pamphile, 125 ans d'histoire de l'église, 2005, reliure allemande — 15 $
Saint-Pamphile, les familles, 2000, reliure cousue-caisse — 50 $
Saint-Paul-de-la-Croix, 1873-1998, reliure cousue-caisse — 50 $
Val-des-Lacs, reliure allemande, à paraître en juin 2007

Visitez notre site Internet au www.laplumedoie.com

Pour commander

demandez à votre libraire ou directement à la maison
d'édition au **418.246.3643**

ou par courriel à info@laplumedoie.com

MEMBRE DU GROUPE SCABRINI

Québec, Canada
2006